U0919104

现代化视域下中国特色社会主义发展道路研究

纪亚光 著

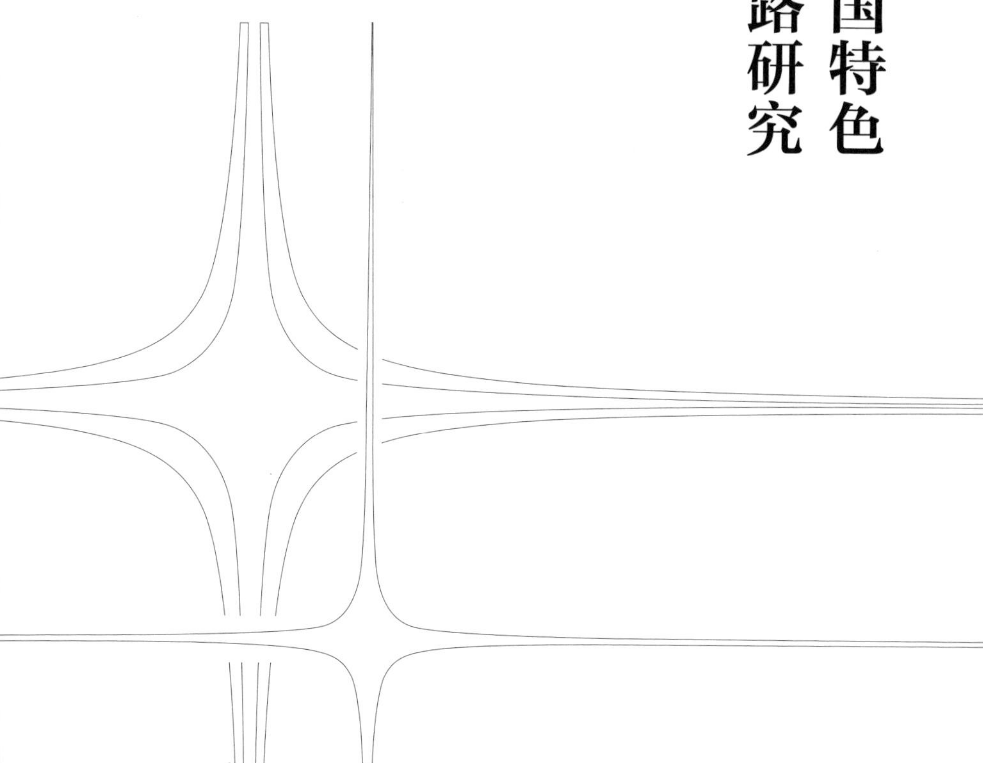

译林出版社

图书在版编目（CIP）数据

现代化视域下中国特色社会主义发展道路研究／纪亚光著．—南京：译林出版社，2021.4
（中国特色社会主义研究丛书）
ISBN 978-7-5447-8544-0

Ⅰ.①现… Ⅱ.①纪… Ⅲ.①中国特色社会主义－社会主义建设模式－研究 Ⅳ.①D616

中国版本图书馆 CIP 数据核字（2020）第 267041 号

现代化视域下中国特色社会主义发展道路研究　纪亚光／著

责任编辑　刘　免
特约编辑　黄文娟
装帧设计　周伟伟
校　　对　王　敏
责任印制　单　莉

出版发行　译林出版社
地　　址　南京市湖南路 1 号 A 楼
邮　　箱　yilin@yilin.com
网　　址　www.yilin.com
市场热线　025-86633278
排　　版　南京展望文化发展有限公司
印　　刷　苏州市越洋印刷有限公司
开　　本　890 毫米 × 1240 毫米　1/32
印　　张　8.625
插　　页　2
版　　次　2021 年 4 月第 1 版
印　　次　2021 年 4 月第 1 次印刷
书　　号　ISBN 978-7-5447-8544-0
定　　价　68.00 元

目 录

绪 论

在近现代中国，现代化的追求与民族复兴的梦想一直相伴而行。因此，二者时常被当成同一概念而联结在一起使用。不过，如果将其置于近现代中国的历史长河中仔细考察，则不难发现二者之间的显著差异：中华民族复兴的梦想，代代相传，一直未变；而中国对现代化的追求，在模式与道路上则经历了多次转换，在内涵上也不断丰富和发展。这种"不变"与"变"的差异，表明中华民族伟大复兴是近代以来中国矢志不渝追寻的目标，而现代化则是实现这一目标的途径与手段。以此为基础进一步分析，我们可以看到，中国特色社会主义现代化道路之所以是实现中华民族伟大复兴的正确道路，是因为它是一代代志士仁人经历了种种尝试与努力之后，由历史和人民所选择的结果，反映着中国近现代历史发展的必然要求，是我们今后必须坚持和发展的正确方向。

一、现代化是实现"中国梦"的必由之路

现代化是近现代中国社会发展的客观要求，是实现中华民族伟大复兴"中国梦"的必由之路。

中国是世界四大文明古国之一，中华文明作为世界历史上唯一从未中断的文明形态，曾经为人类的发展做出过卓越的贡献。马克思就此谈道："火药、指南针、印刷术——这是预告资产阶级社会到来的三大发明。火药把骑士阶层炸得粉碎，指南针打开了世界市场并建立了殖民地，而印刷术则变成新教的工具，总的来说变成科学复兴的手段，变成对精神发展创造必要前提的最强大的杠杆。"[1]而中国的科举制度、文官制度、儒家思想不仅对周边国家产生了直接影响，也直接催生了工业文明兴起以后的英国的文官制度，并对欧洲文艺复兴产生了深远影响。

然而，近代以来，中国遇到"三千年未有之大变局"。从1840年开始，长期居于世界前列的古老中华文明受到西方工业文明的强有力挑战。随着国门被英国的坚船利炮打开，中国不断遭受西方列强的武力打击、经济掠夺、政治干预、领土瓜分，中华民族面临着存亡绝续的生死考验。

在严峻的生存危机面前，中华民族开始从天朝上国的迷梦中苏醒，现代化意识在中国逐步产生和增强。近代以来中国对现代化的追求，经历了由思想到实践，由改良到革命，由星散个体发端到社会大众广泛参与的发展过程。最早的觉醒者是林则徐、魏源等少数有识之士，他们在与西方接触中开始睁眼看世界，在惨痛的失败中发出"师夷之长技以制夷"的呐喊，成为向西方学习进而超越西方的思想先驱；最初的实践者是曾国藩、李鸿章、左宗棠、张之洞等少数清朝官员，他们本着"中体西用"的原则发起洋务运动，力图通过学习西方的科学技术推动中国社会发展；社会力量开始走上现代化追求的历史舞台，甲午战争失败后，康有为、梁启超、谭嗣同等知识分子发起维新变法运动，力求以学习西方的政

1　马克思：《经济学手稿（1861—1863年）》，《马克思恩格斯全集》（第47卷），人民出版社1979年版，第427页。

治体制救亡图存；与此同时，孙中山等新兴的资产阶级革命者发起资产阶级民主革命，力求通过建立资产阶级民主共和国实现“振兴中华”的宏伟目标；五四运动以后，伴随着马克思主义的广泛传播和中国共产党的建立，无产阶级开始登上历史舞台，农民成为中国革命的主力军，以浩浩荡荡之势汇入追求现代化的洪流之中。在中国共产党的领导下，经过新民主主义革命、社会主义建设和改革开放，当前的中国，正站在历史的新起点上，展现出中华民族伟大复兴的光明前景。正如习近平所说：“现在，我们比历史上任何时期都更接近中华民族伟大复兴的目标，比历史上任何时期都更有信心、有能力实现这个目标。”[1]

如上历史发展进程表明，现代化是近代以来中国社会发展的客观要求。众所周知，鸦片战争后，中国社会逐步沦为半殖民地半封建社会，其主要矛盾是帝国主义与中华民族的矛盾、封建主义与人民大众的矛盾。这就决定了近代中国必须完成“民族独立和人民解放”“国家繁荣富强和人民共同富裕”两大历史任务。其中，“前一任务是为后一任务扫清障碍，创造必要的前提”。[2]显然，以救亡图存为前提，实现中华民族伟大复兴，是近代以来中国历史的主题。其中，“民族独立和人民解放”是为实现现代化扫清障碍。毛泽东在总结历史时深刻指出：“在一个半殖民地的、半封建的、分裂的中国里，要想发展工业，建设国防，福利人民，求得国家的富强，多少年来多少人做过这种梦，但是一概幻灭了。”[3]而现代化的追求，归根结底服务于“国家繁荣富强和人民共同富裕”。毛泽东就此曾明确指出：“要中国的民族独立有巩固的保障，就必需工业化。我们共

1 《习近平在参观〈复兴之路〉展览时强调 承前启后 继往开来 继续朝着中华民族伟大复兴目标奋勇前进》，《人民日报》2012年11月30日。

2 《江泽民文选》（第2卷），人民出版社2006年版，第2页。

3 毛泽东：《论联合政府》（1945年4月24日），《毛泽东选集》（第3卷），人民出版社1991年版，第1080页。

产党是要努力于中国的工业化的。”[1]

二、百年追梦的道路选择

从现代化的视角审视近代以来中华民族追求伟大复兴的“中国梦”，我们可以看到，其目标虽然从未改变，但实现其目标的现代化道路却经历了“效法欧美”、“以俄为师”与“中国特色”的多次转换。

“效法欧美”是中国被动进行早期现代化追求时的自然反应。以魏源的“师夷之长技以制夷”为开端，经器物层面的洋务运动，制度层面的戊戌变法、清末新政和辛亥革命，到文化层面的新文化运动，中国向西方的学习不断深入，态度逐渐坚决，行动日趋彻底。作为向西方学习的最早实践者，洋务派的态度是“虚心忍辱，学得西人一二秘法”，力求“国耻足兴”。[2]维新派更进一步，不但要求学习西方的科学技术，而且要求学习西方资本主义的政治制度和思想文化。严复认为，中国目前唯一的出路，就是要学习西方，进行全面变革，否则中国将自绝于世界民族之林。[3]新文化运动的倡导者则力主彻底荡涤中国传统文化，全面向西方学习。李大钊认为：“中国文明之疾病，已达炎热最高之度，中国民族之运命，已臻奄奄垂死之期”，必须“以彻底之觉悟”，将其“根本扫荡”。[4]

然而，“欧风美雨”的冲刷，并没有改变中国的面貌，中国学习西方之路在不断碰壁之后走入了死胡同。毛泽东在《论人民民主专政》一文中精辟地总结道：“自从一八四〇年鸦片战争失败那时起，先进的中国人，

1 毛泽东：《共产党是要努力于工业化的》(1944年5月22日)，《毛泽东文集》(第3卷)，人民出版社1996年版，第146页。

2 张海鹏主编：《中国近代通史》(第3卷)，江苏人民出版社2007年版，第34、39页。

3 严复：《论世变之亟》，《严复集》，中华书局1986年版，第1—4页。

4 高瑞泉：《向着新的理想社会——李大钊文选》，上海远东出版社1995年版，第154—156页。

经过千辛万苦，向西方国家寻找真理。洪秀全、康有为、严复和孙中山，代表了在中国共产党出世以前向西方寻求真理的一派人物。……要救国，只有维新，要维新，只有学外国。”然而，“帝国主义的侵略打破了中国人学西方的迷梦。很奇怪，为什么先生老是侵略学生呢？中国人向西方学得很不少，但是行不通，理想总是不能实现。多次奋斗，包括辛亥革命那样全国规模的运动，都失败了”。[1]

正当中国先进分子在黑暗中苦苦寻觅之际，十月革命一声炮响给中国送来了马克思主义，使陷于苦闷彷徨的中国先进分子看到了民族解放的新希望。十月革命对中国思想界的最大影响在于：它提供了一个将社会主义由理想转化为实践、由理想转化为现实的可操作的“范式”，即马克思主义的辩证唯物主义和历史唯物主义，就是阶级斗争与无产阶级专政的理论，就是列宁发展马克思主义的“一国革命首先胜利”的理论。正如毛泽东所说：“十月革命帮助了全世界的也帮助了中国的先进分子，用无产阶级的宇宙观作为观察国家命运的工具，重新考虑自己的问题。走俄国人的路——这就是结论。”[2]于是，在中国就出现了一批真诚赞成俄国十月革命和具有初步共产主义思想的知识分子，他们通过对各种学说、各种救国方案的反复比较和思考，最终选择了马克思主义为指导的社会发展道路。中国共产党的成立，就是中国社会发展道路由“效法欧美”阶段进入“以俄为师”阶段的标志。

中国共产党从成立起就以马克思列宁主义作为自己的指导思想。但是，马克思主义的一般原理，不可能对任何国家的革命，尤其是中国这样的半殖民地半封建东方大国的革命提供现成的公式。中国共产党在幼年时期，曾经一再犯过把马克思主义教条化和把苏联经验神圣化的幼

1　毛泽东：《毛泽东选集》(第4卷)，人民出版社1991年版，第1469—1470页。

2　同上注，第1471页。

稚病，使中国革命在黑暗中摸索，甚至陷于绝境。以毛泽东为代表的中国共产党人在同这种错误倾向作斗争的过程中，在党和人民的集体奋斗中，逐步认识到：必须坚持马克思主义对中国革命实践的指导，同时，马克思主义不能脱离具体的实践，必须把马克思主义基本原理同中国的具体实际相结合，形成符合中国社会发展规律和时代特点的理论和路线，这样，它才能在中国土地上生根，变成改造中国的物质力量。因此，毛泽东明确提出“马克思主义中国化”命题，并将马克思主义与中国革命具体实践相结合，形成新民主主义理论。在科学理论的指引下，中国共产党走上了农村包围城市、武装夺取政权的中国特色革命新道路，经过28年艰苦卓绝的奋斗，带领中国人民建立了中华人民共和国，成功实现了近代以来中国所面临的“民族独立、人民解放”的历史任务，为中国实现社会主义现代化奠定了坚实的基础。

新中国成立之初，因为没有经验，中国在国家建设方面学习甚至照搬了许多苏联的做法。1956年，中国进入社会主义建设新的历史时期。鉴于苏联的社会主义建设出现的种种弊端，毛泽东明确提出要把马克思主义同中国实际“第二次结合”，决心走自己的路，探索适合中国情况的社会主义建设道路。经过20多年的不懈努力，中国走过了许多国家需要上百年时间走完的路程，建设起独立的比较完整的工业体系和国民经济体系，农业现代化、工业现代化、国防现代化、科学技术现代化全面推进，迈开了实现“国家富强、人民富裕”的第一步。

虽然这次探索出现了失误，遇到了挫折，但归根结底是在现代化追求中的一次尝试。正是在总结这次尝试的经验与教训的基础上，中国共产党第二代和第三代中央领导集体以建设中国特色社会主义现代化为目标，将马克思主义与中国具体实践相结合，实现了马克思主义中国化的第二次历史性飞跃，开辟出马克思主义中国化的新境界——中国特色社会主义理论。在中国特色社会主义理论指导下，改革开放新时期，中国取得了举世瞩目的非凡成就，建立和完善了社会主义市场经济，极大地解放和发展了社会生产力，形成公有制为主体、多种所有制经济共同发展的基本经济制度新格局，经济总量跃居世界第二位，实现了人民生活水平从温饱到全面小康的历史性跨越。

如上历程表明，中国特色社会主义道路是近代以来中华民族为改变屈辱命运，实现民族独立、人民解放、国家富强、人民幸福而不断求索的历史选择。在这一过程中，历经“效法欧美”“以俄为师”“中国特色”三个不断超越的递进阶段，表明中国特色社会主义本身蕴含着中西文明的碰撞与交融，体现了中国特色社会主义是历史和人民在不断推陈比较中借鉴、汲取、继承、发展人类文明优秀成果的产物。

三、站在面向未来的新起点

道路关乎党的命脉，关乎国家前途、民族命运、人民幸福。[1]当前的中国，已经开辟了中国特色社会主义道路，形成了中国特色社会主义理论体系，确立了中国特色社会主义制度，发展了中国特色社会主义文化，进入了中国特色社会主义新时代，展现出中华民族伟大复兴的光明前景。以历史为镜鉴，展望未来，增强对中国特色社会主义的理论自信、道路自信、制度自信、文化自信，坚定不移沿着中国特色社会主义现代化道路奋勇前进，是“中国梦”梦想成真的关键所在。

首先，坚定不移走中国特色社会主义现代化道路，必须坚持社会主义方向。

1 胡锦涛：《坚定不移沿着中国特色社会主义道路前进 为全面建成小康社会而奋斗——在中国共产党第十八次全国代表大会上的报告》(2012年11月8日)，人民出版社2012年版，第10页。

走社会主义道路，是中国共产党成立伊始就确立的目标，是中国共产党自始至终的一贯追求，是中国共产党的理想目标。基于对近代以来中国走资本主义道路失败的历史考察，毛泽东明确指出，走资本主义道路"这种幼稚的梦的幻灭，正是中国富强的起点"。[1]邓小平也强调："中国搞资本主义不行，必须搞社会主义。如果不搞社会主义，而走资本主义道路，中国的混乱状态就不能结束，贫困落后的状态就不能改变。所以，我们多次重申，要坚持马克思主义，坚持走社会主义道路。"[2]因此，邓小平明确指出："我们要实现工业、农业、国防和科技现代化，但在四个现代化前面有'社会主义'四个字，叫'社会主义四个现代化'。"[3]

中国共产党为实现中华民族伟大复兴，坚定社会主义方向，经过近百年的不断探索与实践，拓展出一条"既坚持了科学社会主义的基本原则，又根据我国实际和时代特征赋予其鲜明的中国特色"[4]的"中国式的现代化"道路[5]——中国特色社会主义道路。中国特色社会主义是改革开放以来党的全部理论和实践的主题，是党和人民历尽千辛万苦、付出巨大代价取得的根本成就。中国特色社会主义道路是实现社会主义现代化、创造人民美好生活的必由之路，中国特色社会主义理论体系是指导党和人民实现中华民族伟大复兴的正确理论，中国特色社会主义制度是当代中国发展进步的根本制度保障，中国特色社会主义文化是激励全党全国各族人民奋勇前进的强大精神力量。习近平强调：要更加自觉地增强道路自信、理论自信、制度自信、文化自信，既不走封闭僵化的老路，也

1 《毛泽东选集》(第3卷)，人民出版社1991年版，第1080页。

2 《邓小平文选》(第3卷)，人民出版社1993年版，第63页。

3 同上注，第138页。

4 胡锦涛：《高举中国特色社会主义伟大旗帜　为夺取全面建设小康社会新胜利而奋斗——在中国共产党第十七次全国代表大会上的报告》(2007年10月15日)，人民出版社2007年版，第11页。

5 《邓小平文选》(第3卷)，人民出版社1993年版，第29页。

不走改旗易帜的邪路，保持政治定力，坚持实干兴邦，始终坚持和发展中国特色社会主义。[1]

其次，坚定不移走中国特色社会主义现代化道路，必须坚持用发展着的马克思主义指导新的实践。

近代以来中国百年追梦的历史进程深刻揭示，把马克思主义基本原理同中国实际和时代特征结合起来，用不断丰富发展的马克思主义最新理论成果指导新的伟大实践，形成理论与实践的良性互动，“从根本上改变了中国人民和中华民族的前途命运，不可逆转地结束了近代以后中国内忧外患、积贫积弱的悲惨命运，不可逆转地开启了中华民族不断发展壮大、走向伟大复兴的历史进军，使具有5 000多年文明历史的中华民族以崭新的姿态屹立于世界民族之林”。[2]

历史深刻地揭示了，马克思主义中国化的过程，就是将马克思主义基本原理同中国具体实际相结合的过程，就是依据中国的国情开展社会主义现代化建设的过程。马克思主义中国化理论成果的每一次发展，都极大地推进了中国特色社会主义现代化的进程。中华人民共和国成立之初，以毛泽东为代表的中国共产党第一代领导集体依据中国底子薄、人口多、工业化基础薄弱的国情，明确提出社会主义工业化的现代化发展战略目标。在工业化目标基本完成的基础上，不断深化对社会主义现代化的认识，明确提出“四个现代化”的战略目标，有力地推动了中国的社会发展。经过20余年的艰苦奋斗，我国完成了社会主义“三大改造”，建立起独立的比较完整的工业体系和国民经济体系，为现代化建设奠定了物质和技术基础，也培养了现代化建设的骨干力量，积累了现代化建

1 习近平:《决胜全面建成小康社会 夺取新时代中国特色社会主义伟大胜利——在中国共产党第十九次全国代表大会上的报告》(2017年10月18日),《人民日报》2017年10月28日。

2 习近平:《紧紧围绕坚持和发展中国特色社会主义 学习宣传贯彻党的十八大精神》(2012年11月17日),《人民日报》2012年11月19日。

设的经验。党的十八大报告明确指出:“党在社会主义建设中取得的独创性理论成果和巨大成就,为新的历史时期开创中国特色社会主义提供了宝贵经验、理论准备、物质基础。”[1]

十一届三中全会以来,以邓小平为主要代表的中国共产党人,总结新中国成立以来正反两方面的经验,解放思想,实事求是,实现全党工作中心向经济建设的转移,实行改革开放,开辟了社会主义事业发展的新时期,逐步形成了建设中国特色社会主义的路线、方针、政策,阐明了在中国建设社会主义、巩固和发展社会主义的基本问题,创立了邓小平理论。邓小平理论是马克思列宁主义基本原理同当代中国实践和时代特征相结合的产物,是毛泽东思想在新的历史条件下的继承和发展,是马克思主义在中国发展的新阶段,是当代中国的马克思主义,是中国共产党集体智慧的结晶,引导着我国社会主义现代化事业不断前进。

十三届四中全会以来,以江泽民为主要代表的中国共产党人,在建设中国特色社会主义的实践中,加深了对什么是社会主义、怎样建设社会主义和建设什么样的党、怎样建设党的认识,积累了治党治国新的宝贵经验,形成了“三个代表”重要思想。“三个代表”重要思想是对马克思列宁主义、毛泽东思想、邓小平理论的继承和发展,反映了当代世界和中国的发展变化对党和国家工作的新要求,是加强和改进党的建设、推进我国社会主义自我完善和发展的强大理论武器,是中国共产党集体智慧的结晶,是党必须长期坚持的指导思想。始终做到“三个代表”,是我们党的立党之本、执政之基、力量之源。

十六大以来,以胡锦涛为主要代表的中国共产党人,坚持以邓小平理论和“三个代表”重要思想为指导,根据新的发展要求,深刻认识和回

1 胡锦涛:《坚定不移沿着中国特色社会主义道路前进 为全面建成小康社会而奋斗——在中国共产党第十八次全国代表大会上的报告》(2012年11月8日),人民出版社2012年版,第10页。

答了新形势下实现什么样的发展、怎样发展等重大问题，形成了以人为本、全面协调可持续发展的科学发展观。科学发展观是同马克思列宁主义、毛泽东思想、邓小平理论、“三个代表”重要思想既一脉相承又与时俱进的科学理论，是马克思主义关于发展的世界观和方法论的集中体现，是马克思主义中国化重大成果，是中国共产党集体智慧的结晶，是发展中国特色社会主义必须长期坚持的指导思想。

十八大以来，以习近平为主要代表的中国共产党人，顺应时代发展，从理论和实践结合上系统回答了新时代坚持和发展什么样的中国特色社会主义、怎样坚持和发展中国特色社会主义的重大时代课题，创立了习近平新时代中国特色社会主义思想。习近平新时代中国特色社会主义思想是对马克思列宁主义、毛泽东思想、邓小平理论、“三个代表”重要思想、科学发展观的继承和发展，是马克思主义中国化最新成果，是党和人民实践经验和集体智慧的结晶，是中国特色社会主义理论体系的重要组成部分，是全党全国人民为实现中华民族伟大复兴而奋斗的行动指南，必须长期坚持并不断发展。在习近平新时代中国特色社会主义思想指导下，中国共产党领导全国各族人民，统揽伟大斗争、伟大工程、伟大事业、伟大梦想，推动中国特色社会主义进入了新时代。

最后，坚定不移走中国特色社会主义现代化道路，必须面向世界，在与其他国家和民族携手发展、和谐发展、共同发展、共享繁荣中实现中华民族的伟大复兴。

中国特色社会主义现代化道路是中国的，也是世界的。它直接影响着中国的历史进程，并因中国这样一个历史悠久、幅员广阔、人口众多的大国自身的沧桑巨变而间接影响全球政治、经济、文化与社会；不仅如此，中国特色社会主义所蕴含的思想、观念以及与世界各国愈发紧密的政治、经济、文化、社会联系，也在实际上对人类社会的文明进程产生着直接的影响。面向世界，中国特色社会主义肩负着展示悠久灿烂的中华文化，揭示中华文明复兴与共建和谐世界的内在联系，为世界和平与人类进步做出更大贡献的重要使命。

在历史上，中华民族一直抱持着与其他民族和谐共生、相互包容、互为一体的整体性思维和世界观而不断发展壮大，这是中华文明作为世界上从未中断的文明的一个重要原因。英国著名哲学家罗素认为，中国是一个“因自豪而不屑去战争”的国家。日本著名思想家池田大作进而指出：“对文明道德和理想的关注一直是这个国家历史的主要动力。”[1]近代以来，作为曾经为人类社会的发展与文明的进步做出过重大历史贡献的中华民族，遭受到西方列强的野蛮侵略，发出“振兴中华”的怒吼，民族独立成为近代中国志士仁人为之奋斗的主要目标。即便如此，中华民族也没有忘却自身对于世界的责任，正如毛泽东所说：“中国应当对于人类有较大的贡献。而这种贡献，在过去一个长时期内，则是太少了。这使我们感到惭愧。”[2]可以说，对人类做出贡献的思想意识，一直激励着中华民族不懈奋斗，成为中华民族伟大复兴的题中应有之义。

当前，伴随着中华民族的迅速崛起，“中国威胁论”、唱衰中国等各种论调甚嚣尘上，对“中国梦”的误解与误读也不绝于耳。针对这种简单地将中国与亚洲、世界割裂开来的举动与声音，习近平明确指出，中国将“始终不渝走和平发展道路，始终不渝奉行互利共赢的开放战略”，再次向世界传递了实现文明复兴、建设和谐世界的中国理念。他说：“人类只有一个地球，各国共处一个世界。共同发展是持续发展的重要基础，符合各国人民长远利益和根本利益。我们生活在同一个地球村，应该牢固树立命运共同体意识，顺应时代潮流，把握正确方向，坚持同舟共济，推

1　何劲松选编：《池田大作集》，上海远东出版社2003年版，第130—131页。

2　毛泽东：《纪念孙中山先生》(1956年11月12日)，《毛泽东文集》(第7卷)，人民出版社1996年版，第156—159页。

动亚洲和世界发展不断迈上新台阶。”[1]

显然，中国特色社会主义不是照搬西方列强靠殖民扩张与掠夺实现大国崛起的道路，而是以传承中华文明、贡献人类社会为己任，在和平发展、和谐共生中开拓未来的和平发展道路。这一道路基于对文明内涵和外延的深刻理解，体现着中国特色社会主义高度的文化自觉、自强和自信。

1 习近平：《共同创造亚洲和世界的美好未来——在博鳌亚洲论坛2013年年会上的主旨演讲》(2013年4月7日)，《人民日报》2013年4月8日。

第一章

实现现代化是中国近现代历史的主题

鸦片战争开启了中国“三千年未有之变局”。在西方列强坚船利炮的轰击下，中国山河破碎，生灵涂炭，中华民族遭受了前所未有的苦难，逐步成为半殖民地半封建社会。在受到西方工业文明强有力挑战的背景下，长期居于世界前列的古老中华文明，势必以现代化为方向，探求中华民族伟大复兴之路。这一历史进程，发端于向西方学习，以“师夷长技以制夷”为鹄的，历时近80年，由思想而实践，由政府而社会，由器物而制度而文化，不可谓不坚决、不彻底。但是，国运没有因此而扭转。这一残酷的事实令时人痛苦反思，在俄国十月革命的启迪与巴黎和会中国外交失败的刺激下，马克思主义在中国广泛传播，推动着中国由“效法欧美”转向“以俄为师”，“走俄国人的路”成为走在时代前列的先进分子的共识，由此揭开了走中国特色社会主义道路的序幕。

一、中国现代化命题的提出

中华民族曾创造出举世闻名的中华文明。鸦片战争前，商品经济、市场贸易已在中国出现，甚至江南一带的丝织行业产生了雇佣关系、工场生产等资本主义萌芽。尽管如此，传统的封建政治经济制度严重阻碍商品经济的发展，中国的资本主义发展极为缓慢。而此时的西方国家，经过工业革命，大规模的现代化工业生产使它们在物质层面和精神层面均取得巨大的成就。1840年，以英国为首的西方国家用鸦片和大炮打开了几千年封建专制的中国大门，给中国带来前所未有的冲击。相伴而来的西方国家的现代化生产技术和思想文化，更是让一直沉醉于中华文明的泱泱大国陷入迷茫之中。巨大的冲击和无限的迷茫，使得“中国向何处去”成为中国近现代历史发展的核心问题。

（一）璀璨的中华文明

中华文明是世界最为璀璨的文明之一。有着五千年文明史的中华民族，在历史长河中，不仅发明了以造纸术、指南针、火药、活字印刷术等为代表的先进技术，创造了万里长城、大运河等人间奇迹，也孕育出儒家、道家、法家等深刻的思想文化。冯友兰认为，相较于古希腊、古罗马及古巴比伦、古埃及而言，只有中国的历史和文化一直连续发展，有古有今。正是这些文明成果的领先和延续，使中国在过去的几千年里一直位于世界文明的中心。

从15世纪欧洲航海者探寻新航路至17世纪环球航行，两个多世纪里，中国在政治、经济、文化诸方面均居于世界领先地位。此时的欧洲，还处于基督教和贵族领主的统治之下，在许多方面处在“欠发达”和“不发达”状态。相应地，欧洲各国对中国文明推崇备至。航海家恩波利曾这样评价中国：“我们发现了中国，并在那里逗留了一段时间。这是世界上拥有最富裕财产的国家，很多美丽、伟大的情景，使我们大吃一惊！所以，我假如不死的话，真希望再到广州时，能带领我的同伴们到北京去见中国的皇帝!”[1]许多欧洲国家和地区广泛引进中国古代“四大发明”等科学技术,甚至对中国文化和典章制度也予以吸收和借鉴。就这样,“大约自15世纪始,欧洲出现了‘中国热’,进而甚至出现了‘全盘华化’论”。[2]

随后,从17世纪末至18世纪末的百年间,“中国热”席卷整个欧洲,中华文明被文艺复兴和启蒙主义思想家奉为理性主义、人文主义的榜样,中华文明甚至被视为启迪欧洲复兴古希腊的“轴心文明”。利玛窦等传教士不但翻译中国典籍,而且亲自著述或以信件、报告等形式描述中华文明的盛况。这些文字材料传递到欧洲后,引起了强烈的反响,人们争相阅读。汉学家赖赫准恩在《中国与欧洲》一书中描述了当时欧洲对中华文明的热情,写道:传教士们翻译中国的经书,介绍中国哲学,“欧洲人对于中国文化,便能逐渐了解,而中国政治也就成为当时动荡的欧洲政局一个理想的模型”。[3]法国启蒙学者伏尔泰更称赞中国是“举世最优美、最古老、最广大、人口最多而治理最好的国家”。[4]伏尔泰还认为孔子“实为天下惟一的师表”,对欧洲乃至全世界都有着深刻的影响。法国百科全书派的狄德罗在其《百科全书》中将“中国”定义为:多方面“无不在所有民族之上”。[5]

就是到了19世纪初,尽管中国已不再处于上升阶段,中国给世界的印象仍是先进的,中华文明在世界很多国家和地区备受推崇,西方国家和民众对中华文明仍然心醉不已。现代美国学者罗兹曼在其主编的《中国的现代化》一书中这样描述道:“在世界历史的大部分时间里,中国一

1 转引自朱培初:《明清陶器和世界文化交流》,轻工业出版社1984年版,第35页。

2 刘永佶:《中国现代化导论》,河北大学出版社1995年版,第7页。

3 转引自朱谦之:《中国哲学对于欧洲的影响》,福建人民出版社1985年版,第188—189页。

4 转引自《学习时报》编辑部:《落日的辉煌》,中共中央党校出版社2001年版,第7页。

5 同上。

向是整个东亚社会的文化巨人，其所扮演的角色，集西方人在文化上无限景仰的古希腊罗马和作为现代欧洲文明中心而倍受倾慕的法兰西于一身。悠悠2 000载，中国人表明自己拥有程度极高而造诣极深的多样化文化价值，拥有控制、协调和管理幅员辽阔而人口众多的国家的能力，拥有有效地把技术开发应用于生产的扩大并维持数倍于19世纪欧洲国家人口的组织天才。中国人过去的生活标准是其他民族根本无法与之比拟的。”[1]

总体来讲，“中国的传统农耕文明所拥有的独特的、高生产效能的农业基础，就平均亩产量，勤劳而集体劳作的传统，发达的水利系统，以及一直到十八世纪仍保持的技术水平等方面而言，都是举世无匹的。从十一世纪以来，中国不仅拥有科举取士的组织严密的官僚机器，而且商业组织和国内贸易的发展，地方商品市场的繁荣，都市的规模和数量，也都远远高于欧洲的水平”。[2]对中华文明的以上肯定，也正是世界对中华文明客观公正的评价。

中华文明深植于华夏民族的沃土，并随着封建王朝政治社会的变迁而不断发展和进步，已熔铸在华夏民族的基因中。因此，璀璨的中华文明具有鲜明的特点。具体说来，主要体现在以下五个方面。

第一，华夏民族是中华文明的创造者。距今约170万年前，“元谋人”已在中华大地上开始生活。距今70万年前，“北京人”已开始在北京周口店龙骨山天然洞穴里使用木棒和经过打磨的石器生活，并已懂得用火和保存火种。距今1.8万年左右，生活在龙骨山洞穴的“山顶洞人”的体态已进化得近似现代人，并且会磨制石器和骨器，制作骨针，缝制衣服，摩擦取火，按照血缘组建固定的群体。距今7 000至5 000年前，陕西西安

1　［美］吉尔伯特·罗兹曼主编：《中国的现代化》，国家社会科学基金“比较现代化”课题组译，江苏人民出版社2003年版，第15页。

2　罗荣渠：《现代化新论》，北京大学出版社1993年版，第246页。

半坡氏族处于母系社会的繁荣时期。半坡氏族过着定居的生活，不仅普遍磨制和使用石器，还开始了原始农业和家庭饲养，并能制造出容器和陶器，在陶器口沿上刻有不同的符号。距今5 000至4 000年前，母系氏族发展到父系氏族阶段。生产力水平大幅提高，私有财产开始出现，贫富分化，氏族分裂，部落和氏族之间经常发生战争。其中，黄帝部落在战争中不断取胜，并和炎帝部落结为联盟，从而构成了华夏民族。在整个原始社会时期，巢氏栖树而居，燧人氏钻木取火，伏羲氏结网捕鱼，神农氏遍尝百草，尧、舜、禹荐贤让位等，都是后来中华文明的渊源。

第二，中华民族较早建立起统一而稳定的政治制度，为延续和发展中华文明奠定基础。原始社会后，中国建立第一个奴隶制王朝，即夏朝，开始实行"家天下"。在夏商两代时期，奴隶制度不断完善。至西周时期，实行分封制，把土地分封给诸侯，再依次往下分给卿大夫、士。为了巩固统治，西周又制定了"井田制"、"礼"和"刑"，从而形成金字塔式的、相对稳定的政治统治结构。春秋战国时期奴隶制逐步瓦解，更加统一而稳定的封建制开始形成。至公元年前221年，建立统一的秦朝，中国由奴隶制发展到官僚封建阶段，建立起统一的封建专制国家。这要比欧洲早一千年左右。而当欧洲意识到自己的落后，欲从领主制阶段演化为官僚制阶段时，已是公元十五六世纪了。至公元元年初，汉承秦制，完善了中央集权政治制度，加强汉族与少数民族的政治联系。尽管后来出现了阶段性各自为政的情况，但自秦汉建立大一统的封建王朝起，在两千多年的封建官僚统治下，以汉民族为主体的中华民族的统一非但没有破坏，反而扩大和延续了。隋唐时期，确立并完善了中央集权的三省六部制度，创立科举考试选拔官吏的制度，对维护统一和稳定起到了相当大的作用。至宋、明、清，进一步完善中央集权，继续保持长期的政治稳定。因此，政治统治从总体上说，也是相对稳定的。中华民族统一而稳定的政治制度是世界各国所无法比拟的，相对于世界其他几个主要文明古国的发展史来说也胜出很多，深刻影响了中国文明的发展。中国的君主专制制度做出过世界性的贡献，“其严密性曾令世人赞叹、模仿，回避制度也曾为外人所学习，特别是隋唐时期开始确立的科举制度，后来成为西方文官制度的先导”。[1]吉尔伯特·罗兹曼也指出：“古代中国的官僚制度乃一大发现，足资为所有后封建型的中央集权社会所效法。”[2]

第三，中国在经济生产方面取得了高于世界其他国家和地区的成就。自秦汉建立统一而稳定的封建政治制度以来，中国的农业、手工业、贸易、城市发展等，都领先于世界平均水平。秦朝时期，建筑和冶炼技术开始提高，修筑西起临洮东至辽东的长城。汉武帝时期，铁制农具和二牛抬杠式的“耦犁法”普遍适用于农业生产，大大提高了农业生产效率。冶炼、煮盐、铸钱、织锦等手工业亦较发达，涌现出长安、洛阳等20个商业繁荣的中心城市。张骞两次出使西域，开辟了以长安为起点，至地中海东岸的“丝绸之路”，加强了中外经济交流。至隋唐时期，农业上推行“均田制”和“租庸调制”，后又改为“两税法”，即改征地税和户税，从而调动生产者的积极性，促进了经济繁荣。隋朝时期修建的以洛阳为中心、连接涿郡（今河北保定涿州市）和余杭（今浙江杭州余杭区）的大运河，并不断修建沟通海河、黄河、淮河、长江和钱塘江五大水系的多条运河，从而为农业灌溉、南北交通运输提供了保证，带动了相关地区的经济发展。城市发展规模扩大，出现众多大城市。其中，长安成为当时各族人民聚居、汇集各色人种、拥有百万人口的国际性大都市。两宋时期，农业上，根据不同地理地形，水区圩田和山区梯田相结合，扩大种植面积，采取麦稻两熟、双季稻种植方式，提高总产量。手工业中的丝织、瓷器、造纸、活字印刷、造船、冶炼等行业技术提高。商业上，集市增多，商品交

1　张岱年、方克立主编：《中国文化概论》（修订版），北京师范大学出版社2004年版，第54页。

2　［美］吉尔伯特·罗兹曼主编：《中国的现代化》，江苏人民出版社2003年版，第54页。

换活跃，货币由铜钱发展到纸币，并推行世界上最早的纸币，如交子、钱引和小钞。至明清时期，中国经济生产快速发展。明朝时期，全国农业种植面积大增，黄河流域普遍套种，东南流行双季稻，岭南更是三季稻。手工业分工细化，出现“三百六十行”之说，纺织业工具采用脚踏、手纺或三线纺，景德镇等官窑和民窑千余座，造船业更是领先世界，远洋巨型海船及指南针、测深器等先进技术广泛应用于造船业中。清朝时期，特别是从康熙开始，连续近百年，清王朝统治者厉行政治、经济改革，缔造了古代中国的康乾盛世。在农业方面，耕地面积和人口总数均超过了以往任何历史时期，占世界第一位。耕地面积从康熙二十四年（1685年）的6亿亩，至嘉庆四年（1799年）扩大到10.5亿亩，粮食产量增至2 040亿斤。据当时随马戛尔尼使团来华的巴罗估计，中国的粮食收获率高于英国，麦子的收获率为15∶1，而在欧洲居首位的英国为10∶1。人口从康熙三十九年的（1700年）约1.5亿增至乾隆五十九年（1794年）的约3.13亿，占全世界9亿人口的三分之一。[1]手工业分工进一步精细，生产效率进一步提升。如江苏松江棉布染色业作坊，按照产品种类，分成蓝坊、红坊、漂色坊、杂色坊。市场进一步扩大，粮食、布匹、丝绸、茶、盐成为主要商品，其流通值为3.5亿银两。[2]对外贸易急剧增长，茶、丝、土布成为主要出口商品，广受欧洲各国欢迎。到19世纪初，中国的城市建筑规模空前扩大，全世界有10个拥有50万以上居民的城市，中国就有6个，即北京、南京、扬州、苏州、杭州、广州。不仅如此，城市以下的墟市集镇的数量大规模增加。如南京是著名的丝织品产地，有丝织工人数万人，“城里几十条大街，几百条小巷，都是人烟凑集，金粉楼台”。山东济宁为“百货聚集之地，客商货物，必投行家”。[3]一言以蔽之，伴随着古代中国朝代的

1 转引自《学习时报》编辑部：《落日的辉煌》，中共中央党校出版社2001年版，第5页。

2 许涤新、吴承明主编：《中国资本主义发展史》（第1卷），人民出版社1990年版，第284页。

3 《学习时报》编辑部：《落日的辉煌》，中共中央党校出版社2001年版，第6—7页。

更替，政治制度日趋稳定，中国的经济生产也呈稳步增长的趋势，农业、手工业、城市数量和规模等方面也都在不断发展，且总体水平一直领跑世界。

第四，科学技术、思想文化方面，古代中国一直都处于同时代的领先地位。古代几大文明区，都曾形成过相应的象形文字，但大多未能流传下来。唯独汉字，至今仍与汉语相配合，成为中国文明的象征。与拼音文字相比，汉字的优越性在于，它是思想和信息的融合体，并将历史与现实统一起来。有了汉字，中国科学技术和思想文化的发展更为璀璨。中国不仅产生了彪炳史册的造纸术、指南针、火药和活字印刷这“四大发明”，也有数学、物理、化学、天文、地理、生物、农学、医学、兵学，乃至诸子百家的经典、诗词歌赋、书画艺术等，这些都曾在世界上长期处于领先地位。西汉时期，科学技术和思想文化就已取得耀眼的成果。在科学技术方面，总结农业生产的《氾胜之书》是中国现存最早的农书;《周髀算经》是最早运用勾股定理进行天文计算的数学著作;《汉书・五行志》是世界上最早记录太阳黑子的历史著作；公元104年的《太阳历》，首次把二十四节气与农业生产结合起来；公元132年，东汉张衡发明了世界上第一台记录地震的仪器——候风地动仪，比西方早1 700多年；公元166年左右，东汉的《四民月令》中记载了植物的性别与繁育有关，比欧洲早1 500多年;《九章算术》中的《方程》处理了三元一次和四元一次联合方程式问题，早于印度500多年，早于欧洲1 400多年；张仲景的《伤寒杂病论》《金匮要略》，全面总结了汉朝之前的医学发展成就和经验；华佗的“麻沸散”是世界上最早的全身麻醉药；蔡伦的造纸术推动了思想文化的传播。此外，司马迁的《史记》、王充的《论衡》、班固的《汉书》等，都是记录两汉时期思想文化发展的代表性著作，推动了史学、文学和唯物主义思想的发展。至公元304年，西晋嵇含的《南方草木状》中有关生物防治的记载，比西方早1 500多年；5世纪后半叶，南朝祖冲之推算出圆周率的值在3.141 592 6～3.141 592 7之间，比西方早约1 000年。王叔和的《脉经》和皇甫谧的《针灸甲乙经》是中国现存最早的脉学著作和针灸专著。这些是科学技术上的成就，而在思想文化方面，范缜的《神灭论》，郦道元的《水经注》，刘勰的《文心雕龙》，王羲之的《兰亭序》，慧皎的《高僧传》和法显的《佛国记》等记录或描述了当时中国思想文化的发展态势，以及对外交流的状况。隋唐时期，有陆羽的《茶经》，世界上第一部国家编定的《新修本草》，孙思邈的《千金药方》《千金翼方》记录了其在医学方面的创见。李白、杜甫、白居易等人的诗歌，刘知幾的《史通》，杜佑的《通典》，阎立本、吴道子等人的书画，将古代中国思想文化推上新的高峰。两宋时期，沈括在《梦溪笔谈》卷二十中留下了有关陨石的详细记载，比西方人1803年才对陨石有正确认识要早700余年。宋慈的《洗冤录》是世界上第一部法医专著；李诫的《营造法式》代表了当时中国的建筑水平。宋朝时期文学的代表性成就是词，秦观、李清照为代表的婉约派，苏轼、辛弃疾为代表的豪放派，均为文坛上的瑰宝。司马光编《资治通鉴》；袁枢的《通鉴纪事本末》开创了纪事本末体。明代李时珍的《本草纲目》，在药学和植物分类方面达到了当时世界的先进水平。宋应星的《天工开物》，记录了明末清初的生产新技术，是一部称誉海外的工艺学百科全书。18世纪初，在康熙帝主持下，清廷从事两项巨大的科学工程，一项是《律历渊源》(1713—1722)，介绍了中国和西方的各种音乐理论、乐器制造、天文历法以及西方的数学与中国的算学；另一项是用近代科学方法绘制了第一幅详细的中国地图(1708—1719)。除此之外，15世纪的《永乐大典》被公认为世界上最早、最大的一部百科全书。18世纪的《康熙字典》是世界上最早、字数最多的字典[1]，《四库全书》则是迄今为止世界上页数最多的丛书。明清时期也是小说和传记文学飞速

1 《康熙字典》最早被称为“字典”。

发展的时期，出现了《三国演义》《西游记》《水浒传》《红楼梦》等传世经典。

这些成就雄辩地说明，与西方相比，中国古代的科学技术和思想文化在许多领域是遥遥领先的。英国科学史家贝尔纳说："中国许多世纪以来，一直是人类文明和科学的巨大中心之一。"[1]英国著名科学史学者李约瑟也指出，中国人"在许多重要方面有一些科学技术发明，走在那些创造出著名的'希腊奇迹'的传奇式人物的前面，和拥有古代西方世界全部文化财富的阿拉伯人并驾齐驱，并在公元三世纪到十三世纪之间保持一个西方所望尘莫及的科学知识水平"。[2]狄德罗在《百科全书》中，盛赞中国人在许多方面的成就都高于其他民族，尤其是"其历史之悠久，文化、艺术、智慧、政治的趣味"，均领先全世界；而德国的莱布尼茨也认为，"欧洲较之中国优越之处，在思维和思辨的科学……但一转到实践哲学，即生活、伦理、政治实践，欧洲人便难以和中国人相抗衡"。[3]

第五，中华文明整体上具有"以我为主、兼容并蓄"的特点。中华民族自古以来一直注重与各种不同文化交流互鉴。汉朝时期的张骞，两次出使西域，加强了中原文化与西域各地文化的往来。东汉时期，佛教传入，被中华文化兼收并蓄。至南北朝时期，中西交通不断开通，中国与南亚次大陆各国的文化交流不断加强。隋唐时期，中外文化交流更是攀至新的高峰。各色人种、周边国家的留学生遍布长安城内外。尤其是玄奘西行求法，途经中亚、南亚等地，广泛传播中华文明，后著成《大唐西域记》，也成为中华民族了解和学习其他国家文化的重要资料。13世纪时，意大利人马可·波罗曾在中国侨居17年，马可·波罗根据自己在中国居住期间所见所闻而撰写的《马可·波罗游记》一书，是中华文明与世界

1　[英]贝尔纳：《历史上的科学》，伍况甫译，科学出版社1981年版，中文版序。

2　李约瑟：《中国科学技术史》（第一卷第一分册），科学出版社1957年版，第3页。

3　转引自《学习时报》编辑部：《落日的辉煌》，中共中央党校出版社2001年版，第7页。

交流的代表作。明朝万历二十一年(1593年),利玛窦就将“四书”译为拉丁文,寄回祖国意大利;天启六年(1626年),比利时人金尼阁(也有人认为其是法国人)将“五经”译为拉丁文,在杭州刊印。到了清朝,先后有众多来自意大利、比利时、奥地利等国的西方传教士。其中有较大影响的是在康熙年间,殷铎泽第一个将《论语》译成拉丁文,[1]并且主持将《大学》《中庸》译为拉丁文,随后带回欧洲宣传;来自奥地利的白乃心用意大利文写过《中国杂记》。之后,入华耶稣会神父中最精通汉学者之一的法国传教士孙璋,将《诗经》《礼记》译为拉丁文,《诗经》成刊并附有注解;同样来自法国的传教士钱德明,是西方第一个研究中国苗族的人,也是最早把《孙子兵法》介绍到欧洲的人。于是,以这些经典为代表的中国文化在欧洲得以广泛宣传,并引起西方人的极大兴趣,也是东西方文化交流上的一座里程碑。欧洲启蒙时期的诸多先驱均不同程度受中国文化思想的影响。号称“文明否定论者”的卢梭承认中国是文明之国;英国经济学家亚当·斯密在他的《国富论》一书中引用了很多中国材料。在欧洲拥有非凡地位的德国伟大诗人歌德在1827年1月31日与秘书爱克曼谈话时说道:“中国人在思想、行为和感情方面几乎和我们一样,使我们很快就感到他们是我们的同类人,只是在他们那里,一切比我们这里更明朗,更纯洁,也更合乎道德。在他们那里,一切都是可以理解的,平易近人的,没有强烈的情欲和飞腾动荡的诗兴……他们还有一个特点,人和大自然是生活在一起的。……还有许多典故都涉及道德和礼仪。正是这种在一切方面保持严格的节制,使得中国维持几千年之久,而且还会长存下去。”[2]

综上所述,中国传统文化是人类封建时代文化中宗教色彩最淡、理

1 利玛窦“四书”译本失传,郭纳爵与其学生殷铎泽出版的译本被当代学者认为是第一本中、拉双语译本。

2 [德]爱克曼辑录:《歌德谈话录》,朱光潜译,人民文学出版社1978年版,第112页。

性主义和人文精神最浓的文化；中国封建时代的科学技术长期居于世界领先地位；中国封建时代的文化艺术独领风骚；中国在近两千年中央集权的统一国家的建设中，积累了许许多多经验教训，有的显示出很高的政治智慧，至今仍值得借鉴；中国素有发达的农业和手工业，物质文明水平也曾是世界第一流的。[1]可以说，中国古代文明是人类封建时代文明中发展水平最高、贡献最大的文明。古代中国也因此声名远播，威震四方。然而，这一切在鸦片战争后，发生了翻天覆地的变化。

（二）西方列强的冲击

鸦片战争是中华文明发展的分水岭。鸦片战争之前璀璨的中华文明享誉世界，经济、政治、文化等各方面为很多国家和地区所向往和效仿。17世纪开始，中国传统的封建政治体制开始滑向腐朽没落。地主阶级与农民阶级的矛盾加剧。至18世纪末，多地爆发农民起义。尤其是1796年的鄂、川、豫、陕、甘五地的白莲教起义，持续近十年，波及几十万农民。嘉庆皇帝甚至惊呼这是自“汉、唐、宋、元、明以来未有之祸”。[2]政局动荡，人口无序流动，社会经济凋敝，生产逐渐萎缩。整个封建王朝上下均呈现出衰微的迹象。马克思把中国的由盛而衰称为“奇异的悲歌”——“一个人口几乎占人类三分之一的大帝国，不顾时势，安于现状，人为地隔绝于世并因此竭力以天朝尽善尽美的幻想自欺。这样一个帝国注定最后要在一场殊死的决斗中被打垮：在这场决斗中，陈腐世界的代表是激于道义，而最现代的社会的代表却是为了获得贱买贵卖的特权——这真是任何诗人想也不敢想的一种奇异的对联式悲歌。”[3]但是，

1　张岱年、程宜山：《中国文化与文化论争》，中国人民大学出版社1990年版，第233页。

2　魏源：《圣武记》（卷10），中华书局1984年版，第454页。

3　中共中央马克思恩格斯列宁斯大林著作编译局编：《马克思恩格斯选集》（第1卷），人民出版社1995年版，第716页。

此时的中国封建统治者们只是惊呼或者不解而已，更多的时候仍陶醉在“天朝大国”的沉梦中。

远在地球的另一侧的欧洲却在发生着影响整个人类历史的变化。18世纪至19世纪，工业革命开始，并迅速影响了欧洲各大国。英国自17世纪的资产阶级革命后，再经过工业革命，科学技术等方面进步很快，成为当时世界上最强大的资本主义国家。美国自1776年宣布独立，迅速成为新兴资本主义国家。法国于1789年爆发资产阶级革命，也加入资本主义国家行列。1861年，俄国废除农奴制，并在此基础上发展资本主义。亚洲的日本，自1868年明治维新后，也走上资本主义道路，国力大增。以上崛起的各国，在发展资本主义的道路上，不断加强对外扩张。他们不约而同地将贪婪的目光投向古老的中国，并立即开始了侵略行动。

英国最早开始侵略中国的行为。自18世纪60年代起，英国开始了工业革命。蒸汽机发明，纺织工序机械化，焦炭炼钢，工厂制出现，市场兴旺，交通运输改革等，相互联系，相互促进，推动英国率先完成了工业化，跨入近代社会。在此时的东方世界，最著名的就是印度的莫卧儿帝国和中国的大清王朝。1600年，英国入侵印度，建立东印度公司。1757年，印度沦为英国的海外殖民地。1849年，英国占领了整个印度，并直接统治印度，加紧海外贸易，尤以鸦片为主。几乎就在同时，与中国贸易往来的主要对象就是英国的东印度公司。为尽快开辟中国市场，1788年，英国外交部派公使到中国交涉通商问题。因公使在途中去世，使团半路折回了。1793年，英国决定借向乾隆皇帝拜寿之名再次派遣以马戛尔尼为首的使团到中国。此行的目的之一就是要求中国政府开放宁波、舟山等地为通商口岸。英国使团于1793年夏天在热河（今河北承德）的行宫先后两次面见乾隆皇帝，通商的要求遭到清政府拒绝。之后，法国和美国也曾派遣传教士尝试打开中国的贸易大门，但未成功。虽然英国使团的要求没有实现，但英国政府并未停止筹谋侵略中国。

1793年至1815年，英国正与法国酣战，打开中国大门的计划只能暂时搁浅。

1729年至1800年，清政府多次下旨禁止买卖和吸食鸦片。1821年开始，英国鸦片贸易对中国的侵害从经济层面深入到社会层面，加上部分清政府腐败官员和不法商贩逐利助推，使得鸦片之害愈演愈烈。上至朝廷官员，下至普通民众，吸食鸦片已产生严重的后果。据1835年的相关统计显示：全国约有200万人在吸食鸦片。[1]这一数字占当时总人口的0.5%，也就是说，全国每1 000人中就有5人吸食鸦片。1825年，清政府一致认为：鸦片是导致中国白银外流、国库空虚、经济颓废的罪魁祸首。1836年，魏源等人主张禁烟，得到清政府的认可，并责成广州地方政府办理。1837年至1838年，广州开始查禁鸦片。1838年底，道光皇帝下令全面禁烟，强调“凡是种植、买卖、吸食鸦片者，一律格杀勿论”。[2]该法令于1839年颁布施行。1839年3月10日，清廷的钦差大臣林则徐抵达广州，主持禁烟。6月3日，林则徐将从英国鸦片商处收缴的2万箱鸦片，于虎门当众销毁。英国、美国的鸦片在中国市场基本崩溃。

清政府的禁烟，一方面有效地控制了鸦片生意，另一方面反而刺激了鸦片走私。英国政府对清政府的禁烟大为不满，认为清政府不应干涉鸦片走私。[3]英国向中国贩卖鸦片所获取的利润实为可观，已增强英国扩张的野心。19世纪初的反法战争结束后，英国迅速将战略再次转移到中国。1819年，英国占领了新加坡，控制了从西边进入中国海域的大门。

---

1 当代中国研究所：《中华人民共和国史稿》（序卷），人民出版社、当代中国出版社2012年版，第34页。

2 ［美］费正清：《费正清中国史》，张沛、张源、顾思兼译，吉林出版集团有限责任公司2015年版，第273页。

3 转引自［美］费正清：《费正清中国史》，张沛、张源、顾思兼译，吉林出版集团有限责任公司2015年版，第274页。

1839年6月，清政府禁烟后，英国的鸦片商迫于压力暂避于中国的澳门和香港，但对中国禁烟的敌意倍增。一些英国商人更是积极联系英国政府，希望英政府做出决策，加紧打开中国大门。英国曼彻斯特对华贸易39家公司联合致函外交大臣巴麦尊，要求政府“能利用这个机会，将对华贸易，置于安全的、稳固的、永久的基础之上”。[1]巴麦尊认为：中国禁烟是“侮辱与侵略”了英国，甚至表示要对中国动武。[2]10月1日，英国内阁决定出兵中国。当月，中英在海上就发生了小规模的冲突，由鸦片引起的战争即将爆发。

1840年1月，英国派遣懿律和义律为正副全权代表，懿律为侵华英军总司令，出兵中国。4月，英国议会通过对华作战军费案。6月，英国舰船48艘、士兵4 000多名先后到达澳门附近海面。6月28日，英军封锁中国的珠江口。8月，英军抵达天津大沽口外，威胁北京。清政府慑于英军武力，罢免了林则徐，改派直隶总督琦善为钦差大臣，去天津和英军谈判。12月，琦善与义律在广州开始谈判。英军趁清政府海防松懈无备之际，于1841年1月7日发动突袭，攻陷了虎门附近的沙角、大角两炮台。义律发出公告，要求割让香港、赔偿鸦片烟价、通商等。这就是英国单方面宣布签订的《穿鼻草约》，琦善竟然对该草约无异议。此事传到清廷，激起上下反对，清政府决定对英开战。然而，清军在广州惨败。1841年9月，英军进攻浙江，定海、镇海、宁波失守。1842年春，英军攻占上海、长江、镇江，直逼南京。清军尽管拼死抵抗，但是败局已定，难以挽回。5月，道光皇帝决定停战求和。8月29日，清政府派出耆英、伊里布接受英国新任全权代表璞鼎查的条件，于下关江面的“汉华丽”号军舰上签订了《南京条约》。

1 中国史学会主编：《鸦片战争》（第2册），上海人民出版社1962年版，第634页。

2 转引自丁名楠等：《帝国主义侵华史》（第一卷），科学出版社1985年版，第38页。

《南京条约》是中国近现代史上清政府签订的第一个不平等条约。该条约中载明：清政府割让香港给英国，赔偿2 100万银元，开放广州、福州、厦门、宁波、上海五处通商口岸，并允诺施行“公正合理”的关税等。这一系列不平等的“优惠”条件，也让其他资本主义国家垂涎三尺。1842年至1844年间，清政府相继签订多个不平等条约，如：1843年的中英《虎门条约》、1844年的中美《望厦条约》、1844年的中法《黄埔条约》。以上条约均有“最惠国”条款，英美法等国机会均等、利益均沾，还享有领事裁判权、租地权、传教权、军舰“巡查贸易”权等特权。这一系列条约，使得中国沦为半殖民地半封建社会，泥足深陷。

英国在鸦片战争中获利颇丰，其他资本主义国家不满足于“最惠国”等条款带来的利益。1847年，英国和美国爆发了经济危机，并波及欧洲大陆。英美等资本主义国家亟须进一步打开海外市场，倾销国内积压的商品。同时，清政府在鸦片战争中的昏聩，让列强们看到了商机，并兴奋得“全都发了疯似的”，[1]图谋从古老的中国攫取更大更多的利益，第二次鸦片战争即将爆发。1856年，英法军队假借清兵侮辱英国国旗以及传教士非法传教被杀事件而挑起战争，先攻陷广州，再继续北上。1857年12月，美国和俄国加入此次侵华队伍。1858年4月，四国军舰抵达天津大沽口。清政府部分官兵奋起抵抗，咸丰皇帝却不在北京坐镇指挥，逃往河北承德避难。1858年6月，清政府派遣桂良等人赴天津议和。软弱无能的清政府先后和英国、法国、美国、俄国签订《天津条约》。同年，俄国以武力迫使清政府与其签订《瑷珲条约》。然而，英法仍不满足于《天津条约》的特权，拒绝清政府的换约条件，蓄意再次发起战争。1860年8月，英法联军攻占天津；10月，直入北京，洗劫了圆明园。清政府再

1　当代中国研究所：《中华人民共和国史稿》(序卷)，人民出版社、当代中国出版社2012年版，第38页。

次分别与英国和法国签订《北京条约》。通过《天津条约》《北京条约》，英法美俄不仅勒索清政府巨额赔款，而且要求中国沿渤海、黄海、东海等多个城市开设通商口岸，鸦片贸易合法化，降低关税，传教士自由传教等。

两次鸦片战争，使中国沿海城市几乎成了英法美等国的“自家地盘”。但资本的属性、资本主义国家内在固有的矛盾，决定了其对中国的侵略不可能停下脚步。于是，英法等国筹谋对中国内陆进行侵占。1876年，中英签订《烟台条约》，打开侵占中国西南的大门。1883年，法国以侵略越南为跳板，挑起中法战争。1885年，逼迫清政府与之签订《中法新约》，开放中越边境，攫取在中国修建铁路等特权。西方侵略者对中国的所作所为引起了新兴资本主义国家日本的关注，促使其迅速加入侵略中国的队伍。1894年春，朝鲜发生东学党农民起义，日本趁机出兵朝鲜。7月，日军袭击清政府的运兵船。8月，中日双方正式宣战。10月，日军进犯中国东北，攻陷大连、旅顺。1895年1月，日军进攻威海。10月，日军侵占澎湖。这场中日之战最终以清政府的溃败、求和而结束，史称“甲午战争”。1895年4月，清政府与日本签订《马关条约》。自此，清政府统治之下的中国，加速沦为资本—帝国主义国家倾销商品、掠夺财富的半殖民地半封建国家。

19世纪中叶以来，传统封建的中国面对西方资本主义国家的入侵，官兵奋起抵抗有之，但更多的是自上而下的昏庸无能。一场场与资本主义国家军队的作战中，失败占多数，胜利仅为少数。且每一场大战均以清政府与西方资本主义国家求和、签订不平等条约而告终。一次次不平等条约的签订并没有换来西方资本主义国家的“欢心”，反而留下了更大的被侵占的可能。西方资本主义国家给古老的中国带来的冲击前所未有。总体来讲，可分为经济、政治和文化三个方面。

第一，西方资本主义国家通过入侵，控制了中国经济命脉。西方列强对中国经济命脉的控制从两方面着手。一方面，通过不平等条约从清政府获取大量赔款。1840年至1900年初，英国先后从清政府获得4 000万两白银；法国共获得近1 000万两白银；日本先后共获得约23 150万两白银。如此巨额的赔款，使得清廷本已入不敷出的财政经济雪上加霜。另一方面，西方列强将中国作为商品倾销市场和原料掠夺地。不仅向中国大量倾销国内挤压商品，还控制通商口岸的关税，开采矿藏资源，开办工厂，掌控铁路等交通运输业，开设银行，发行货币，操纵汇率，商业投机等，使中国传统家庭手工业和基础薄弱的民族资本主义工商业根本无法与之公平竞争，导致中国工商业要么被挤垮，要么成为西方列强公司的附庸，作为加工场而苟延残喘。这些经济上的控制，逐步打破中国传统的自给自足的自然经济。

第二，西方资本主义国家的入侵，直接导致中国成为没有完整的领土和主权的国家，逐步沦为半殖民地半封建社会。自中英《南京条约》开始，西方资本主义列强先后和清政府签订的一系列不平等条约均含有攫取中国土地的条款。如英国就曾强占香港岛、九龙半岛、强租北九龙半岛及香港大大小小200多个岛屿，在上海占领数千亩租界。俄国曾霸占东北、西北等地约150多万平方千米的中国领土。法国强租广州湾；德国强租山东胶州湾及相关岛屿；日本侵占台湾和澎湖列岛。不仅如此，西方列强还攫取在中国领土上的领事裁判权、驻兵权、开采中国矿藏资源、修建铁路等特权。西方列强们通过这些特权，直接破坏中国领土主权的完整，且不断擅自制定法律、自设管理机关，建立“国中之国”。西方列强甚至直接插手干预清政府施政，对清政府指手画脚。例如，在第二次鸦片战争中，美俄扮演居中调停角色，从中渔利。以上桩桩事件均证明，西方列强的冲击使得中国境内统一的司法与行政不复存在，清政府俨然成了“洋人的朝廷”。

第三，西方资本主义国家通过入侵，破坏了中华文明的继承和发扬。

列强实施了直接的破坏行径，例如，1860年，英法联军冲进圆明园抢劫和破坏了大量文物古籍。不仅如此，列强在诸多不平等条约中增加了关于传教士的条款。传教士通过著书立说美化殖民统治。例如，1868年9月，美国监理会传教士林乐知创办的《教会新报》(1874年9月改名为《万国公报》)刊登鼓吹英国统治印度的十二条好处，倡导将英国的殖民统治移植到中国来，即："本昔之治印者，一一移而治华。"[1]林乐知也在其编译的《中东纪事本末》中把帝国主义入侵中国说成如潮水一样不可避免，不可抗御，是历史发展的必然。即："若夫各国之入中国，则竟如水之就下，有进无退，有盈无缩也，其孰从而御之哉！"[2]英国传教士李提摩太在其翻译的《泰西新史揽要》一书的序言中认为："泰西各国素以爱民为治国之本，不得不藉兵力以定商情"，"然闭关开衅之端则在中国，故每有边警，偿银割地，天实为之"。[3]这些传教士不仅美化侵略，不断挤压优秀的中国思想文化发展的空间，更是妨碍中华文明的继承和发扬。

（三）近代中国社会的历史任务

在鸦片战争以前，中国是一个统一而稳定的传统封建专制的国家，拥有完整的领土和独立的主权；经济上，则是自给自足的自然经济，即：以农业经济为基础，以家庭为单位进行手工业生产，在长江流域的经济发达地区已经出现了资本主义的萌芽。"这时的中国，已在传统的封建制度和农业文明的社会形态下缓慢地发展了两千年，虽然传统社会形态依然保持着，但是其内部构成与对外交往已经发生了程度不同的

---

1 林乐知：《印度隶英十二益税》，《万国公报》，1896年10—11月，93、94册。

2 沙健孙、李捷、龚书铎主编：《〈中国近现代史纲要〉教师参考用书》，高等教育出版社2008年版，第43页。

3 李提摩太：《泰西新史揽要译本序》；参见沙健孙、李捷、龚书铎主编：《〈中国近现代史纲要〉教师参考用书》，高等教育出版社2008年版，第43页。

变化。”[1]鸦片战争爆发以后,这一切均发生了巨大的变化。

鸦片战争之后的半个多世纪间,西方资本主义列强先后入侵中国,以鸦片、坚船利炮敲开中国的大门,给中国政治、经济和社会等各个方面带来了无数的灾难。将所有的灾难归结起来,可列为两个方面。一方面,中国从独立自主的国家变成领土主权不完整的半殖民地国家,且“外国侵略势力又与中国封建势力结合,采用一切军事的、政治的、经济的和文化的压迫手段,残酷地统治中国,把一个独立的中国一步一步地变成一个半殖民地的中国”。另一方面,中国从完整的封建社会变成半封建社会,“外国商品和资本的大量输入,促进了中国封建社会的解体和资本主义的发展,把一个封建的中国逐渐变成一个半封建的中国”。[2]概言之,中国沦为半殖民地半封建社会。

半殖民地半封建社会的中国,政治上,曾经统一而稳定的传统封建专制的中国,其领土主权不再完整,且领土与主权的完整遭到严重破坏,司法与行政的统一不复存在。经济上,中国的自然经济逐步结体,经济成分多样化,混杂着传统农业和传统手工业、民族资本主义、外国资本主义等。中国的资本主义工商业虽然有所发展,但是传统的农业经济仍然占据中国经济的主导地位,社会生产力发展水平非常落后。文化上,中国传统的儒家思想等农业文明在与西方资本主义工业文明的交锋中往往处于劣势,中华文明的光彩不断黯淡,中华民族精神在欧风美雨中飘摇着,探索中华民族精神的现代化转型成为当时有识之士的自觉追求。

近代中国社会经济成分和阶级成分日渐复杂,进而使得近代中国社会的基本矛盾也发生了很大的变化。此时的基本矛盾已不再是传统

1 虞和平主编:《中国现代化历程》(第1卷),江苏人民出版社2001年版,第13页。

2 中共中央党史研究室:《中国共产党历史》(第1卷,上册),中共党史出版社2002年版,第10页。

社会中单一的农民阶级与地主阶级之间的矛盾，还存在着资本—帝国主义与中华民族，与中国民族资产阶级之间的矛盾，以及其他矛盾。关于这一点，毛泽东就曾深刻地总结过，即“帝国主义和中华民族的矛盾，封建主义和人民大众的矛盾，这些就是近代中国社会的主要的矛盾”。毛泽东还进一步指出：近代中国社会“还有别的矛盾，例如资产阶级和无产阶级的矛盾，反动统治阶级内部的矛盾。而帝国主义和中华民族的矛盾，乃是各种矛盾中的最主要的矛盾”。[1]

近代中国社会的主要矛盾，即帝国主义和中华民族的矛盾、封建主义和人民大众的矛盾，决定着近代中国社会的两大历史任务：一要对外推翻帝国主义的压迫，取得民族独立和人民解放；二要对内推翻封建主义的统治，实现国家繁荣富强和人民共同富裕。这两大历史任务的主题和内容虽不一样，但二者息息相关，相辅相成。中华民族的独立和人民解放，即要推翻民族压迫、彻底改变人民受剥削的地位和状况，重要的是从根本上推翻半殖民地半封建的统治，解决生产关系问题；而实现国家繁荣富强和人民共同富裕，即要改变近代中国经济、文化落后的地位和状况，重要的是发展科学技术，发展以近代工业为主的社会生产力，解决生产力的问题。近代中国社会的两大历史任务不可分离，第一大任务是第二大任务的必要前提，而第二大任务则是第一大任务的根本保证。

二、“效法欧美”的尝试与失败

鸦片战争之后，第二次鸦片战争、中法战争、甲午战争等一系列灾难性的事件在古老的中国大地先后上演，导致中国深陷半殖民地半封建社

1 《毛泽东选集》(第2卷)，人民出版社1991年版，第631页。

会的泥潭。伴随着西方资本主义国家对中国的侵略，中国对西方现代化的认知也进一步深化。不仅西方资本主义国家现代化的生产技术、蒸蒸日上的国力在物质上打败了传统封建专制的中国，而且西方的思想文化也给以儒家思想为正统的封建专制的中国带来了前所未有的冲击。巨大的冲击之下，中国传统封建农业经济和社会秩序在原已衰败的基础上，更加破败不堪。同时，洪秀全等人组建的农民起义军（太平军）队伍不断壮大，号称“太平天国”。1853年，起义军占领南京并定都于此；1860年至1862年进攻上海，并威胁到北京。清政府内外交困，陷入极为严重的统治危机。为扭转颓势，清政府于1861年开始，在外交、财政、教育等领域发起了洋务运动，以图自救。

（一）洋务运动与中国现代化运动的开启

西方资本主义国家的入侵是柄双刃剑。一方面，外来资本主义的军事、经济、政治和文化的侵略，使中国蒙受了巨大灾难，丧失了大量的资金、市场、原料和其他发展条件，一步步沦为屈辱的半殖民地。另一方面，由于资本主义本质上是世界性的现象，它对中国的入侵也打破了中国夜郎自大的迷梦，把中国卷进了这个相互依赖却并不公平的世界体系。亘古未有的变化和屈辱，也打开了中国人的眼界，刺激了中国人的觉醒。近代中国一批具有自觉意识的先进分子，根据其自身所见所闻，在与西方资本主义国家打交道的过程中，深入了解西方国家发展道路的内情，开始了向西方资本主义学习，探索中国现代化道路，实现中华民族伟大复兴的艰难历程。

洋务运动尚未发端之时，林则徐、魏源、冯桂芬等人就已开始讨论中国如何自强。林则徐早在赴广州禁烟时，就已关注到西方资本主义国家的现代化科学技术、现代化生产等。在广州禁烟过程中，林则徐更是亲身体会到了欧洲文明的先进性。林则徐在广州期间，一个美国牧师曾送他一本英文书，即1836年伦敦出版的《世界地理大全》(*Cyclopaedia of Geography*)，此书经过梁进德等人翻译，再经林则徐润色后题为《四洲志》。后来林则徐又将原本交给好友魏源。魏源增补后，于1842年完成50卷的《海国图志》。该书辑录了很多西方国家发展的资料，这在当时是较为少见的。魏源在《海国图志》中提出近代中国发展的必由之路："时务莫切于当代，道义贵存乎实用"，"师夷长技以制夷"。[1]不仅如此，二人在《孙子兵法》战略思想的基础上，对"经世"思想进行了继承和发展，与"以夷制夷"主张相结合。林则徐和魏源提出向西方学习、"师夷长技以制夷"的主张，纳入现代化的范畴来讲，就是提倡"防卫性现代化"，以应付内外挑战。现代化问题研究专家罗荣渠指出："为应变而必须'师夷之长技以制夷'，这种自变、自强思想可说是中国的现代化思想的最早萌芽。"[2]

清朝另一个开明思想家冯桂芬对学习西方先进技术进行了系统的论述。1860年至1861年，冯桂芬写成了《校邠庐抗议》一书。在该书中，冯桂芬总结了中国的"不如"，即："人无弃才不如夷，地无遗利不如夷，君民不隔不如夷，名实必符不如夷"，"船坚炮利不如夷，有进无退不如夷"。[3]六个"不如"意味着学习西方先进技术的必要性和紧迫性。在此基础上，他主张"采西学""制洋器"，并认为学习西方的原则是"以中国之伦常名教为原本，辅以诸国富强之术"。[4]冯桂芬的这一主张后被概括为"中学为体、西学为用"，简称"中体西用"。后又成为洋务运动的指导思想。1879年，薛福成在《筹洋刍议》中进一步论述"中体西用"，主张"今诚收西人器数之学，以卫吾尧、舜、禹、汤、文、武、周、孔之道，俾西人不

1 转引自吕达：《中国近代课程史论》，人民教育出版社1994年版，第15—16页。

2 罗荣渠：《现代化新论》，北京大学出版社1993年版，第342页。

3 冯桂芬：《校邠庐抗议》，中州古籍出版社1998年版，第198页。

4 同上，第211页。

敢蔑视中华”。[1]“中体西用”的思想，经冯桂芬、薛福成等人的诠释，明确“西用”仅是手段，重点是“中体”。这得到了清政府的认可，洋务运动以此为指导思想，于1860年至1895年间，在全国各地多个行业掀起了“师夷长技以自强”的自救运动。

1860年，清政府开始推行洋务运动。这场运动的代表性人物，在中央有奕䜣、文祥、桂良，地方官僚主要有李鸿章、曾国藩、左宗棠等人。1861年1月20日，清政府正式成立以奕䜣为首的总理各国事务衙门（以下简称“总理衙门”），全权负责洋务运动。总理衙门下设三口通商大臣（后改称为北洋通商大臣）和五口通商大臣（后改称为南洋通商大臣）。随后，以“自强”和“求富”为目的的洋务运动开始了。洋务派先后在全国各地开始建立起一批官办的新式军工企业，兴办一般民用企业，开采矿藏资源，试办电报邮政，翻译西学著作，派遣留学生出国，设立新学堂，修筑铁路、发展轮船航运等。清政府在三十余年的洋务运动中，在多方面开启了中国现代化进程。

第一，创建近代军事及军事工业。清政府以“自强”为口号，先后创建多个近代军事工业。1861年，曾国藩在安徽创办安庆军械所，开始发展中国最早的近代军事工业，任用中国工匠，仿制西式枪炮，制造弹药等军火；1865年，李鸿章在上海创建江南机器制造总局，主要制造军火和轮船；同年，李鸿章在南京创建金陵机器制造总局，制造枪支弹药；1866年，左宗棠在福建马尾创建福州船政局，制造轮船；1867年崇厚在天津创建天津机器制造局，制造军事装备。此外，1865年至1895年，洋务派在全国各地还相继创建了二十余个制造枪支弹药、船舰的工厂。在中国自造军事设备的同时，洋务派也从西方国家购买或引进先进的枪炮、轮船、机器制造设备等。经过十年的努力，1870年左右，绝大部分清军由“鸟枪”

1　丁凤麟、王欣之编：《薛福成选集》，上海人民出版社1987年版，第256页。

换成了“洋枪”，战斗力得以提升。另一方面，洋务派也注重中国海军建设，于19世纪70至80年代，分别创建北洋水师、南洋水师、福建水师，这是近代中国首次组建自己的海军。其中，北洋水师实力强于南洋水师和福建水师。1885年，海军衙门设立。1888年，北洋舰队正式组建成立，总体实力位居当时世界第四位。

第二，创办民用工业。19世纪70至90年代，洋务派以“求富”为口号，开始兴办民用工业，发展民族工商业。所兴办的企业涉及纺织、采矿、冶炼、航运交通等领域。1872年，李鸿章在上海招商筹办近代中国第一家轮船公司。1873年1月，轮船招商局成立，总局设在上海，分局设在烟台、汉口、天津、广州、香港等地。1878年，兰州织呢局建立；1880年，上海机器织布局设立，两局的建立，开近代中国机器纺织之先河。同时，洋务派在通讯方面也取得成就。1879年，在天津至大沽间铺设近代中国第一条电报线路。1881年，修建天津至上海的陆路电线。1883年至1885年，洋务派修建了电报总局，位于天津，并开始在全国铺设线路。1884年，上海至广东线路修建完成，电报总局由天津迁往上海。同年，上海至汉口的电报线路完成铺设。1885年，上海至汉口的电报正式接通。1886年，汉口至武昌过江水线工程竣工，并在武昌三佛阁设武昌电报局。不足十年，洋务派在全国主要城市发展了电报事业，将整个中国连接起来。

第三，创办新式学堂，培养具有现代意识和职业技能的人才。洋务派为适应中外交涉和进一步推行洋务运动的需要，从1860年左右开始筹建新式学堂。1862年，洋务派创办的近代中国第一所新式学堂——京师同文馆正式成立，该学堂主要培养外语翻译和外交人才。1863年，上海设立“广方言馆”；1864年，广州也设立“广方言馆”。设立两地“广方言馆”，旨在培养外语人才。此后，洋务派先后在全国修建了三十余所近代新式学堂，主要培养自然科学、军事、翻译等方面的专业人才。除此之外，洋务派还有计划地向西方国家派遣留学生。这些留学生赴海外主要学习语言、自然科学、军事技术、社会科学等知识。其中，1872年至1875年这三年间，清政府每年派遣30名幼童到美国留学，为后来中国继续推进现代化培养了重要人才，如詹天佑等。1875年，各省筹备设立新式学堂，并创设科举考试中“洋务”的内容。清政府通过洋务运动从西方那里学习了一些先进技术，在商贸上和外交上也获得一定的利益。但整个洋务运动中的“天然不足”也相当明显，管理模式依旧是封建统治的那一套。尤其是总理衙门，该衙门权力过于集中，是名副其实的“总理”，几乎所有的洋务举措都由其全权负责办理，导致“新政”并不新。洋务运动奉行兼有新旧两种时代特色的政策，也预示着其最终的结局。正如史学家所公认的那样：清政府的洋务运动，“维护传统与国家的大一统才是他们的主要目的，办洋务不过是权宜之计罢了”。[1]

外国势力的干预，也是洋务运动不可能成功的重要原因。清政府在准备开展洋务运动时，英法美俄等国均表示欢迎，甚至表示乐观其成。各国主动与清政府进行合作，但其言指帮助清政府搞洋务，强大起来，而其真正意在从中渔利。如：时任英国内阁部长的阿利国就在清政府的洋务运动中见缝插针争取英国利益，其本人也承认，自己就是“致力于在中国本身利益和西方在华特权之间寻找平衡”。[2]概言之，西方列强是不可能希望见到一个强大的、现代化中国出现的。

综上，清政府的洋务派发动的模仿和学习西方资本主义器物文化的洋务运动，开启了中国现代化运动。这次运动以“中学为体，西学为用”作指导，以“求强”开其端，继之以“求富”，终之以求“议院之制”。这说明洋务运动时期，已开始了中国现代化含义中的民族化和工业化活动，

1　［美］费正清：《费正清中国史》，张沛、张源、顾思兼译，吉林出版集团有限责任公司2015年版，第302—303页。

2　同上注，第298页。

为近代中国的工业化拨动了机捩。如果从清政府的角度看，洋务运动是挽救封建统治于既倒的自救运动；如果从世界发展的视角看，则是中国在器物层面进行的早期现代化尝试。不过，由于受洋务派自身局限性等复杂因素的影响，洋务运动只能是一种局部的、初步的和严重畸形的现代化运动。至1895年，中日甲午战争的失败宣告了它的破产。

（二）戊戌变法与学习西方政治制度

鸦片战争后，一方面，清政府的统治日益腐朽，而西方资本主义的侵略加剧，在国内民变和革命势力的不断冲击下，曾经强盛的中华帝国逐步陷入半殖民地的深渊。另一方面，中国的先进分子面对中华民族严峻的生存危机，顺应世界现代化潮流，不断做出种种努力以救亡图存，振兴中华。洋务运动时期，西方文化的挑战使得清政府中的开明人士逐步认识到中国的危局，认识到西方近代文明的诸多优点，对中国传统文化的自信开始动摇，从而出现了学习西方近代科技和文化的潮流。然而，甲午战争中北洋水师的全军覆灭，标志着历时三十余年以自强求富为目的的洋务运动的失败，使得中国起步不久的现代化进程被打断。《马关条约》签订后的第二个月，严复在天津《直报》上发表《救亡决论》等一系列文章，发出了“救亡图存”的呼声。在民族危亡的刺激之下，先进的知识分子首先认识到：大清帝国的失败并不是由于武器装备的落后，而是由于陈旧的思想观念和政治体制，即封建君主专制制度落后于日本的君主立宪制。因此，一批先进的知识分子开始从昏睡、麻木的状态中觉醒，呼吁学习日本变法维新，建立君主立宪制，这些呼声逐渐凝聚成一股维新自强的思潮。1895年5月，康有为、梁启超等发起“公车上书”，发出“不变则亡”的呼声，拉开了维新运动的帷幕，标志着戊戌维新时期的开始。

以康有为、梁启超为首的资产阶级维新派改变了洋务运动时期“中体西用”的指导思想，开始从制度层面上学习西方。他们从洋务运动的失败中认识到，不仅要学外国的坚船利炮、科技工商，更要注重学习外国的政治制度和理论学说。从救亡的需要出发，维新派批判了封建专制的落后和危害，阐述了变法的紧迫性。他们组织学会，创办报刊、学堂、书局，要求倡西学、兴民权、废科举、兴学堂、开议院，宣传进化论和天赋人权说，力图按照西方资本主义国家的面貌自上而下地改造中国，实行君主立宪，发展民族工商业，掀起了一场以政治改革为中心任务，以救亡图存为目的的维新变法运动。而维新派所提倡的设议院、开国会、定宪法等政治主张，则有力地冲击了封建君主专制制度，开启了近代中国民主政治的初步尝试，是中国政治现代化的重要突破口。

发动和领导这场运动的资产阶级维新派，首先从救亡图存和思想启蒙的要求出发，批判了封建顽固派的守旧思想，论证了“维新”“变法”的必要性和紧迫性。梁启超在《变法通议》中写道：“法者，天下之公器也；变者，天下之公理也。大地既通，万国蒸蒸，日趋于上，非可阏制。变亦变，不变亦变，变而变者，变之权操诸己，可以保国，可以保种，可以保教；不变而变者，变之权操诸人，束缚之，驰骤之。呜呼！则非吾之所敢言矣。”[1]康有为则根据世间万物“新则壮，旧则老；新则鲜，旧则腐；新则活，旧则板；新则通，旧则滞”[2]的道理，得出“法既积久，弊必丛生，故无百年不变之法”[3]的结论，论证了维新变法的迫切性。

其次，维新派根据西方资产阶级的政治学说尖锐地批判了封建君主专制制度。维新派提出：“君权日益尊，民权日益衰，为中国致弱之根

1　梁启超：《变法通议》，丁守和主编：《中国近代启蒙思潮》（上卷），社会科学文献出版社1999年版，第199页。

2　康有为：《上清帝第六书》，丁守和主编：《中国近代启蒙思潮》（上卷），社会科学文献出版社1999年版，第207—208页。

3　同上注，第208页。

源。”[1]维新派还从君权民授、天赋人权的思想出发，积极宣传资产阶级的自由、平等观念，认为人人享有的天所赋予的自由权利是不可侵犯的，提出了“侵入自由者，斯为逆天理，贼人道”[2]这一观点。除此之外，维新派还以自由平等思想为武器，对封建纲常名教进行了猛烈的批判，要求冲决封建纲常名教之网罗，摆脱封建专制制度的压迫与束缚，实现人人平等和自由。在《仁学》一文中，谭嗣同猛烈地抨击了封建的三纲五伦，指出：“君为独夫民贼，而犹以忠事之，是辅桀也，是助纣也。”[3]“君臣之祸亟，而父子夫妇之伦遂各以名势相制为当然矣。此皆三纲之名之为害也。”[4]他认为“子为天之子，父亦为天之子，父非人所得而袭取也，平等也”[5]，要求破除三纲造成的等级关系，倡导人人平等。在批判纲常名教、宣传资产阶级自由平等思想的同时，维新派还首次提出了男女平权的思想，认为“圣人之教，男女平等，施教劝学，匪有歧矣”。[6]他们创办女学会、女学堂，出版女学报，禁止缠足，成立戒缠足会，倡导男女一样拥有天赋的各种权利。

最后，维新派指出要在中国实现君主立宪，挽救民族危亡，就必须废除科举，改革旧的教育制度。在维新派看来，“中国神皋奥区，地当温带，人民智慧，而愚暗无才至此者，推原其故，皆八股累之”。[7]只有废除

1　梁启超：《〈西学书目表〉后序》，《梁启超全集》（第1卷），北京出版社1999年版，第86页。

2　严复：《论事变之亟》，丁守和主编：《中国近代启蒙思潮》（上卷），社会科学文献出版社1999年版，第163页。

3　谭嗣同：《仁学（节选）》，丁守和主编：《中国近代启蒙思潮》（上卷），社会科学文献出版社1999年版，第254页。

4　同上注，第259页。

5　同上注，第260页。

6　梁启超：《倡设女学堂启》，丁守和主编：《中国近代启蒙思潮》（上卷），社会科学文献出版社1999年版，第205页。

7　康有为：《请废八股以育人才折（代徐致靖拟）》，丁守和主编：《中国近代启蒙思潮》（上卷），社会科学文献出版社1999年版，第241页。

八股，培育人才，才能改变社会风气从而挽救国家。在教育问题上，维新派不只是停留于对旧的教育制度的批判，他们还主张引进西方教育制度，兴办新式学校。赞扬“泰西学堂之制最为美备，有大学堂、中学堂、小学堂，而武备、水师、律师，又各有专门学堂，别有师范学堂，以教为师者”。[1]他们认为当时中国的关键问题是育人才，而育人才的关键是引进西方的教育制度，主张用新式的学校取代腐朽的科举。为了开启民智、创新民德，维新派不仅着力宣传西方资产阶级的教育制度和各种社会政治学说，要求改革旧的教育制度，同时也十分重视介绍和引进西方资产阶级的各种自然科学，要求学校开设科学课程，使科学取得与文学同等重要的地位。他们还积极创办诸如《农学报》《算学报》《格致新报》等以介绍自然科学为主的报纸杂志，编辑科学书籍，或成立务农会、算学会、测量学会、医学善会等各类团体，对广大国民进行科学启蒙教育。正如严复所倡导，“故学校中课程，所以必有数、理、化、动、植诸科者，不但以其中所言，为人生不可少之智识，合于赫胥黎所指之教育第二大事也”。[2]开设科学课程、创办报刊、知识分子发表关于自然科学知识的演讲等一系列举措，对传播近代科学知识、破除封建迷信起到了积极作用。

总体看来，19世纪末期兴起的戊戌变法运动，其实质就是改造封建君主专制政体，建立资产阶级君主立宪政体，是中国近代政治民主化进程中的重要里程碑。维新派极力强调效法欧美的民主制度，分定行政、立法、司法三权，以改变国家的政治体制，试图立宪法以改国宪，设议院以行民权，是中国早期知识分子希冀利用和平手段夺取政权的尝试。戊

1　汪康年：《论中国求富强宜筹易行之法》，杨家骆编：《戊戌变法文献汇编》（第3册），鼎文书局1973年版，第134页。

2　严复：《论今日教育应以物理科学为当务之急（节选）》，丁守和主编：《中国近代启蒙思潮》上卷，社会科学文献出版社1999年版，第454页。

戌变法时期，中国的社会状况、阶级关系和思想文化均发生了剧变。以西方自由、平等和民主学说为理论武器，维新派对封建专制统治和礼教进行猛烈抨击，宣传君主立宪、天赋人权，鼓励民力，开启民智，创新民德，对于揭露君权神授的迷信，摧毁封建君权主义理论基础，扫除专制君主至高无上的权威，启蒙民众的政治觉悟，有着巨大的历史价值。从这一层面来看，戊戌变法不仅开启了中国近代民主政治的先河，而且在思想文化领域掀起了一场社会启蒙运动，它传播了资产阶级新文化、新思想，批判了封建主义旧文化、旧思想，在民族觉醒和民主意识方面产生了振聋发聩的思想解放作用。

1898年9月21日，慈禧太后等发动戊戌政变，光绪帝被囚，维新派的康有为、梁启超分别逃往法国、日本，戊戌六君子谭嗣同、康广仁、林旭、杨深秀、杨锐、刘光第被杀，宣告了一场以学习西方文明，提倡科学文化，改革政治、教育制度，发展农、工、商业等的政治改良运动，在经历了103天的变动和辉煌之后最终失败。究其原因，当时中国资本主义经济基础与阶级基础过于薄弱，发动维新运动的民族资产阶级刚刚形成，而参与变法运动的群体仅局限于早期先进的知识分子，在尚未成熟的情况下被过早地推上了历史舞台。同时，在实际运动中，维新派忽视了广大人民群众的力量，企图依靠没有实权的皇帝与少数官僚，在主张政治制度改革的同时，对封建帝国还存在幻想，企图以和平方式实现中国政治制度和经济发展的转型。这一系列历史因素导致戊戌变法最终不敌封建顽固守旧势力的压迫而宣告失败。但在戊戌变法后不到三年，清政府颁布了“回銮新政”的谕旨，实施废科举、办新学、兴商劝工、倡办实业等措施，力求以改良来缓和社会矛盾。与此同时，民间创办新式企业渐成风气，尤其到了20世纪初期，中国资本主义发展进入一个黄金时期，这实际是戊戌变法所促成的。也正是在这个时候，民主革命风潮勃然兴起，以武力推翻清王朝的专制统治已逐渐成为革命党人的共识和奋斗目标，一场真正的资产阶级民主革命蓄势待发。因而，从客观上来看，戊戌变法确实加速了清王朝灭亡的进程，推进了中国社会的政治民主化。

（三）新文化运动的兴起

虽然作为一场政治改革运动，戊戌变法最终在以慈禧为代表的封建顽固派的反扑下失败了，但作为救亡爱国运动和资产阶级思想启蒙运动，戊戌变法在中国近代历史上有着重要的地位和作用。维新派变法救亡的呼喊，对西方政治制度的学习，对封建专制制度的批判，对西方资产阶级天赋人权、自由平等观念的宣传，对西方教育制度和各种自然科学知识的介绍等，均促成了国民的觉醒，使民主和科学之风大开，为辛亥革命时期的启蒙运动（尤其是五四运动、新文化运动）做了思想解放的铺垫。

鸦片战争以来，内忧外患的中国社会现状引发了社会各界，尤其是最容易接近西方先进思想和文化的知识分子的思考。随着民族资本在国内外较为宽松的条件下获得发展，新兴社会力量也随之成长壮大。当时富有爱国救亡意识的新青年一代，认识到国人精神迷惘的弊端，勇敢地担当起改变社会现状的责任，抨击封建专制主义，积极地宣传民主和科学的新思想，以期实现“吾民最后之觉悟”。1915年《新青年》创刊，标志着以西方自由主义启蒙思想启发国人伦理之觉悟的新文化运动兴起。陈独秀、李大钊等五四干将以《新青年》为主阵地，掀起了一场以民主、科学为基调，以文学改革和白话文运动为主，致力于批判旧传统、创造新文化、传播新思想的新文化运动。《新青年》同人不仅重新解读了“民主”“科学”等现代化理念的内涵，而且试图从根本上改变国民的思想观念和社会心理，以推动政治变革和思想变革的同步发展，从而塑造现代国民，由戊戌时期追求政治制度的改革转向追求实现人的现代化。

“民主”的表达首先是对民主政体的期许。民主政治对中国来说显然是舶来品，虽然“民主”一词在中国古典文献中并不少见，但其内涵与西方近代民主的含义却截然相反，体现为皇权的民本思想。在中国传统封建文化上千年的控制下，皇帝为民之主的思想观念根深蒂固，是国民恨之彻骨而又割舍不掉的精神信仰。虽然鸦片战争以来，一部分仁人志士从天朝上国的迷梦中觉醒，渐次将学习西方民主政治的理念推向高潮，提出了一系列移植于西方的民主政治制度，但缺乏经济基础和国民思想认同的西方民主终究在辛亥革命的失败中再次流于形式。鉴于此，五四先进知识分子首先将民主政治难以在中国确立的原因归结于多数国民的不觉悟，并期许以国民政治的觉悟、伦理的觉悟来造就“民国宪法实行时代”。[1]其次，“民主”蕴含着对独立自由之个体的要求。国民的人格独立、人权平等、言论自由是民主体制建立的重要因素，是保障民主共和体制稳固的社会根基。纵观欧洲国家的社会发展，“法律上之平等人权，伦理上之独立人格，学术上之破除迷信、思想自由，此三者为欧美文明进化之根本原因”。[2]而袁世凯继任中华民国大总统后，相继公布《平政院编制令》《中华民国约法》《修正大总统选举法》等规定，企图复辟帝制独揽统治权，使中华民国名存实亡，激起了全国人民的公愤。胡适曾哀叹：“社会最大的罪恶莫过于摧折个人的个性，不使他自由发展。”[3]因而，主张人格独立、人权平等、言论自由，反对强权者的束缚和封建家庭的桎梏，是五四时期先进知识分子呼唤民主的一个显著特征。最后，中国民主体制的建设必须触及对孔子之道、中国传统社会的专制主义意识的批判。1913年颁布的《天坛宪法草案》，公然声明“国民教育，以孔子之道为修身大本”，以孔子之道为全国统一的宗教信仰，这种“一面规定

1 陈独秀：《吾人最后之觉悟》，《青年杂志》第1卷第6号，1916年2月15日。
2 陈独秀：《袁世凯复活》，《新青年》第2卷第4号，1916年12月1日。
3 胡适：《易卜生主义》，《新青年》第4卷第6号，1918年6月15日。

信仰自由，一面规定‘以孔道为修身大本’”[1]的矛盾做法激起了有民主共和意识的先进知识分子的反抗。以此为背景，五四运动和新文化运动自然地从呼唤民主与科学转向了全盘反对以孔子之道为核心的尊卑贵贱、三纲伦理和封建专制意识，并主张学习西方法治国家之最大精神，即“法律之前，人人平等，绝无尊卑贵贱之殊”，[2]以此回归“民主”的时代主题。

从“师夷长技以制夷”到“科学与人权并重”，中国近代知识分子在学习西方科学技术的道路上不断迈进，对“科学”的理解在五四时期也逐渐成熟，初步形成了包含科学知识、科学方法、科学精神、科学观和科学法则等内涵的认知体系。第一，“科学是学问，不是一种艺术。科学的本质，是事实不是文字”。[3]因而，科学首先是作为一种具体的知识而被人们所接受的。第二，科学是一种对客观事物的认识方法。在《敬告青年》中，陈独秀首先界定了科学的含义，并运用科学与想象之间的对比阐释，以主观思想认识科学实际的表达，体现了五四学者早期对科学的唯物史观理解，是科学认识方法的一种简易表达。而王星拱将这种建立在逻辑思维基础上的认识方法明确命名为“科学方法”，认为其“就是实质的逻辑，就是制造知识的正当方法”。[4]第三，科学不仅是各门具体的科学，更是科学精神的一种表述。“‘科学的精神’这个名词，包括许多意义，大旨就是从前人所说的‘求是’。凡立一说，须有证据，证据完备，才可以下判断。对于一种事实，有一个精确的、公平的解析；不盲从他人的说话，不固守自己的意思，择善而从。这都是‘科学的精神’。”[5]而以科学的精神整理国故，“一来医治我们学术思想上的痼疾，二来造成一个能够和欧

1 李大钊：《新的！旧的！》，《新青年》第4卷第5号，1918年5月15日。
2 陈独秀：《宪法与孔教》，《新青年》第2卷第3号，1916年11月1日。
3 任鸿隽：《何为科学家？》，《新青年》第6卷第3号，1919年3月15日。
4 王星拱：《什么是科学方法？》，《新青年》第7卷第5号，1920年4月1日。
5 毛子水：《国故和科学的精神》，《新潮》第1卷第5号，1919年5月1日。

化‘并驾齐驱’的‘国新’”。科学既是五四先进知识分子转变思维方式的基础，也是重新认识和创新中国传统文化的思想基石。第四，科学是一种世界观和人生观。“应用者，科学偶然之结果，而非科学当然之目的。科学当然之目的，则在发挥人生之本能，以阐明世界之真理，为天然界之主，而勿为之奴。故科学者，智理上之事，物质以外之事也。专以应用言科学，小科学矣。”[1]五四的学者已然认识到，拥有一技之长并非科学的最终目的，发挥人的主观能动性来认识世界才是真正的科学观。第五，科学意味着批判封建迷信，彰显科学法则。1917年秋，一帮上海旧文人利用“信仰自由”的招牌筹划成立一个研究鬼神、灵异的迷信团体——“上海灵学会”。它“不仅开设有从事扶乩的‘盛德坛’，又于次年1月1日开始出版会刊《灵学丛志》”，[2]试图利用现代科学的发展成果进行鬼神研究，使《新青年》学人无法容忍。揭露灵学会的荒诞言论，正面引导国人尤其是年轻一代的科学意识，树立正确的科学法则是五四新文化运动的一个重要科学内涵。

1917年1月，应陈独秀的要求，胡适在《新青年》杂志发表《文学改良刍议》一文，明确反对中国传统“文以载道”的思想意识，主张“言之有物”，“实写今日社会之情状”；[3]并指出了古文中不通文法、无病呻吟、陈词滥调、苛求用典、严格对仗、用词晦涩等弊端，引起了一场激烈的大辩论，打响了五四文学革命与白话文运动的第一枪。陈独秀首先“甘冒全国学究之敌，高张‘文学革命军’大旗”，[4]声援胡适，欲效仿欧洲文艺复兴，以文学艺术革命进而推进伦理道德革命，并明确提出“文学革命”的口号。

1 任鸿隽：《科学与教育》，《科学》第1卷第12期，1915年12月。

2 黄克武：《惟适之安：严复与近代中国的文化转型》，社会科学文献出版社2012年版，第150—151页。

3 胡适：《文学改良刍议》，《新青年》第2卷第5号，1917年1月1日。

4 陈独秀：《文学革命论》，《新青年》第2卷第6号，1917年2月1日。

紧接着，钱玄同、刘半农、朱希祖、傅斯年等人也都纷纷撰文响应，形成了主张文学改革的中坚力量。由文学革命引发的白话文运动、诗歌、散文、短篇小说、戏剧等方面的改良都有了新的方向，并逐渐由文学批判走向文学建设，"以白话为文学正宗"日益成为几乎所有杂志、报纸、文学作品新的文字表达方式。1918年1月，《新青年》自第4卷第1号开始由陈独秀主编转变为由北京大学的六名教授轮流编辑，《新青年》同人团体正式形成，也预示着《新青年》所刊登文章的内容逐渐趋于兼容并蓄，并完全使用白话文刊行，文学革命和白话文运动走向了新的热潮。总体看来，平易而抒情的国民文学、新鲜立诚的写实文学、明了通俗的社会文学在一定程度上创造了新时期的新国学，主张"以现代文学描绘现代社会指导现代生活"[1]的文学革命和白话文运动不仅营造了新的国民话语，更进一步扩大了民主与科学的传播和接受范围，为改造国民性，塑造自觉、科学、进取的新青年找到了有力的武器。

五四先进知识分子所坚持的"民主"与"科学"精神虽在当时的政治经济环境下并未促成民主体制的建立，但以拥护德、赛两位先生而发起的反对孔教、礼法、贞节、旧伦理、旧政治、旧艺术和旧宗教等活动却在较大范围内激发了新一代青年对"启蒙"精神的理解以及破旧立新的勇气，使新文化运动有了"救治中国政治上道德上学术上思想上一切的黑暗"[2]的可能性。这种承袭于清末梁启超的"新民"思想，力图通过"救人"与"立人"来塑造具有现代化理念的"新青年"的举措，为五四后期马克思主义的选择与传播提供了人才基础和智力保障。第一次世界大战之后，由于国内外时局变动的影响，陈独秀、李大钊逐步转向信仰马克思主义，锻造具有集体主义意识的革命新人成为他们新的方向。

1　朱希祖：《白话文的价值》，《新青年》第6卷第4号，1919年4月15日。

2　陈独秀：《本志罪案之答辩书》，《新青年》第6卷第1号，1919年1月15日。

三、“走俄国人的路”的选择

第一次世界大战的爆发与俄国十月革命的胜利，两相比较，令苦苦寻找中国出路的先进知识分子在面向世界时，看到了中国未来的新希望。经过理论上的求索与实践中的检验，一批走在时代前列的知识分子和志士仁人决心“走俄国人的路”，以马克思主义为指导，共同缔造了中国共产党。

（一）五四运动与马克思主义的传播

随着西方资本主义国家弊端的暴露和俄国革命的胜利，五四“同人”最终因为受不同文化教育背景、家庭出身影响，对国家和民族的未来走向的看法发生了严重分歧。而这种思想理念的分化在一定程度上改变了新文化运动后期的走向，以及中国未来思想发展与社会变迁的方向，也寓意着西方自由主义启蒙思想与马克思主义启蒙思想的冲突与交替。1918年7月15日，陈独秀发表了《今日中国之政治问题》，首次谈“政治”，打破了《新青年》同人间“不议时政”的脆弱平衡。虽然陈独秀声明“我现在所谈的政治，不是普通政治问题，更不是行政问题，乃是关系国家民族根本存亡的政治根本问题”，[1]但《新青年》创刊之初所蕴含的政治因子最终使得五四同人分道扬镳。1918年下半年，李大钊相继发表了《法俄革命之比较观》《庶民的胜利》《Bolshevism的胜利》这三篇文章，公开宣传马克思主义思想，《新青年》由此进入转型期。在《新青年》第6卷和第7卷中已经出现了“新村”思想、胡适谈“实验主义”、李大钊开辟的“马克思研究”专栏、互助思潮、无政府主义等交相发表的局面。推崇

1　陈独秀：《今日中国之政治问题》，《新青年》第5卷第1号，1918年7月15日。

走俄国道路的马克思主义、主张社会的根本改造与点滴改良的自由主义等社会思潮的分歧已逐渐明晰。虽然1918年底陈独秀、李大钊筹划创办了《每周评论》，以缓和同人内部的冲突。但思想上的分歧最终使五四精英走向了无可挽回的分裂定局。1920年5月1日，《新青年》第7卷第6号开辟"五一"劳动者专号，陈独秀和李大钊发表了大量介绍马克思主义及其工人运动的文章。这充分预示着一场以"主义"为指导的运动即将到来。而此后的《新青年》杂志则主要发表介绍马克思主义理论的译作和社会主义讨论的文章，胡适等人的思想观点论述则是只言片语。1920年上半年，陈独秀将《新青年》编辑部迁到上海，并成为中国上海共产主义小组的机关刊物。而胡适等自由主义知识分子则创办了《努力周报》，与陈独秀等人分道扬镳，继续宣传他们的思想以及和平改良等主张。至此，五四同人的分裂大局已经尘埃落定。在那个你不谈政治，"政治总会寻着你"[1]的年代，《新青年》同人的分化打破了"不议时政"的思想困局，促使以陈独秀、李大钊等为骨干的早期马克思主义理论家自觉地由西方自由主义启蒙理念转向马克思主义的研究和宣传之中，为中国共产党的创立以及马克思主义在中国的早期发展奠定了人才和思想基础。虽然以《新青年》同人为主的启蒙群体走向分裂，形成了革命救国和启蒙救国两派，在指导思想上分别选择了马克思主义理论和西方自由主义思想，但实质上他们都是围绕着"救人"与"救国"这两个主题在探索，仍然为国民性改造和现代国民塑造而努力，同时为马克思主义在中国的传播、以马克思主义为指导的中国共产党的诞生开拓了新的契机。

在《新青年》同人的不懈努力下，"民主"和"科学"的启蒙思想在一定程度上推广开来，成长起来的新一代青年在师辈的影响下从封建专制思想、旧伦理道德、迷信偶像、愚昧无知等精神枷锁下解放了出来，培养

1　陈独秀：《谈政治》，《新青年》第8卷第1号，1920年9月1日。

出探索真理、要求革新、不断进取的革命精神，为五四运动后期马克思主义的启蒙转向奠定了人才基础。五四前期，民主科学理念传播，在较大范围内启蒙了以北京学术圈为核心的青年学生，思想的解放以及对各种理念的兼容并蓄，成为推动五四师辈和青年学生不断探索解决中国实际问题的理论武器，并使他们在中西文化和价值理念的磨合中逐渐产生怀疑，认识到西方资产阶级的文明以及共和国的方案不能解决中国的实际问题。俄国十月革命的爆发为摸索中的知识分子带来了新的希望，思想的启蒙使五四师辈和学生们意识到“走俄国人的路”将会为中国现状的改变和发展提供一种新的可能。1919年5月4日，一场以青年学生为主，广大群众、市民、工商人士等中下阶层共同参与的，通过示威游行、请愿、罢工、暴力对抗政府等多种形式进行的爱国运动爆发，这是中国人民彻底反对帝国主义、封建主义的爱国运动。以五四爱国运动为转折点，马克思列宁主义的无产阶级革命理念逐渐从理论的探讨走向与工农相结合的实践道路。《劳动音》等杂志的出版，平民教育讲演团的成立，都为学习俄国无产阶级和劳动人民的革命精神、实现以工人阶级领导的人民民主主义提供了新的机遇，在理论认知上逐渐推动民众走向马克思主义的现代化发展方向。

在汲取五四启蒙理念的基础上，李大钊等早期的马克思主义者注意到，中国是一个以农立国的国家，农民在国民总数中占绝对的多数，中国的改造离不开广大民众的积极参与。“要想把现代的新文明，从根底输入到社会里面，非把知识阶级与劳工阶级打成一气不可。”[1]因而，李大钊号召中国青年应该学习俄国青年在俄国农村宣传运动中的精神，认识到中国以农立国的具体国情，开发农村，解放以农民为主体的劳工阶级。“他们若是不解放，就是我们国民全体不解放；他们的苦痛，就是我们国民全

1 李大钊：《李大钊全集》（第2卷），人民出版社2013年版，第304页。

体的苦痛；他们的愚暗，就是我们国民全体的愚暗；他们生活的利弊，就是我们政治全体的利弊。去开发他们，使他们知道要求解放、陈说苦痛、脱去愚暗、自己打算自己生活的利弊的人，除去我们几个青年，举国昏昏，还有那个？”[1]李大钊的论述明确了新时代青年人的责任，揭开了马克思主义与中国人民实际生活相结合的序幕。

在李大钊等人的带动下，新青年不仅成立了以学习和研究马克思主义为宗旨的“北京大学马克思主义研究会”，由单纯地反对封建传统转向了学习马克思主义思想，从而进行实际的社会革命，而且对工农群众的马克思主义理论宣传的形式也逐渐丰富。1919年北京大学“平民教育讲演团”的成立为“增进平民智识、唤起平民之自觉心”[2]开创了新的启蒙途径和平台。该演讲团以教育普及与平等为目的，以露天讲演为方法，注重平民主义之实施，“力图把新知识分子的语文和思想传递给辜鸿铭一派文士以为不可教育、没有思想和沉默无辜的‘苦力、马夫、司机、店员’等”，[3]突破了五四运动时期的启蒙传播范围的局限。同时讲演的内容也由最初的以普及文化教育、反对封建迷信而启发国民基本的自我意识觉醒为主，逐渐转变为讲解时事问题，以马克思主义的唯物史观和阶级斗争学说启发工人阶级的觉悟。加入工人俱乐部的人员日益增多，“取得群众很大的信仰”[4]，展现了以“平民教育讲演团”为代表的早期马克思主义传播活动的启蒙价值。除此之外，新青年还进行了深入的社会调查，了解工人阶级的劳动生活状况。1920年1月18日，北京一些革命知识分子到洋车工人住宅区调查，这里“平均计算起来，每家总在四口之

1　李大钊：《李大钊全集》（第2卷），人民出版社2013年版，第304—305页。

2　邓中夏：《邓中夏全集》（上），人民出版社2014年版，第53页。

3　［美］舒衡哲：《中国启蒙运动：知识分子与五四遗产》，刘京建译，新星出版社2007年版，第100页。

4　邓中夏：《邓中夏全集》（下），人民出版社2014年版，第1359页。

上。吃的大概是舍粥。职业呢,壮而有力者拉洋车,老弱妇女捡旧纸或卖糖和小玩意,或乞丐,拉洋车的居8/10"。[1]而这时的北京已是"汽车飞跑"。真实的社会调查使新一代青年深入了解了工农群众的困境,看清了当时的社会现状,虽然这时他们对此还缺乏马克思主义的分析,但已在直观的视觉冲击和心理体验中产生同情工人阶级的立场,并为工人阶级的利益而积极奔走。1919年5月1日,《晨报》首次刊发"劳动节"纪念号,从此,"五一"劳动者的纪念日渐渐为人们知晓,并在先进知识分子的努力和工农群众不断的觉醒中,从"几家报馆的纪念日"变成"劳工社会的纪念日",从"三五文人的运动"转为"劳工阶级的运动"。[2]五四时期的知识分子在接受马克思主义理论后,注重学习和研究马克思主义,并通过形式多样的活动使马克思主义与中国工人运动相结合,启蒙工农群众,同时加深对马克思主义的理解,将理论与中国现实问题相结合,推动着中国革命新阶段的到来。

除了组织团体研究和宣传马克思主义,共产主义小组的成立为推动马克思主义中国化的研究和启蒙开创了新起点。1920年6月,陈独秀、李汉俊、俞秀松等人在上海成立了中国第一个早期共产党组织,《新青年》成为机关刊物,并创办《共产党》月刊,公开宣传马克思主义。此后,北京、武汉、湖南、山东、广东等地的共产主义小组纷纷成立,且大都创办了自己的刊物,诸如北京的《劳动音》、武汉的《武汉星期评论》、济南的《励新》半月刊、《济南劳动》周刊、广州的《劳动与妇女》周刊等,[3]在更大规模和更深的层次上宣传马克思主义。各地的共产主义小组通过建立马

1 刘明逵、唐玉良主编:《中国近代工人阶级和工人运动》(第3册),中共中央党校出版社2002年版,第732页。

2 陈独秀:《"五一"(May Day)运动史》,《新青年》第7卷第6号,1920年5月1日。

3 李景田主编:《中国共产党历史大辞典:新民主主义革命时期(1921—2011)》,中共中央党校出版社2011年版,第58—60页。

克思主义研究会、出版刊物、组织社会主义青年团、创办工人学校等形式，加强对工人阶级的马克思主义的宣传，提高工人阶级的文化水平和阶级意识，与各种非马克思主义、反马克思主义开展辩论斗争，进一步促进马克思主义的传播以及其与中国工人运动的内在结合。

（二）形成“以俄为师”的共识

1917年俄历10月25日，在封建压迫严重、经济文化落后的俄国，在布尔什维克党领导下，俄国工人阶级联合贫农实现了伟大的社会主义革命，推翻了资产阶级临时政府，建立了苏维埃政权。十月革命向世人证明了，物质文明落后并不妨碍社会主义的进行，落后国家也可以用社会主义思想指引自己走向解放之路。而这一革命运动的成功也使陷于苦闷彷徨的中国先进分子看到了民族解放的新希望。毛泽东当时兴奋地说：“我看俄国式的革命，是无可如何的山穷水尽诸路皆走不通了的一个变计。”[1]

十月革命给中国思想界带来了深刻的影响，它提供了一个将社会主义由理想转化为现实的可操作的“范式”，即马克思主义的辩证唯物主义和历史唯物主义、阶级斗争与无产阶级专政的理论。正如毛泽东所说：“十月革命一声炮响，给我们送来了马克思列宁主义。十月革命帮助了全世界的也帮助了中国的先进分子，用无产阶级的宇宙观作为观察国家命运的工具，重新考虑自己的问题。走俄国人的路——这就是结论。”[2]在中国人学习西方，试图走资本主义道路而惨遭失败，中国先进知识分子陷入极度彷徨和苦闷之时，俄国十月革命的胜利给予了饱受帝国主义欺压的中国人巨大的鼓舞，给在黑暗中摸索的中国先进知识分子以警醒。

1　中共中央文献研究室编：《毛泽东年谱（1893—1949）》（上卷），人民出版社、中央文献出版社1993年版，第74页。

2　《毛泽东选集》（第4卷），人民出版社1991年版，第1471页。

他们认识到，不仅在发达的资本主义国家，而且在经济文化发展落后的国家，只要无产阶级和其他劳动群体觉醒和组织起来，完全可以依靠自己的力量创造出崭新的社会制度。于是，以李大钊为代表的具有初步共产主义思想的知识分子，通过对各种学说、各种救国方案的反复比较和思考之后，最终选择了以马克思主义为指导的社会发展道路，达成了“走俄国人的路”的共识。以中国共产党的成立为标志，中国的社会历史发展进程和现代化发展方向自此由“效法欧美”进入“以俄为师”的崭新时期。

早期马克思主义者的理论宣传既是一个不断与本土文化和现实国情相结合的过程，也是与各种社会思潮交锋碰撞的成长过程。一方面，各种社会思潮的存在给马克思主义在中国的传播带来了阻力；另一方面，也为马克思主义理论的中国化提供了可资借鉴的思想资源和理论样本。因此，早期的马克思主义传播，既是与各种社会思潮交锋、碰撞的过程，也是借鉴、吸收各种社会思潮的过程。“在五四运动前后，马克思的科学社会主义只是以社会主义思潮的一个派别在中国传播的，资产阶级和小资产阶级的反马克思主义的思潮还有相当的市场，其中影响较大的有罗素的温和方法的共产主义、杜威的实用主义、克鲁泡特金的无政府主义以及社会民主主义和国家社会主义等。”[1]因而在传播马克思主义的过程中，早期的马克思主义学者必须与这些反马克思主义思潮进行坚决的斗争。其中有三次影响较大的论战，1919年至1921年“问题与主义”之争最为激烈。这场论战尽管参加人员不多，持续时间也不长，但它是实用主义和马克思主义两大世界性思潮的正面交锋，既决定了马克思主义在中国的命运，也决定了中国思想界的未来走向。近代中国社会思潮的存在对于马克思主义的启蒙具有双重效应，既为马克思主义在中国的传

1 肖浩辉等：《马克思主义中国化的理论与实践》，湖南人民出版社2001年版，第89页。

播提供思想铺垫，扩大了马克思主义的社会影响，为马克思主义的启蒙提供思想资源；同时对马克思主义的过激批评和误解也影响了马克思主义的形象，干扰了对中国化马克思主义的社会传播。但总体来看，在这场思想博弈中，马克思主义理论最终实现了对近代中国各社会思潮的超越，并逐渐成为中国早期马克思主义理论者的思想武器。

然而，马克思主义的研究和传播并不是一蹴而就的，在中国共产党成立之初，先进知识分子对马克思主义理论的认识一方面深受西方自然科学理论的影响，表现为以进化论来理解唯物史观；另一方面，倾向于以更易被群众接受和解决现实问题的唯物史观、阶级斗争学说为宣传马克思主义理论的主要内容。虽然以日本学者对马克思主义的解释宣传为主要渠道的早期马克思主义理论体系尚未完善，但经历了五四启蒙的早期马克思主义理论家能继续保持启蒙的心态，注重将马克思主义理论与中国的具体实际相结合，从中国现实的发展需求出发探寻马克思主义的理论价值，并以研究、讲演的方式在深入学习掌握马克思主义理论的同时，以通俗易懂的方式向劳工群众进行宣传，踏出了马克思主义大众化的第一步，促使马克思主义成为广大劳工阶级的共识。

1898年，早期的启蒙思想家严复翻译的《天演论》出版，向中国人民介绍了进化论。“物竞天择，适者生存”的进化论观点一经传入，就对当时中国的科学界和思想界产生了深远的影响。长期受到压迫，深知落后就要挨打的中国人民深刻感受到了优胜劣汰的社会事实，社会进化论一时成为人们解释一切社会问题的依据。而这样的启蒙理念也影响了早期的马克思主义者，使得他们自觉地以“进化论”来解读马克思的唯物史观。

1919年5月，日本学者河上肇的《马克思的唯物史观》、李大钊的《我的马克思主义观》相继在《新青年》第6卷第5号上发表，均论述了“社会组织进化论”的观点。河上肇认为：“马克思的史观所谓的社会的变迁，就是社会组织变迁的意思，至少也是以社会组织变迁为问题的中心。由这点看来，马克思的历史观，可以称为社会组织进化论。”[1]李大钊在接受河上肇的解读的基础上，对社会组织进化进行了详解，他认为：“生产力与社会组织有密切的关系。生产力一有变动，社会组织必须随着它变动。社会组织即社会关系，也是布帛菽粟一样，是人类依生产力产出的产物。”[2]对于社会组织在何时发生进化，李大钊引用了马克思的论断，即“生产力非到在他所活动的社会组织发展到无可再容的程度，那社会组织是万万不能打破的。而这在旧社会组织内，长成他那生存条件的新社会组织，非到自然脱离母胎，有了独立生存的运命，也是万万不能发生”。[3]

深受进化论启蒙观念影响的《新青年》知识分子不仅以社会组织进化论来解读唯物史观，而且从经济进化史观的视角来看待马克思的经济论，并将其纳入唯物史观的范围。河上肇认为：“唯物史观说明社会历史变迁，注重经济条件变化。观察社会变迁，以经济事情为中心。物质文明与精神文明是因果关系。物质文明是因，精神文明是果。精神文明可以左右物质文明，物质文明为根本动力，这就是经济史观——唯物史观的特征。”[4]李大钊也提出唯物史观有四种可通用的名称，即“历史之唯物的概念、历史的唯物主义、历史之经济的解释、经济的决定论。比较起来，还是‘经济史观’一词妥当一些”。[5]

除了以进化论来解释马克思的唯物史观外，早期的马克思主义学者还十分注重对阶级斗争学说的宣传。究其原因，首先，随着民族资本主

1 ［日］河上肇：《马克思的唯物史观》，渊泉译，《新青年》第6卷第5号，1919年5月。
2 李大钊：《我的马克思主义观》（上），《新青年》第6卷第5号，1919年5月。
3 同上。
4 ［日］河上肇：《马克思的唯物史观》，渊泉译，《新青年》第6卷第5号，1919年5月。
5 李大钊：《唯物史观在现代史学上的价值》，《新青年》第8卷第4号，1920年12月1日。

义的发展，工人阶级的队伍逐渐壮大，形成了在经济上对立的两大阶级；其次，经济上的不平等使工农阶级更易理解阶级斗争的学说，接受马克思主义思想的启蒙。正如李大钊在《我的马克思主义观》中所论述的那样："阶级竞争是他们不能避的运命，就是有了阶级的自觉，阶级间就起了竞争。当初只是经济的竞争，争经济上的利益，后来更进而为政治的竞争，争政治上的权力，直至那建在阶级对立上的经济的构造自己进化，发生了一种新变化为止。"[1]总体来看，早期马克思主义的理论尚不完善，理论渠道主要是日本，对马克思的"唯物史观"、"经济论"和"阶级竞争说"论述较为简单；但经历了五四启蒙的知识分子和青年学生对社会主义的研究和传播有着极大的热情，他们积极关注俄国实践的马克思列宁主义与中国社会实际相结合的可行性问题，投入国民革命的实践中，深入工农大众中进行宣传，开创了平民教育的新方式，为以后工人运动的发展和无产阶级政党组织的建立准备了思想基础和人才条件，开创了马克思主义传播和启蒙大众的新局面。

1921年7月23日至31日，在上海法租界和嘉兴南湖召开了中国共产党的第一次全国代表大会，宣告了以马克思列宁主义为指导思想的无产阶级政党——中国共产党的诞生，这是对马克思主义党建理论中无产阶级必须建立自己的独立政党理论在实践中的直接运用，标志着中国革命由此进入了新的发展阶段。会议讨论并通过了《中国共产党党纲》《关于当前实际工作的决议》，选举了党的领导机构。在党的"一大"通过的党纲中明确提出，以无产阶级革命军队推翻资产阶级的政权，消灭资本家私有制，由劳动阶级重建国家，承认无产阶级专政，直到阶级斗争结束，即直到消灭社会的阶级区分。同时还规定了党的基本任务是从事工人运动的各项活动，加强对工会和工人运动的研究与领导。经历了十月

1　李大钊:《我的马克思主义观》(上),《新青年》第6卷第5号,1919年5月。

革命后早期马克思主义者对马克思主义理论的比较选择、研究宣传以及中国共产党的成立，中国先进的知识分子最终形成了“走俄国人的路”的共识，这是中国近代历史发展的必然，也是中国现代化发展划时代的崭新一页。

（三）中国共产党的历史使命

现代化是人类社会发展的共同规律和潮流，它通常被用来描述传统社会向现代社会转型过程中所经历的政治、经济、社会和文化等方面整体发展的过程，是一种关于社会如何从传统向现代发展的理论。一般而言，这一过程要建立现代经济制度，确立现代政治制度，同时打破传统社会格局，建立新的社会文化理念，即实现经济工业化、政治民主化、社会整合化和文化大众化等目标。实现现代化是中华民族近代以来伟大的历史使命，是近代以来中国人民和政府为争取国家独立富强而奋斗的过程，也是中国重新认识世界并走向世界的过程。中国的现代化经历了两个重大转变，即从资本主义的现代化转变为苏联式的社会主义现代化，后又走向中国特色的社会主义现代化。而在中国现代化的发展道路中，中国共产党作为推动社会发展的中坚力量做出了巨大贡献。鉴于此，从中国近代以来现代化的发展路径中探究中国共产党的历史使命，对于不断推进国家现代化的进程意义深远。

中国人对早期现代化的追求源于第一次鸦片战争时期面对西方资本主义的入侵而做出的反应。在国家内忧外患的危局之下，中国被卷入世界资本主义的市场之中，传统的社会结构面临严峻的考验，为了应对危机，实现国家的独立与富强，一些知识分子需要根据现实对西方现代理念进行理解和解释，将西方资本主义的自由、民主、科学、平等、人权等现代观念引入中国，使其具有中国语境下的独特内涵。经历了科学技术的现代化，戊戌变法时期的政治制度现代化，改造国民性的国人现代化，传播马克思主义的理论认知现代化，达成“走俄国人的路”共识的思维现代化——现代化的追求贯穿了中国近现代史。而在此过程中，走现代化道路的接力棒也由旧式官僚传递给少数知识分子，再到觉悟了的青年群体，最终传到了中国共产党的手中，使中国共产党承担起历史赋予的使命。

19世纪60年代中期，洋务运动迈出了中国现代化进程的第一步。这次运动以“中学为体，西学为用”为指导思想，由少数受西方资本主义影响较多的旧式官僚和绅商发起。虽然洋务运动的主张未被纳入国策推行，在实际运作中也没能成为上下一致的全国运动，但根据“师夷长技以制夷”的理念，洋务派确实开始引进西方先进的生产技术和科学文化，并模仿资本主义的生产模式兴办新式企业。在此过程中，西方资本主义的思想文化和生产模式也开始在中国扎根，打开了“效法欧美”的现代化模式的新局面。

继洋务运动之后，以康有为、梁启超为首的少数知识分子发起了一场以政治制度改革为主的维新运动。它以挽救甲午战败后国家危亡的局势为出发点，以效仿西方建立君主立宪政体为主旨，以学习西方文明、发展农工商为实现途径，触及了政治、经济、文化现代化的发展脉络，在一定程度上起到了现代化社会动员的作用，促使先进知识分子反思“效法欧美”的现代化发展道路，使较大范围内国人的思想得以解放。戊戌变法以后的几年间，清政府的“新政”和预备立宪运动则进一步推进了中国资本主义工商业的发展，使近代中国的民族化、工业化和民主化运动水平均有所提高。因而，维新运动不仅是一场以政治体制改革为主的政治现代化运动，而且是一次深层次的思想启蒙运动，维新派以西方资产阶级的理性精神，点燃了中国近代的文明之火，为新文化运动的开展以及“民主、科学”理念的提出做了思想铺垫。

1915年9月，《新青年》创刊标志着五四新文化运动的开始，先进的知识分子以《新青年》杂志为阵地，以西方资产阶级启蒙运动为样本，宣传人格独立、人权平等、言论自由、科学与理性主义，反对孔教，批判尊卑贵贱、三纲伦常，反对封建迷信，提倡学术自由，倡导妇女解放等启蒙理念，以期实现“吾民最后之觉悟”。虽然五四启蒙理念的传播仅限于有一定文化基础的知识分子和青年学生，未能走出书斋的禁锢转向人民大众的广阔空间，但五四新文化运动对人们的思想解放具有里程碑的意义。随着早期马克思主义者由追求西方自由主义转向马克思主义的研究宣传，《新青年》同人最终走向分化。革命救国者主张以武力反抗西方列强和封建军阀，试图通过“先破后立”的革命方式建立一个“新中国”，走从“救国”到“救人”的道路；资产阶级启蒙救国者则仍然坚持原来的思想启蒙观点，主张走渐进改良之路，以实现民族富强文明。

从《新青年》同人理念分化的趋向可看出，五四时期先进的知识分子对“新文化运动”发展方案具有不同的理解和规划。在胡适的《新思潮的意义》和陈独秀的《新文化运动是什么》中，《新青年》同人对当时中国思想转化和社会发展变动的追求之不同可见一斑。胡适坚持应该“注重研究人生社会的切要问题，应该于研究问题之中做介绍学理的事业”，[1]主张研究问题，输入学理，整理国故，再造文明。而陈独秀对“新文化运动”的理解则不局限于文化内部，而是希冀新文化运动能影响到军事、经济、政治等社会发展的各个方面。[2]总体来看，新青年同人的形成始于传统士大夫的启蒙心态以及对国民性改造的共同认知，而终于社会思潮间的博弈以及对社会发展深层动因的探究，这不仅源于同人间文化教育背景、家庭出身的影响，更在于社会发展变动对一部分觉悟了的知识分子提出的历史要求。早期的马克思主义者无不经历过五四启蒙的洗礼，是在对启蒙思想不断扬弃的基础上接受马克思主义的。国家危亡的

1 胡适：《新思潮的意义》，《新青年》第7卷第1号，1919年12月1日。

2 陈独秀：《新文化运动是什么》，《新青年》第7卷第5号，1920年4月1日。

局面和阶级斗争的矛盾要求先进知识分子转向马克思主义的研究和宣传，但五四启蒙的理念并未被抛弃，民主和科学仍是中国共产党自建党以来的不懈追求。

五四启蒙为马克思主义的研究和传播做了思想解放的铺垫，而马克思主义在中国的倡行又继承了启蒙的精神内涵，开启了中国共产党推进马克思主义中国化的新篇章。马克思主义之所以能够在中国广泛传播，之所以能够为中国广大人民群众所接受和支持，除了先进的马克思主义者不遗余力深入工农大众进行宣传之外，更重要的原因在于马克思主义在中国的启蒙与宣传始终与中国现实的革命实践相结合，是能够解决中国现实问题，又能给人们带来希望曙光的主义。只有当中国的马克思主义先行者深入考察中国的实际情况，了解中国人民最实际、最根本的利益与要求，并以革命的方式从根本上改变中国的社会生产关系和阶级状况，从而实现人民的利益与要求，马克思主义的启蒙与宣传才能深入人心，得到人民群众的广泛支持。而马克思主义中国化、大众化的发展趋势也赋予了中国共产党坚定马克思主义的指导思想，开辟和坚持走社会主义道路，建设中国特色的社会主义现代化国家的历史使命。

从林则徐等提出的"师夷长技以制夷"，康有为、梁启超等的维新变法，新青年的新文化运动，孙中山旨在推翻清朝专制帝制、建立共和政体的辛亥革命，到中国共产党领导的社会主义革命，其根本目的都是为了摆脱落后挨打的境地，实现中华民族的伟大复兴。而振兴中华，不仅要推翻旧的封建统治，而且需要建设现代民主政体，迅速发展经济实现工业化，推进文化大众化，提高国民素质，变革社会结构，构建社会文明，即全方位多层面地实现中国的现代化，而这一任务最终落在了中国共产党的肩上。因而，全面实现民族化、民主化、工业化的现代化目标，全面振兴中华民族，成为中国共产党与生俱来的历史使命。

中国共产党历史使命的探究是一个需要不断认识和重新表述的过

程,而这一过程也伴随着中国现代化的发展进程。在近代早期现代化思想意识初步形成,传统社会结构逐渐裂变,工业化的初步尝试,资产阶级民族、民主运动的开展等历史积淀的基础上,中国共产党于成立之初就明确了走由资本主义现代化转向社会主义现代化的发展道路,肩负起了国家富强、民族复兴的历史使命。而这一历史使命也将随着不同历史时期的现实需求而不断深化,促使中国共产党成为凝聚十几亿中国人民的力量,为实现中华民族伟大复兴的中国梦而不懈奋斗的执政党。

第二章

为中国特色道路奠基

中国特色社会主义道路，植根于马克思主义在中国的实践过程，与具体实际和时代需要相结合。这种有机结合，在革命年代，体现为中国特色革命道路的开辟；在社会主义建设时期，体现为建立确定社会主义建设方向，建立人民当家做主的新政权，并以此为政治基础，努力探索适合中国国情的社会主义经济发展模式。如上种种努力，为中国特色社会主义奠定了坚实的基础。

一、中国特色革命道路的开辟

民主革命时期，以毛泽东为代表的中国共产党人，在长期革命实践中不断结合时代和社会的发展要求，将马克思主义基本原理与中国革命具体实践有机结合，探索出适合中国国情的革命新道路，形成了马克思主义中国化的第一个伟大成果——毛泽东思想，不仅丰富和发展了马克思主义思想理论宝库，而且为中华民族摆脱深重的民族危机、自立于世界民族之林的斗争注入了新的生机与活力。

（一）告别本本主义

“本本主义”一词是毛泽东的原创。1930年5月，为了纠正当时红军中的错误思想，毛泽东写成《调查工作》（后改名为《反对本本主义》）一文。在这篇文章中，毛泽东进一步阐明了坚持唯物主义思想路线、坚持理论与实际相结合原则的重要性。他以革命家的远见卓识，旗帜鲜明地提出反对本本主义即教条主义的口号，指出“中国革命斗争的胜利要靠中国同志了解中国情况”，“没有调查，没有发言权”，“我们的斗争需要马克思主义”，“但是必须同我国的实际情况相结合”，告诉人们，“离开实际调查就要产生唯心的阶级估量和唯心的工作指导，那么，它的结果，不是机会主义，便是盲动主义”。[1]“本本主义”的同义词是教条主义，近义词还有照本宣科、照猫画虎、按图索骥等，反义词是经验主义。有意思的是，依照当时工农红军的整体文化水平来说，用“本本主义”而不是用一些文绉绉的成语来阐述，也是为了让尽可能多的人心领神会，所以选择这个词语本身也是反对本本主义的表现。革命中为什么会出现本本主义？它给中国革命带来哪些危害？弄清楚这些问题，可以更直观地看清共产党曾经走过的路。在历史的深处点亮光芒，只是为了更好地提供镜鉴。

“本本主义”中的本本，与其说是有形的本本，马恩列斯的本本，倒不如说它是无形的本本，共产党人心中的本本。纸上的本本主义好破，心中的本本主义难除。而且，对于共产党人来说，进一步是本本主义，退一步是经验主义。

在中国革命中，教条主义共造成三次“左”倾错误。第一次错误发生在1927年11月至1928年4月，当时的负责人瞿秋白断言革命形势在不

1　毛泽东：《反对本本主义》（1930年5月），《建党以来重要文献选编》（第7册），中央文献出版社2011年版，第235—243页。

断高涨，盲目要求“创造总暴动的局面”，结果出师不利。第二次错误发生在1930年6月至9月，李立三等人认为中国革命乃至世界革命进入高潮，盲目要求举行全国暴动和集中红军力量攻打武汉等中心城市，结果使革命遭受损失。第三次错误发生在1931年1月至1935年1月，王明及其支持者掀起全盘“左”倾教条主义。第五次反“围剿”失败后，红军被迫长征，王明理论在实践层面宣告破产，教条主义者在党内逐渐边缘化。

产生教条主义（本本主义）的原因有很多，最主要的有四个。一是历史原因。中国经历了两千多年的封建社会，群众长期对先贤顶礼膜拜。马克思主义传入中国后，也会促成迷信的移植，迷信的对象变了，迷信的心态却很难改变。二是现实原因。幼年时期的中国共产党，对中国国情缺乏了解，还不善于将马克思主义与中国实际妥善结合。三是认识根源。全党理论准备不足，理论素养不高，理论创新的速度跟不上革命进程，缺少前瞻性的理论，只能用旧有的理论处理新的问题。四是外部影响。中国共产党只是共产国际的一个支部，自主性受限，容易自觉或不自觉地偏离实际。

《反对本本主义》在1930年5月写成之后，影响力并没有达到毛泽东的预期，它没能及时阻止李立三蛮干，更没有成功阻止王明犯错误。直到他们的实践受到挫败之后，文章的价值才逐渐为全党洞悉。此文是毛泽东批判教条主义的逻辑起点，提出了“没有调查就没有发言权”的论断。此外，它还揭示了“中国革命斗争的胜利要靠中国同志了解中国情况”的重要思想，试图唤起党内独立自主的意识。

长征结束后，毛泽东总结经验，写成了《中国革命战争的战略问题》一文。这是他于1936年底在中国人民抗日红军大学的讲演，系统论述了中国革命战争的特点。毛泽东指出：中国是一个发展不平衡的半殖民地半封建大国，所以革命战争就有发展和胜利的可能性；敌强我弱决定红军必须要有特殊的战略战术，在党领导下开展土地革命；中国红军可能发展和可能战胜敌人，但同时不可能很快地发展和战胜敌人。中国革命是一场持久战，敌强我弱是常态。[1]这篇著作对后续革命发展影响极大，让“左”倾军事路线走向消亡。

犯错误的根源在哪里？毛泽东决定从哲学的角度展开集中批判。为此，他又写了《实践论》《矛盾论》两文。《实践论》集中阐释了一个道理，那就是理论必须与实践相结合，反对一切割裂主观与客观的教条主义错误，并指出，解决好主客观矛盾的关键，就是做到实事求是。离开感性认识，理性认识就成了无源之水、无本之木。感性认识也必须上升到理性认识，感觉只能解决表面问题，理论才能解决本质问题。这是认识中的辩证法，必须把握客观事物的规律性以指导实践。[2]

《矛盾论》则继承了列宁的辩证法思想，就对立统一规律进行了全面系统的论述。毛泽东指出，必须认识矛盾的特殊性，因为这是我们认识事物的基础。在此基础上，他又指出，在事物发展过程中，有许多矛盾存在，其中必有一种矛盾起着主导的、决定的作用。“左”倾教条主义者不懂得这个道理，平均等同地看待矛盾，分不清主要敌人和次要敌人，看不到可以联合的力量或者可以中立的力量，一味采取盲目的策略，其结果不但孤立了无产阶级自己，而且也不能打倒真正的敌人。另外，毛泽东还阐述了矛盾同一性和斗争性的关系。同一性和斗争性相互区别，又相互联系。这种联系就是：“斗争性即寓于同一性之中，没有斗争性就没有同一性”，[3]“有条件的相对的同一性和无条件的绝对的斗争性相结合，构成了一切事物的矛盾运动”。[4]

1　毛泽东：《中国革命战争的战略问题》（1936年12月），《建党以来重要文献选编》（第13册），中央文献出版社2011年版，第455—517页。

2　毛泽东：《实践论》（1937年7月），《建党以来重要文献选编》（第14册），中央文献出版社2011年版，第400—414页。

3　《艾思奇全书》（第8卷），人民出版社2006年版，第927页。

4　《艾思奇全书》（第7卷），人民出版社2006年版，第630页。

中国共产党对教条主义的全面清算主要是通过整风运动完成的。为了达到预期效果,毛泽东写了多篇文章。

一是1941年5月毛泽东在延安干部会议上所作的报告——《改造我们的学习》。他强调,我们学习马克思列宁主义是出于中国革命实践的需要,是为了解决中国革命实践中的理论问题和策略问题而从中去寻找立场、观点和方法。这种态度,就是实事求是的态度。毛泽东向全党提出了依据马克思列宁主义的理论和方法,系统地周密地研究周围环境和研究近百年的中国史的任务,并确定“以研究中国革命实际问题为中心,以马克思列宁主义基本原则为指导”的理论教育方针。[1]

二是《整顿党的作风》。毛泽东规定整风的内容和任务是:“反对主观主义以整顿学风,反对宗派主义以整顿党风,反对党八股以整顿文风。”[2]他指出党内主观主义有两种形态:一种是教条主义,一种是经验主义。哪一种更危险?毛泽东认为:“现在我们党内还是教条主义更危险。因为教条主义容易装出马克思主义的面孔,吓唬工农干部,把他们俘虏起来,充作自己的用人,而工农干部不易识破他们;也可以吓唬天真烂漫的青年,把他们充当俘虏。我们如果把教条主义克服了,就可以使有书本知识的干部,愿意和有经验的干部相结合,愿意从事实际事物的研究,可以产生许多理论和经验结合的良好工作者,可以产生一些真正的理论家。”[3]他告诫全党,不要把马克思主义的理论当成死的教条,必须让“有书本知识的人向实际方面发展”,“有工作经验的人,要向理论方面学习”。[4]

---

1 毛泽东:《改造我们的学习》(1941年5月19日),《毛泽东选集》(第3卷),人民出版社1991年版,第801—802页。

2 中共中央文献编辑委员会编:《毛泽东著作选读》(下册),人民出版社1986年版,第488页。

3 《毛泽东选集》(第3卷),人民出版社1991年版,第819页。

4 同上注,第818页。

三是《反对党八股》。毛泽东用一句话对党八股予以定性:"党八股是藏垢纳污的东西,是主观主义和宗派主义的一种表现形式。它是害人的,不利于革命的,我们必须肃清它。"[1]他列举了党八股的八大罪状,阐明了它的表现和危害。并认为,这种形式主义的东西,传播出去就会危害革命,祸国殃民。党八股这种形式,不但不便于表现革命精神,而且非常容易使革命精神窒息。只有破坏了党八股,采取生动活泼新鲜有力的马克思列宁主义文风,才能使革命精神获得发展,使党的革命事业向前推进。也只有打倒党八股,才能使主观主义和宗派主义的毒物无处藏身。毛泽东分析了其中的利害:"如果我们今天不反对新八股和新教条主义,则中国人民的思想又将受另一个形式主义的束缚。"[2]

在整风运动的基础上,《关于若干历史问题的决议》(以下简称《决议》)终于问世。《决议》着重批评了土地革命战争时期党内曾经出现的把马克思主义教条化,特别是以王明为代表的"左"倾教条主义在政治、军事、组织和思想上的错误,高度评价了毛泽东对中国革命问题的贡献。《决议》分析了"左"倾教条主义路线的社会历史根源,小资产阶级在经济上所处的不稳定地位和他们的生活方式,在政治上表现为左右摇摆,在思想方法上表现为主观性和片面性。《决议》初步勾勒了毛泽东思想的科学体系,让中国共产党暂时告别了本本主义。

(二)确立指导思想

毛泽东思想成为全党的指导思想,经历了一个漫长的过程,远比其从党的指导思想跃升为全国人民指导思想的时间长得多。邓小平曾说过:"毛泽东思想不是毛泽东同志一个人的创造,包括老一辈革命家都参

1　《毛泽东选集》(第3卷),人民出版社1991年版,第827页。
2　中共中央文献编辑委员会编:《毛泽东著作选读》(下册),人民出版社1986年版,第509页。

与了毛泽东思想的建立和发展。”[1]它的发展可以分成四个阶段：大革命及以前为萌芽时期；土地革命战争时期是形成时期；抗日战争时期是成熟时期；中共七大后正式成为指导思想，并继续发展。

五卅运动后，毛泽东曾指出，“前代英、法、德、美、日各国资产阶级的革命，乃资产阶级一阶级的革命”，“其目的是建设国家主义的国家即资产阶级一阶级统治的国家”；[2]“现代殖民地半殖民地的革命，乃小资产阶级、半无产阶级、无产阶级这三个阶级合作的革命”，“其目的是建设一个革命民众合作统治的国家”。[3]

毛泽东在1925年底发表《中国社会各阶级的分析》一文，就对民族资产阶级做出了正确判断。他指出：中产阶级对革命具有“矛盾的态度”，在“受外资打击、军阀压迫感觉痛苦时，需要革命，赞成反帝国主义反军阀的革命运动”。但是当革命“在国内有本国无产阶级的勇猛参加，在国外有国际无产阶级的积极援助，对于其欲达到大资产阶级地位的阶级的发展感觉到威胁时，他们又怀疑革命”。该文在当时的警醒作用有限，但为后来党正确处理与资产阶级的关系提供了理论依据。

在这之后，毛泽东开始研究农民问题。他于1926年1月发表了《中国农民中各阶级的分析及其对于革命的态度》一文，用马克思主义的阶级分析法，将农村人群划分为大地主、小地主、自耕农、半自耕农、半益农、贫农、雇农及乡村手工业者、游民等八个阶级。他们对革命的支持程度各不相同，与他们的社会地位、财产状况呈负相关。次年3月，毛泽东在考察湘潭、湘乡等县的农民运动后，发表了《湖南农民运动考察报告》一文，他希望全党重视农民在革命中的作用，指出了在农村建立革命政权和农民武装的意义，阐明了充分依靠贫农的群众路线思想。这两篇文

1　《邓小平文选》(第2卷)，人民出版社1994年版，第345页。

2　《毛泽东文集》(第1卷)，人民出版社1993年版，第24页。

3　同上注，第25页。

章说明，后来毛泽东放弃攻打长沙，转向农村，不是遇到困难时的灵机一动，而是此前就做好了思想准备的。

在农村革命根据地，毛泽东先后写了《中国的红色政权为什么能够存在》《井冈山的斗争》《星星之火，可以燎原》等重要著作，分析了大革命失败后党在农村地区建立的红色政权能够存在的原因和条件，创造了农村包围城市，最后夺取城市的革命新道路理论。这个革命主题的出现，是毛泽东思想形成的重要标志。在军事上，毛泽东初步解决了如何建立新型人民军队的问题，确立党指挥枪的原则，制定了"三大纪律，八项注意"和政治工作的方针、方法，规定全心全意为人民服务是军队的建军宗旨，要求红军除了打仗外，还要担负起宣传、组织、武装群众，帮助群众建立红色政权，完成筹款任务等。在具体战术上，毛泽东运用"敌进我退，敌驻我扰，敌疲我打，敌退我追"等战术，亲自指挥红军粉碎了第一、二、三次"围剿"。周恩来、朱德运用这一战术，取得了第四次反"围剿"的胜利。在根据地建设的中心内容方面，从1928年底制定第一部土地法《井冈山土地法》开始，毛泽东不断总结革命经验，逐渐形成了1931年的"依靠贫农、雇农，联合中农，限制富农，保护中小工商业者，消灭地主阶级，变封建半封建的土地所有制为农民的土地所有制"的路线。分配办法是以乡为单位，按人口平均分配，在原有耕地的基础上，抽多补少，抽肥补瘦。

从1931年赣南会议到1935年初遵义会议的三年多时间里，毛泽东一直身处逆境。他后来回忆道："他们迷信国际路线，迷信打大城市，迷信外国的政治、军事、组织、文化的那一套政策。我们反对那一套过'左'的政策。我们有一些马克思主义，可是我们被孤立。"[1]

遵义会议的召开，扭转了这一态势。毛泽东恢复了发言权，在事实

1　金冲及：《毛泽东传（1893—1949）》，中央文献出版社2004年版，第333—334页。

上成为党中央的领袖，从此有条件立足全党观察问题，分析研究问题，并努力解决问题。他之前一些未被足够重视的意见，也开始被拿出来给全党参详。这些正确主张在全党影响很大，让全体党员对他接下来提出的方针、政策翘首以盼。

在1938年召开的六届六中全会上，毛泽东明确提出了“马克思主义中国化”的命题。在这之后，他连续发表《〈共产党人〉发刊词》《新民主主义论》等著作，这些成为毛泽东思想达到成熟的主要标志。他根据马列主义理论和中国革命实践相结合的原则，对党成立以来在统一战线、武装斗争、党的建设三个基本问题及其相互关系上所积累的历史经验进行认真总结，适时提出党的新任务，表明党在这些方面已形成高度共识。

《新民主主义论》从当时中国社会的实际情况出发，对中国革命的一系列基本问题，特别是我们所要建立的新民主主义国家这一根本问题，做出了马克思主义的回答，并围绕这个核心阐述了中国革命的基本理论和政策，阐明了中国新民主主义革命仍属于资产阶级民主革命，而又从本质上区别于旧的资产阶级民主革命，它属于世界无产阶级革命的一部分，是中国共产主义运动的第一阶段，与社会主义革命成上下篇。这就深刻地揭示了中国革命发展的客观规律，使党对中国革命的认识达到了完备化的程度。

毛泽东思想在抗战时期成熟并不是偶然的。第二次世界大战前夕，国际反法西斯形势加剧，共产国际不得不提出“一般不直接干涉各国共产党内部的组织事宜”的原则，让各支部按照自身国情探索救国道路。这就带来了两个问题，一是契机，二是挑战。之所以是契机，是因为各支部有更大的空间去思考。而挑战则是不得不思考，“总部”不再像以前一样紧抓不懈后，各支部能不能思考出新东西。至此，中国共产党已有了两次胜利、两次失败的反复对比，在经验上已今非昔比。在战争的过程中，长期处于敌强我弱的态势，在军事上需要把持久战和游击战发挥到极致；在统一战线的建立方面需要尽可能争取朋友，减少敌人；为了争取尽可能多的群众的支持，需要在自身建设上下足功夫。时局的残酷，对毛泽东思想有相当大的催熟作用。

至于这个思想的名称是什么，反倒是一件水到渠成的事情。1942年，张如心在《解放日报》发表文章，用了“毛泽东同志的思想”一词。1943年7月8日，王稼祥在《解放日报》发表《中国共产党与中国民族解放的道路》一文，第一次明确提出“毛泽东思想”一词。在1945年召开的中共七大上，毛泽东思想作为党的指导思想被正式确立。当时新修订的党章明确规定：“中国共产党，以马克思列宁主义的理论与中国革命的实践之统一的思想——毛泽东思想，作为自己一切工作的指针，反对任何教条主义的或经验主义的偏向。”[1]刘少奇曾尝试对毛泽东思想进行定义，他在《论党》一文中指出：“过去有无数历史事实证明：当着革命是在毛泽东同志及其思想的指导之下，革命就胜利，就发展；而当着革命是脱离了毛泽东同志及其思想的指导时，革命就失败，就后退。”[2]1981年，十一届六中全会通过《关于建国以来党的若干历史问题的决议》，对“毛泽东思想”下了一个科学定义：“以毛泽东同志为主要代表的中国共产党人，根据马克思列宁主义的基本原理，把中国长期革命实践中的一系列独创性经验作了理论概括，形成了适合中国情况的科学的指导思想，这就是马克思列宁主义普遍原理和中国革命具体实践相结合的产物——毛泽东思想。”[3]

1 《中国共产党历次党章汇编》编委会编：《中国共产党历次党章汇编（1921—2002）》，中国方正出版社2006年版，第95页。

2 《刘少奇选集》（上卷），人民出版社1981年版，第334页。

3 中共中央党校党建教研室、中共中央党校出版社编：《十一届三中全会以来重要文献选编》，中共中央党校出版社1981年版，第172页。

（三）取得理论成果

民主革命时期，毛泽东对马克思主义多有精彩发挥，主要包括农村包围城市、武装夺取政权的革命道路理论、新民主主义革命理论等，解决了农民土地、党的建设、武装斗争、统一战线等一系列问题。

革命首先要解决的是道路问题。为了回答红旗能打多久，毛泽东在1928年先后写了《中国的红色政权为什么能够存在？》《井冈山的斗争》，从理论上回答了红色政权能够长期存在和发展的原因和条件，并把共产党领导的武装斗争、土地革命和农村革命根据地建设三者密切结合起来，全面阐述了工农武装割据的内容及意义，为具有中国特色的革命道路理论奠定基础。

1930年1月，为了批判党内存在的悲观思想和流动游击观点，毛泽东又以党内通信的形式发表《星星之火，可以燎原》一文。同年5月，毛泽东又发表了《反对本本主义》，强调走什么路线由"调查研究"说了算，他从哲学角度论析了走农村包围城市的道路的历史合理性。

抗战时期，毛泽东在《中国革命战争的战略问题》《抗日游击战争的战略问题》《战争和战略问题》等著作中，进一步阐明了中国革命必须走农村包围城市道路的原因和条件。他认为，中国是一个政治经济发展不平衡的半殖民地大国，内无民主，外无民族独立，而敌人又异常强大并长期占据着城市。在这种情况下，"共产党的任务，基本地不是经过长期合法斗争以进入起义和战争，也不是先占城市后取乡村，而是走相反的道路"。[1]

新民主主义革命理论更是毛泽东集中全党智慧，对中国革命和经验的系统总结，它集中体现在1939年底和1940年初发表的《〈共产党人〉发

1　《毛泽东选集》（第2卷），人民出版社1991年版，第542页。

刊词》《中国革命和中国共产党》《新民主主义论》等著作中。

在对国情科学分析的基础上，毛泽东认为中国革命必须分两步走：第一步，改变殖民地、半殖民地、半封建的社会形态，使之变成一个独立的民主主义社会；第二步，使革命向前发展，建立一个社会主义社会。中国的民主革命已不是资产阶级领导的、以建立资本主义社会和资产阶级专政国家为目的的旧民主主义革命，而是无产阶级领导的、以在第一阶段建立新民主主义社会和各个革命阶级联合专政的国家为目的的新民主主义革命。新民主主义革命已经包含社会主义因素，属于世界无产阶级社会主义革命的一部分。它区别于旧民主主义革命的主要标志是无产阶级的领导权。无产阶级接受共产党的领导，是决定中国新民主主义革命性质的基本因素，是这一革命取得胜利和实现中国社会向社会主义前进的根本保证。实现无产阶级领导的中心问题是领导农民问题。农民只有在无产阶级领导下，才能得到解放。无产阶级也只有同农民结成坚固的联盟，才能领导革命达到胜利。新民主主义革命的目标是建立新民主主义社会，它的基本纲领是：在政治上，要建立无产阶级领导下的一切反帝反封建的人们联合专政的新民主主义的共和国；在经济上，要使一切大银行、大工业、大商业归新民主主义共和国所有，要没收地主的土地分配给无地少地的农民，但新民主主义共和国并不没收其他资本主义的私有财产，并不禁止“不能操纵国民生计”的资本主义生产的发展；在文化上，要挣脱帝国主义、封建主义文化思想的奴役，实行人民大众的反帝反封建的文化，即“民族的科学的大众的文化”。

解放战争时期，新民主主义革命理论进一步向前发展。毛泽东在《目前形势和我们的任务》中，明确提出了新民主主义革命的三大经济纲领：没收封建阶级的土地归农民所有，没收蒋介石、宋子文、孔祥熙、陈立夫为首的垄断资本归新民主主义的国家所有，保护民族工商业。1948年4月，毛泽东在《在晋绥干部会议上的讲话》中，正式概括了新民主主义革命总路线，指出："新民主主义的革命，不是任何别的革命，它只能是和必须是无产阶级领导的，人民大众的，反对帝国主义、封建主义和官僚资本主义的革命。"[1]1949年6月，毛泽东发表《论人民民主专政》一文，阐明资产阶级的民主主义让位给工人阶级领导的人民民主主义、资产阶级共和国让位给人民共和国的历史必然性，提出了人民民主专政的科学概念。毛泽东指出，在中国现阶段，人民中包括工人阶级、农民阶级、城市小资产阶级和民族资产阶级。工人阶级是领导力量，工农联盟是基础力量。由于中国经济落后，民族资产阶级很重要，但不应当在国家政权中占主导地位。上述阶级在共产党的领导下，向帝国主义、封建主义和官僚资本主义实行专政。对人民内部的民主方面和对反动派的专政方面，互相结合起来，就是人民民主专政。对人民实行民主是对敌人实行专政的需要，对敌人实行专政也是对人民实行民主的需要。不对人民实行民主，就不可能对敌人实行有效的专政。因为不对人民实行民主，人民群众的积极性和主动性就不能充分调动起来，他们也就不会积极主动地对敌对分子进行监督，也就不会对敌对分子进行有效的改造。同样，不对敌人实行专政，人民群众的各项民主权利就得不到保障。因为不对敌人实行专政，他们就会进行破坏捣乱，甚至颠覆人民的政权，进行复辟，结果就会使人民争得的各项民主权利付诸东流。人民民主专政理论为新中国的建立奠定了理论和政策的基础。

毛泽东总结党的实践经验，创造性地提出："统一战线，武装斗争，党的建设，是中国共产党在中国革命中战胜敌人的三个法宝，三个主要的法宝。"他还精辟地论述了"三大法宝"的相互关系：统一战线和武装斗争，是战胜敌人的两个基本武器。统一战线，是实行武装斗争的统一战线，而党的组织，则是掌握统一战线和武装斗争这两个武器以实行对敌

1　《毛泽东选集》(第4卷)，人民出版社1991年版，第1313页。

冲锋陷阵的英勇战士。

抗战期间，统一战线理论有了长足的发展。毛泽东正确分析了抗日形势下各阶级的关系，从理论和实际政策上将资产阶级区分为民族资产阶级和大资产阶级两个部分，并进一步加以区别，从而使抗日民族统一战线成为包括一切还在抗日的大地主大资产阶级在内的全民族联盟。毛泽东突出强调统一战线的独立自主原则，坚持无产阶级的领导权。他指出，这个原则的说明、实践和坚持，是把抗日民族统一战线引向胜利之途的中心一环；在统一战线中，共产党要始终保持在思想上、政治上和组织上的相对独立性，“我们一定不要破裂统一战线，但又决不自己束缚自己的手脚”，使共产党人在复杂的民族斗争与阶级斗争中能保持清醒头脑。他指出，发展进步势力、争取中间势力、反对顽固势力是三个不可分离的环节，把争取中间势力视为抗战形势发展的关键。他强调在政权中实行“三三制”原则，中间派占三分之一的位置；随着形势变化，要从顽固势力中分化出一部分作为中间势力对待，对孤立顽固派，发展人民革命力量，夺取抗战胜利起了重要作用。同国民党斗争的一整套策略由此最终形成，这就是：又团结又斗争有多层次、多侧面的关系，要有区别地以斗争求团结；要坚持有理、有利、有节的斗争方法和“利用矛盾，争取多数，孤立少数，各个击破”的斗争策略；要以革命的两面政策来对付反共的两面政策；斗争的基点要放在随时准备应付可能发生的突然事变上，同时要为争取时局的好转而努力；等等。

在武装斗争理论中，人民军队、人民战争问题是核心。早在毛泽东起草的《古田会议决议》中，已经从理论上提出并阐发了关于建设人民军队的思想。抗战期间，毛泽东进一步强调指出：全心全意为人民服务是人民军队的唯一宗旨；我们的原则是党指挥枪，而绝不容许枪指挥党；人民军队会打仗，会做群众工作，又会生产，就无敌于天下；共产党领导的政治工作是革命军队的生命线，军队政治工作的三大原则是官兵一致、军民一致和瓦解敌军。这些原则表明了人民军队和其他军队的根本区别。他在《论持久战》等著作中进一步发展了人民战争思想，强调战争的伟力之最深厚的根源存在于民众之中；动员了全国的老百姓，就造成了陷敌于灭顶之灾的汪洋大海。他还批判了"唯武器论"，明确指出武器是战争的重要因素，但不是决定的因素，决定的因素是人不是物。为此，他提出人民战争要建立主力兵团、地方兵团和民兵三结合的武装力量；实行全体总动员的战时体制，要以武装斗争为主，把政治、军事、经济、文化、外交等方面的斗争结合起来，从而形成全面的人民战争。关于战略战术，毛泽东在《抗日游击战争的战略问题》《论持久战》等著作中多有阐述，指出：要贯彻积极防御战略方针，但必须采取运动战、阵地战和游击战三种作战形式，并将游击战争提到了重要地位，强调"基本上是游击战，但不放松有利条件下的运动战"的战略方针。毛泽东还阐发了要以局部优势击破敌人局部劣势，转而造成全局优势的作战方法，并总结了争取掌握战争主动权的一系列指挥原则。

在党的建设方面，邓小平曾经说过："把列宁的建党学说发展得最完备的是毛泽东同志。"[1]毛泽东在《反对自由主义》《中国共产党在民族战争中的地位》《〈共产党人〉发刊词》《改造我们的学习》《整顿党的作风》等著作中，全面总结了1921年以来党在建设问题上的经验教训，论述了党的建设与统一战线、武装斗争问题的密切关系，强调了从思想上、政治上、组织上、作风上进行党的建设的重要性。这成功地解决了在农民和其他小资产阶级占人口大多数的中国，如何建设无产阶级政党的问题；首创了党的群众路线的工作方法，形成了理论联系实际、密切联系群众、批评和自我批评的三大作风；始终把思想建设放在党的建设的首位，开

1　邓小平：《完整地准确地理解毛泽东思想》(1977年7月21日)，《邓小平文选》(第2卷)，人民出版社1994年版，第44页。

展积极的思想斗争，对犯错误的同志采取"惩前毖后、治病救人"的方针，达到既明确思想又团结同志的目的；在战争年代的生死考验中，强调了高度的革命组织性和纪律性。

这三大"法宝"，在战争年代是"法宝"，在和平年代仍然是"无价之宝"。只要党风建设永远在路上，毛泽东党建思想就不会过时。只要中国共产党与民主党派继续实行"长期共存、互相监督、肝胆相照、荣辱与共"的方针，就有必要重温历史记忆，感受这一方针的合理性所在。

二、社会主义现代化建设道路的探索

建设社会主义新中国，是历史和人民历经种种尝试之后明确的实现民族复兴的发展方向。为建设社会主义新中国，中国共产党在政治上、经济上进行了一系列努力，确立了人民当家做主的社会主义根本制度和基本制度，并为实现社会主义工业化和四个现代化而不懈奋斗。

（一）确立社会主义现代化方向

19世纪末20世纪初，社会主义思潮风起云涌。在中国，大部分人还不知社会主义为何物，而个别具有世界眼光的人却已注意到这个潮流，代表人物便是孙中山。1903年底，他在回复友人的信中指出："所询社会主义，乃弟所极思不能须臾忘者。""故弟欲于革命时一齐做起，吾誓词中已列此为四大事之一。"[1]他渴望实现"平均地权"，使中国不会像欧美一样因贫富悬殊而滋生各种矛盾。他很早就认为马克思主义不是"异端学说"，他说："至于马克思所著的书和所发明的学说，可说是集几千年来人

1　中国社科院近代史所等编：《孙中山全集（1890—1911）》（第1卷），中华书局2011年版，第228页。

类思想的大成。所以他的学说一出来之后，便举世风从，各国学者都是信仰他，都是跟住他走。”[1]

在孙中山的头脑中，民生主义无所不包，“本党既服从民生主义，则所谓‘社会主义’、‘共产主义’与‘集产主义’，均包括其中”。[2]他认为搞好民生主义，社会主义也就自然而然实现了。由于社会主义流派众多，起初他并不十分清楚民主社会主义和科学社会主义有何区别。后来，他在欧洲游历时，与第二国际成员多有接触。德国社会民主党因放弃激进手段而在国会选举中大获全胜，给他带来了思想上的触动。他开始对民主社会主义颇有好感：“资本家与劳动者不相恶，而调和之事习行，其争不必出于同盟罢工，亦不必骚动，而其福利可以坐致。”[3]

第一次国共合作中，孙中山提出了“节制资本”和“耕者有其田”的主张，这种新三民主义相对于原三民主义有了很大的进步。更重要的是，这与共产党人的理念不谋而合，后来毛泽东曾指出：“中国的经济，一定要走‘节制资本’和‘平均地权’的路，绝不能是‘少数人所得而私’。”[4]“这样的经济，就是新民主主义的经济。”[5]在政治领域，孙中山有感于各地军阀如一丘之貉，逐渐放弃了媾和的想法，愈发希望通过阶级斗争将其铲除，并把帝国主义逐出中国。可惜的是，他在国共合作后不久便病逝了。在当时，虽然还没有“新民主主义”这个名词，但孙中山已经将其中的实质内容提出来了。可见，他对这其中的许多内容是认可的，而这个社会终将过渡到社会主义。这是否意味着孙中山晚年已将社会

1　《孙中山选集》，人民出版社1981年版，第809页。

2　中国社科院近代史所等编：《孙中山全集（1924.1—1924.3）》（第9卷），中华书局2011年版，第112页。

3　广东省哲学社会科学研究所历史研究室编：《朱执信集》（上），中华书局1979年版，第41页。

4　《毛泽东选集》（第2卷），人民出版社1991年版，第678页。

5　同上注，第679页。

主义认定为中国实现现代化的必由之路？未做回答，斯人已逝，只能见仁见智，聊作推测。

替他做出明确回答的是中国共产党。早在土地革命时期，毛泽东就指出，苏维埃一切政策的出发点之一是“为了从现时资产阶级性的工农民主专政，准备转变到将来社会主义的无产阶级专政去”。[1]到了抗战前夕，中共已经有了两次胜利、两次失败的经验教训。最迟在1935年，毛泽东已觉察到直接从半殖民地半封建社会跳跃到社会主义社会是不现实的。当年年底，在为党的活动分子会议所做的报告中，他指出：“革命的转变，那是将来的事。在将来，民主主义的革命必然要转变为社会主义的革命。何时转变，应以是否具备了转变的条件为标准，时间会要相当地长。”[2]

到底怎么转变？此时毛泽东还没有具体思路。两年后，毛泽东在中国共产党全国代表会议上又谈到了这个问题，他打了一个比喻，说这相当于是“两篇文章，上篇与下篇，只有上篇做好，下篇才能做好”。[3]他在起初只是笼统地提及，后来在这方面的描述越来越深入和细致。

1939年12月，在《中国革命和中国共产党》中，毛泽东进一步论述了两个革命阶段的逻辑关系，他指出：“民主主义革命是社会主义革命的必要准备，社会主义革命是民主主义革命的必然趋势。而一切共产主义者的最后目的，则是在于力争社会主义社会和共产主义社会的最后的完成。”[4]正是在这篇文章中，毛泽东首次提出了“新民主主义革命”这一概念。

1　毛泽东：《在第二次全国苏维埃代表大会上的报告》（1934年），《建党以来重要文献选编》（第11册），中央文献出版社2011年版，第98页。

2　《毛泽东选集》（第1卷），人民出版社1991年版，第160页。

3　同上注，第276页。

4　《毛泽东选集》（第2卷），人民出版社1991年版，第651页。

紧接着，毛泽东在《新民主主义论》这篇文章中进一步补充道："这个革命的第一步、第一阶段，绝不是也不能建立中国资产阶级专政的资本主义的社会，而是要建立以中国无产阶级为首领的中国各个革命阶级联合专政的新民主主义的社会，以完结其第一阶段。然后，再使之发展到第二阶段，以建立中国社会主义的社会。"[1]

毛泽东通过这些论述，使全党对新民主主义社会有了初步的认识。在敌我力量还没有发生根本性逆转的时候，这样的提法无疑能够起到鼓舞人心的作用。

恩格斯在1882年就曾指出：殖民地落后国家的过渡问题，要经过哪些社会和政治发展阶段的实践，今天只能作相当空泛的假设。[2]毛泽东对新民主主义的论述，实际上起到了填补空白的作用。这是因为，俄国虽然是落后国家，但它不是殖民地国家，它所经历的过渡不具有代表性。反而是中国，将马克思、恩格斯的假设变成了现实。

解放战争时期，正是新民主主义社会理论的成熟时期。在这个阶段，伴随着军事上的胜利，新民主主义社会即将成为现实。从1947年12月的《目前形势和我们的任务》和1949年3月召开的七届二中全会的相关资料中，可以看出毛泽东的新民主主义社会思想已经比较成熟。毛泽东着重分析了当时中国各种经济成分的状况和党必须采取的正确政策，完整地提出了中国由农业国转变为工业国、由新民主主义社会转变为社会主义社会的发展方向和理论命题。

新中国成立以后，新民主主义思想在实践中仍在向前发展，毛泽东也在努力调整和纠偏。他指出："应限制和排挤的是那些不利于国计民生的工商业，即投机商业，奢侈品和迷信品工商业，而不是正当的有利于

1 《毛泽东选集》(第2卷)，人民出版社1991年版，第672页。

2 中共中央马克思恩格斯列宁斯大林著作编译局编：《马克思恩格斯选集》(第4卷)，人民出版社1995年版，第649页。

国计民生的工商业，对这些工商业当它们困难时应给以扶助使之发展。”[1]在1950年6月召开的七届三中全会上，他批评了主张提早消灭资本主义实行社会主义的错误思想，指出要在现有工商业调配的基础上，认真做好统一战线工作，尽快恢复整个社会经济的发展。通过调整工商业，促进私人资本主义经济的发展，为实现国民经济全面恢复和新民主主义社会良性发展打下基础。

毛泽东的初步设想是：在过渡时间上，需要一个相当长的新民主主义建设阶段，一般估计大约为15到20年时间；在转变条件上，只有先实现了国家工业化，才能实现私营工业国有化和个体农业的集体化；在过渡的步骤和方式上，经过相当长时期的经济建设为社会主义准备条件，然后一举消灭资本主义，进入社会主义。

1952年9月24日，毛泽东提出：从现在起要用10年到15年的时间，随着社会主义因素的不断增加，一步一步地逐渐由新民主主义社会过渡到社会主义社会，而不是等到10年或15年以后再采取突变的方针向社会主义过渡。

为什么速度明显加快？如毛泽东所说：“资本主义生产的无政府状态和国家有计划的经济建设之间的矛盾，资本主义企业内的工人和资本家之间的矛盾，都是不可克服的。”[2]国家越是向前推进现代化，越能感受到来自资本主义的阻力。从外部原因来看，世界正处于东西方两大阵营对峙的起步阶段，如果不加快转变，使自己成为社会主义国家，将处于一个尴尬的位置，更别提与其他社会主义国家团结了。

为此，中国共产党从1953年开始加快向社会主义过渡的步伐，并提出了过渡时期总路线，这就是：在一个相当长的时期内，逐步实现国家的

1 《毛泽东文集》(第6卷)，人民出版社1999年版，第49页。

2 中共中央文献研究室编：《建国以来毛泽东文稿》(第1册)，中央文献出版社1987年版，第407页。

社会主义工业化，并逐步实现国家对农业、对手工业和对资本主义工商业的社会主义改造。

经过三年的社会主义改造，中国的经济制度和阶级状况终于发生了根本性变化。社会主义公有制正式成为中国主要的所有制形式，中国开始进入社会主义初级阶段。毛泽东高兴地说："在我国的条件下，用和平的方法，即用说服教育的方法，不但可以改变个体的所有制为社会主义的集体所有制，而且可以改变资本主义所有制为社会主义所有制。过去几个月来社会主义改造的速度大大超过了人们的意料。过去有些人怕社会主义这一关难过，现在看来，这一关也还是容易过的。"[1]

原本计划需要10到15年的改造，经过三年就完成了，难免会留下一些后遗症。即便如此，这也没有阻挡中国共产党追求社会主义现代化的脚步。1957年，毛泽东在《关于正确处理人民内部矛盾的问题》一文中指出："当人民推翻了帝国主义、封建主义和官僚资本主义的统治之后，中国要向哪里去？向资本主义，还是向社会主义？有许多人在这个问题上的思想是不清楚的。事实已经回答了这个问题：只有社会主义能够救中国。"[2]

（二）政治现代化的追求

早在1921年6月，陈独秀就在《共产党》月刊第五号发文指出："我们共产党在中国有两大使命：一是经济的使命，一是政治的使命。"[3]所谓"政治的使命"，就是追求政治的现代化。所以，若问马克思主义者是不是从建党之初开始确立这个现代化目标的，答案是否定的。他们在中国

1　《毛泽东文集》(第7卷)，人民出版社1999年版，第1—2页。

2　同上注，第214页。

3　中国社会科学院现代史研究室、中国革命博物馆党史研究室选编：《"一大"前后：中国共产党第一次代表大会前后资料选编》(一)，人民出版社1980年版，第54页。

追求政治现代化的历史，甚至比中国共产党的历史还要长。

影响中国政治现代化的因素有很多。从古代历史来看，中国是一个缺乏民主传统的国家。虽然两千多年前先贤就提出过“民贵君轻”等思想，但主要侧重于民生的角度，而不是民主的角度。从近代历史来看，洋务运动注重器物层面的现代化，忽略了政治制度改良。戊戌变法的失败，则基本堵死了君主立宪制的大门。作为唯一一个影响力覆盖海内外的全国性资产阶级政党，国民党也没有带领中国完成政治民主化的任务。孙中山对议会政治诚意满满，可惜在各路军阀勾结挤兑之下，屡遭失败，晚年也逐渐改走“打倒列强除军阀”路线。而在20世纪三四十年代，国民党势力足够强大，却在蒋介石治下成为“一言堂”，毫无民主、自由可言。

民族独立是政治现代化的前提条件。现在看来似乎很粗浅的道理，在旧中国却不是这么简单。从康、梁到孙中山，再到蒋介石，都曾寄希望于列强，却以失败告终。而中国共产党对民族独立这个前提看得一清二楚。1922年，陈独秀曾在《向导》发刊词中准确描述国情，中国“在名义上虽然是一个独立的共和国，在实质上几乎是列强的公共殖民地”。[1]曾在日本留学的李大钊以日本为例指出：“这‘大亚细亚主义’不是平和的主义，是侵略的主义；不是民族自决主义，是吞并弱小民族的帝国主义；不是亚细亚的民主主义，是日本的军国主义。”[2]

他们的想法，为中国共产党确立斗争目标开了一个好头。秉持反帝的坚定性，中国共产党人经过28年的不懈努力，终于让新民主主义革命取得胜利，为民主政治的发展扫清了最大障碍。

从1947年下半年起，敌我力量对比发生反转。10月，中国人民解放

1　《陈独秀文集》(第2卷)，人民出版社2013年版，第279—280页。

2　中国李大钊研究会编：《李大钊全集》(第2卷)，人民出版社2006年版，第269页。

军发布宣言,号召联合工农兵学商各被压迫阶级、各人民团体、各民主党派、各少数民族、各地华侨及其他爱国分子,组成民族统一战线,打倒蒋介石独裁政府,成立民主联合政府。在第一时间,中国共产党想到的不是独享权力,而是分享权力。民盟、民革等组织发表宣言,赞同中共的主张,并派代表进入解放区,参加政治协商会议筹备工作。

1949年9月21日,中国人民政治协商会议第一届全体会议在北平正式开幕。与会代表总计622人,分别来自中国共产党和民主党派、人民团体、少数民族、海外华侨等各个方面,广泛性、代表性史无前例。这次会议通过了《中国人民政治协商会议组织法》、《中国人民政治协商会议共同纲领》和《中华人民共和国中央人民政府组织法》,还选举产生了中国人民政治协商会议第一届全国委员。

从此,人民民主专政的政治制度和配套的政权体系,开始在中国熠熠生辉。

这次会议通过的各项文件中,最重要的无疑是《共同纲领》。在1954年宪法颁布之前,它一直起着新中国临时宪法的作用。《共同纲领》仅含“总纲”“政权机关”“军事制度”“经济政策”“文化教育政策”“民族政策”“外交政策”等七章共六十条,内涵却十分丰富。这让数年内党和政府的活动有法可依,也昭示了新中国反对法律虚无主义的决心。更重要的是,这是近代以来民主政治发展屡遭失败的历史转折点。

国体在《共同纲领》中得到了确认,“中华人民共和国为新民主主义即人民民主主义的国家,实行工人阶级领导的、以工农联盟为基础的、团结各民主阶级和国内各民族的人民民主专政”。[1]《共同纲领》规定,“取消帝国主义国家在中国的一切特权”,“人民依法有选举权和被选举权”,

1　《中国人民政治协商会议共同纲领》(1949年9月29日),中共中央文献研究室、中央档案馆:《建党以来重要文献选编》(第26册),中央文献出版社2011年版,第759页。

“人民有思想、言论、出版、集会、结社、通讯、人身、居住、迁徙、宗教信仰及示威游行的自由权”，民族平等，男女平等。[1]尤其是后面几项，正是孙中山先生毕生追求的几大目标，终于在中国共产党的努力下成为现实。

同时得到确认的还有政体。《共同纲领》规定国家政权属于人民，行使国家政权的机关为各级人民代表大会和各级人民政府。各级人民代表大会由人民用普选方法产生。各级人民代表大会选举各级人民政府。各级人民代表大会闭会期间，各级人民政府为行使各级政权的机关。国家最高政权机关为全国人民代表大会。全国人民代表大会闭会期间，中央人民政府为行使国家政权的最高机关。各级政权机关一律实行民主集中制。

在“外交政策”一章中，新中国决定废除一切不平等条约，并表示愿意与一切平等待我之国家建立外交关系，保护华侨和外国侨民的合法权益。

《共同纲领》是中国政治现代化的行动指南，由于其具有临时宪法的性质，实际上是党的意志、全民意志在法律层面上的延伸。

在这之后，政治现代化的步伐进一步加快，在实践中逐渐形成人民代表大会制度、中国共产党领导的多党合作和政治协商制度、民族区域自治制度。以上三项制度，正是中国特色民主政治发展的基石。

人民代表大会制度的形成，具有历史的必然性。中国共产党对政权组织形式的探索，从未止步。在大革命时期有罢工工人代表大会和农民协会；在十年内战时期有工农兵代表大会、中华苏维埃；在抗战时期有以“三三制”原则组织起来的参议会。其中，最接近人民代表大会制度的是解放战争时期的人民代表会议制度。解放战争时期，解放区通过这

1 《中国人民政治协商会议共同纲领》(1949年9月29日)，中共中央文献研究室、中央档案馆：《建党以来重要文献选编》(第26册)，中央文献出版社2011年版，第759—760页。

种方式产生了各级人民政府。这些都是有益的尝试，实践选定了符合国情的方案。

1949年的中国，还不具备普选的条件。所以《共同纲领》规定："在普选的全国人民代表大会召开以前，由中国人民政治协商会议的全体会议执行全国人民代表大会的职权。"[1]经过几年的过渡和积累，我国在1953年进行了第一次大规模普选，自下而上逐级召开了人民代表大会。1954年9月，第一届全国人民代表大会第一次会议胜利召开，制定了新中国第一部《宪法》。"五四宪法"明确规定：中华人民共和国的一切权力属于人民；人民行使国家权力的机关是全国人民代表大会和地方各级人民代表大会。至此，我国人民代表大会制度以根本法的形式正式确立。从1954年到1956年"八大"召开，新中国迎来了一个发展的黄金时期。人民心情舒畅，干劲十足，大大缩短了"三大改造"的时间，加快了社会主义工业化。

中国共产党愿意与其他党派、团体分享权力，这与其他国家的无产阶级政党截然不同。甚至可以说，这是中国共产党的特质之一。在抗战胜利后，中国本有希望成立多党合作的联合政府。1946年初，国共双方曾通过谈判达成五项协议，但协议旋即被国民党撕毁。中共并没有因此放弃党派协商的努力，它于1948年发布《纪念"五一"劳动节口号》，号召召开新的政治协商会议，成立民主联合政府，得到各党派、团体空前响应，并在次年成功召开第一届会议。这项制度的基本特征是"共产党领导、多党派合作，共产党执政、多党派参政"，共产党掌握话语权，民主党派具有发言权。这种新型政党制度，一改西方多党制"争斗有余，协商不足"的缺陷，体现了一致性和多样性的有机结合，少了倾轧与排挤，多了

1　《中国人民政治协商会议共同纲领》(1949年9月29日)，中共中央文献研究室、中央档案馆：《建党以来重要文献选编》(第26册)，中央文献出版社2011年版，第761页。

合作与沟通，可以最大程度避免政权更迭的闹剧。这项制度具有顽强的生命力，为后来共和国的历史所检验。

民族区域自治，是中国共产党解决民族问题的一项原创性政策。早在抗战时期，陕甘宁边区政府就曾做过一些尝试。1941年5月1日，陕甘宁边区政府颁布了《陕甘宁边区纲领》，其中规定："依据民族平等原则，实行蒙、回民族与汉族在政治经济文化上的平等权利，建立蒙、回民族的自治区。"[1]1945年10月23日，中央在关于内蒙古工作方针的指示中指出："对内蒙的基本方针，在目前是实行区域自治。"[2]1946年2月18日，中央更明确指出，应"根据和平建国纲领要求民族平等自治，但不应提出独立自治口号"。[3]1946年4月23日，陕甘宁边区第三届参议会第一次大会通过的《陕甘宁边区宪法原则》规定："边区人民不分民族，一律平等"，"人民为行使政治上各项自由权利，应受到政府的诱导与物质帮助"，以及"边区各少数民族，在居住集中地区，得划成民族区，组织民族自治政权，在不与省宪抵触原则下，得订立自治法规"。[4]陕甘宁边区政府以立法形式确立了民族区域自治。在这一方针指导下，1947年5月1日，党领导建立了我国第一个省级自治区——内蒙古自治区，为以后在其他民族地区实行民族区域自治指明了方向，积累了宝贵经验。1949年的《共同纲领》明确规定："各少数民族聚居的地区，应实行民族的区域自治，按照民族聚居的人口多少和区域大小，分别建立各种民族自治机关。"[5]后来，民

---

1 《陕甘宁边区施政纲领》(1941年5月1日)，中共中央文献研究室、中央档案馆：《建党以来重要文献选编》(第18册)，中央文献出版社2011年版，第243页。

2 《中共中央关于内蒙古工作方针给晋察冀中央局和晋绥分局的指示》(1945年10月23日)，中共中央文献研究室、中央档案馆：《建党以来重要文献选编》(第22册)，中央文献出版社2011年版，第760页。

3 中共中央统战部编：《民族问题文献汇编》，中共中央党校出版社1991年版，第1000页。

4 王培英编：《中国宪法文献通编》(修订版)，中国民主法制出版社2007年版，第296—297页。

5 《中国人民政治协商会议共同纲领》(1949年9月29日)，中共中央文献研究室、中央档案馆：《建党以来重要文献选编》(第26册)，中央文献出版社2011年版，第767—768页。

族区域自治又明确载入历次《宪法》，成为我国的一项基本政治制度。这项制度的核心要义是：保持国家的统一性，接受中央统一领导，民族自治地方是国家统一领导下的行政区域，是中华人民共和国不可分离的组成部分。

以上三项政治制度的核心思想就是权力分享原则。在共产党人的思维中，先要“共享”权力，才有可能“共建”新中国。中国共产党照顾历史与现实，具有超强的勇气和决心，它的每一步都走得如此坚实有力。

（三）经济现代化的努力

早在民主革命时期，中国共产党人就深刻认识到：中国贫困落后、屡遭列强侵略的主要原因，在于中国是个农业国，工业欠发达。1944年5月，毛泽东在一次讲话中指出：“老百姓拥护共产党，是因为我们代表了民族与人民的要求。但是，如果我们不能解决经济问题，如果我们不能建立新式工业，如果我们不能发展生产力，老百姓就不一定拥护我们。”[1]

新中国成立初期，中国共产党对现代化目标的定位和民主革命时期相近，“现代化”几乎等同于“工业化”。革命胜利之后，集中一切力量实现国家工业化，把中国由落后的农业国变成先进的工业国，正是亿万群众翘首以盼的伟大理想。在1950年6月召开的政协会议上，毛泽东指出，要加快速度完成土地改革，为国家工业化创造基本条件。1952年国民经济恢复完成后，毛泽东又多次在讲话和文件中指出，要用10到15年，甚至更长的时间完成工业化的任务。到底需要多长时间？此时共产党人心里也没底。于是，毛泽东在时间上做了模糊化处理。“党在这个过渡时期的总路线和总任务，是要在一个相当的时期内，逐步实现国家的社会主义工业化，并逐步实现国家对农业、对手工业和对资本主义工商业的

1　《毛泽东文集》(第3卷)，人民出版社1996年版，第147页。

社会主义改造。”[1]

工业化是现代国家的重要特征，工业化程度是衡量一个国家现代化进程的重要指标。从发达国家的现代化进程来看，工业化是必经阶段。对于像中国这样的“后起之秀”来说，自然也跳不出历史的一般规律。中国国情决定了我们如果不大力推动工业化，将难以在世界民族之林立足。首先，新中国成立之初，我国现代工业总产值仅占工农业总产值的17%，钢产量不足16万吨，发电量只有40多亿度，煤产量只有320万吨，国防工业基本没有。为了保卫新生政权，必须加快推进工业化。其次，以工业化为起点，推动整个社会的现代化，符合马克思主义的一般规律。马克思在100多年前就曾指出：“工业较发达的国家向工业较不发达的国家所显示的，只是后者未来的景象。”[2]第三，苏联在第二次世界大战前夕大力推动工业化建设，为反法西斯战争胜利奠定了物质基础。战后，集中力量办大事的优势又让它较快抹平战争创伤，一跃成为能与美国抗衡的大国。这些都令中国的领导人深感震撼，使他们的信念更加坚定。

为筹划国家工业化，还在国民经济恢复时期，毛泽东就指导制定了我国国民经济发展的第一个五年计划。中央编制第一个五年计划，前后历时四年，经过五次修改，1954年9月基本定案，1955年3月党的全国代表会议讨论同意。同年7月，在第一届全国人民代表大会第二次会议上正式审议通过了《发展国民经济的第一个五年计划（1953—1957）》。

“一五”计划的基本任务是：集中主要力量进行以苏联帮助我国设计的156个建设单位为中心的、由限额以上的694个建设单位组成的工业建设，建立我国的社会主义工业化的初步基础；发展部分集体所有制的农业生产合作社，并发展手工业生产合作社，建立对于农业和手工业

1 《毛泽东文集》(第6卷)，人民出版社1999年版，第316页。

2 中共中央马克思恩格斯列宁斯大林著作编译局编：《马克思恩格斯文集》(第5卷)，人民出版社2009年版，第8页。

的社会主义改造的初步基础；基本上把资本主义工商业分别纳入各种形式的国家资本主义的轨道，建立对于私营工商业的社会主义改造的基础。

全国亿万人民在党和人民政府的领导下，齐心协力，辛勤劳动，努力生产，积极工作，使得农业生产丰收，工业建设战线捷报频传。1953年12月，鞍山钢铁公司的三大工程——大型轧钢厂、无缝钢管厂、七号炼铁炉举行开工生产典礼；包头钢铁公司、武汉钢铁公司相继正式开始施工。到1956年，长春汽车制造厂建成投产，试制成功第一架喷气式飞机，沈阳第一机床厂建成投产，北京电子管厂正式投产。总之，"一五" 期间，单是限额以上的项目，平均每天就有一个开工或竣工。建设速度之快，为我国史无前例。

在第一个五年计划期间，工业生产得到了飞速的发展，表现如下：1957年工业总产值已达704亿元（包括手工业产值），比1952年（349亿元）增长了128.6%。从1953年至1957年，平均每年增长速度为18%。1957年手工业产值为133.7亿元，比1952年增长了82.8%，平均每年增长12.8%。

到1957年底，第一个五年建设计划的各项指标大都大幅度地超额完成，所取得的成就远远超过了旧中国的一百年。同世界其他国家工业起飞时期的增长速度相比，也是名列前茅的。在全党全国人民同心同德的艰苦奋斗中，中国的社会主义工业化步伐在扎扎实实地向前迈进。

1956年2月，赫鲁晓夫在苏共二十大上发表题为《关于个人崇拜及其后果》的秘密报告，集中揭露和批判了斯大林所犯的一系列错误，触及了20世纪30年代以来苏联党和国家政治生活中的深层次问题，为我国突破苏联模式提供了一个良好的契机。正如毛泽东所说："特别值得注意的是，最近苏联方面暴露了他们在建设社会主义过程中的一些缺点和错误，他们走过的弯路，你还想走？过去我们就是鉴于他们的经验教训，少走了一些弯路，现在当然更要引以为戒。”[1]

然而，“以苏为鉴”也给毛泽东带来了一些负面影响。他在考虑：“我们是不是可以把苏联走过的弯路避开，比苏联搞的速度更要快一点，比苏联的质量更要好一点？应当争取这个可能。”[2]于是，以政治挂帅和群众运动为主要特征的“大跃进”就被发动起来了。

“大跃进”是共产党人探索中国现代化道路过程中的一次尝试，却也是一次空想。在“左”倾思想路线指导下，党中央脱离了中国还是一个落后国家的实际，高估了人的主观能动性，希望拔高生产关系来推动生产力的高速发展，以期早日实现现代化。在这一过程中，农业、轻工业损失惨重。粮食和棉花的产量跌落到1951年的水平，油料作物产量回落到解放前的水平；轻工业产值在一年间缩水9%。另一方面，它导致国民经济比例严重失调。从1958年到1960年，积累率分别达到33.9%、43%、39.6%。农业比重由43.3%下降为21.8%，重工业则由25.5%增至52.1%。本就不富裕的农村，生存环境恶化，许多地方农民的生活水平降低。

实际上，从1953年起，国家对现代化的目标也在慢慢转变。1953年12月，中共中央宣传部的提法就很明确：“实现国家的社会主义工业化，就可以促进农业和交通运输业的现代化，就可以建立巩固的国防现代化。”[3]1954年6月，在中央人民政府委员会第三十次会议上，毛泽东在谈到现代化目标时指出：“我们的总目标，是为建设一个伟大的社会主义国家而奋斗，我们是一个六亿人口的大国，要实现社会主义工业化，要实现农业的社会主义化、机械化。”[4]紧跟毛泽东的步调，周恩来在当年的《政

---

1 《毛泽东文集》(第7卷)，人民出版社1999年版，第23页。

2 中共中央文献研究室编：《建国以来重要文献选编》(第10册)，中央文献出版社1994年版，第605页。

3 中共中央文献研究室编：《建国以来重要文献选编》(第4册)，中央文献出版社1993年版，第704页。

4 中共中央文献编辑委员会编：《毛泽东著作选读》(下册)，人民出版社1986年版，第711页。

府工作报告》中宣布了四个现代化的设想:“我们的经济原来是很落后的。如果我们不建设起强大的现代化的工业、现代化的农业、现代化的交通运输业和现代化的国防,我们就不能摆脱落后和贫困,我们的革命就不能达到目标。”[1]

随着时间的推移,四个现代化目标逐渐在党内形成共识。在中共八大通过的党章中,明确了中国共产党的奋斗目标,就是“使中国具有强大的现代化的工业、现代化的农业、现代化的交通运输业和现代化的国防”。[2]值得注意的是,此时工业排在农业之前,位列第一。1957年初,毛泽东又对原目标做了改动,表示:“我们一定会建设一个具有现代工业、现代农业和现代科学文化的社会主义国家。”[3]这样一来,便为后来“科学技术”一词代替“交通运输业”做了铺垫。

在三年困难时期,共产党人对工业化有了新的反思。周恩来率先指出:“工业化的提法不完全,提建立独立的国民经济体系比只提独立的工业体系更完整。苏联就是光工业化,把农业丢了。”[4]20世纪60年代初,毛泽东首次完整表述了四个现代化的内容。他在读苏联《政治经济学教科书》时指出:“建设社会主义,原来要求是工业现代化、农业现代化、科学文化现代化,现在要加上国防现代化。”[5]把“农业现代化”首先调整到第一位的是周恩来,把“科学文化”改成“科学技术”的也是他。周恩来在1963年出席上海市科学技术工作会议时指出:“我们过去的科学基础很差,我们要实现农业现代化、工业现代化、国防现代化和科学技术现代

1　《周恩来选集》(下卷),人民出版社1984年版,第132页。

2　中共中央文献研究室编:《建国以来重要文献选编》(第9册),中央文献出版社1994年版,第315页。

3　中共中央文献研究室编:《建国以来毛泽东文稿》(第6册),中央文献出版社1992年版,第379页。

4　中共中央文献研究室:《周恩来经济文选》,中央文献出版社1993年版,第519页。

5　《毛泽东文集》(第8卷),人民出版社1999年版,第116页。

化，把我们祖国建设成为一个社会主义强国，关键在于实现科学技术的现代化。”[1]

根据毛泽东、周恩来等国家领导人对于现代化目标的一系列阐述，1964年12月，周恩来在三届人大一次会议上所作的政府工作报告中，正式提出了“全面实现农业、工业、国防和科学技术的现代化”的宏伟目标。

虽然在字面上现代化包含四个方面，但核心内容无疑是经济现代化。应当说，这个目标是符合当时国情的。而且，“农业现代化”列在第一位，说明党和国家还是重视农业的基础作用的。然而，由于缺少量化的指标，再加上和国外的发展也没有一个系统的对比，总的来说，这个目标还是比较笼统的，只能说它是一个美好的愿景和大方向。

三、社会主义现代化建设的成就与教训

新中国成立以后，中国共产党领导人民完成了社会主义改造，确立了社会主义制度，实现了中国历史上最伟大的社会变革，开启了全面建设社会主义的伟大实践。建设新世界远比打破旧世界更为复杂和困难。在没有任何现成先例和成熟经验可循的情况下，党带领人民对适合中国国情的社会主义建设道路进行艰辛探索，取得了辉煌成就，也经历了严重曲折。在此期间积累的正反两方面经验，既是宝贵财富，也是前进方向，引领着中国共产党人和中国人民走向更广阔的未来。

（一）社会主义建设的成就

新中国成立后的头一个30年，按照学术界的主流观点，可以划分为三个阶段。第一个阶段是新民主主义向社会主义过渡时期（1949—

1 《周恩来选集》（下卷），人民出版社1984年版，第412页。

1956）。中国共产党用七年的时间，抹平战争创伤，带领全国人民完成了社会制度的更替。在没有损害生产力的情况下，顺利完成了工业、农业和手工业的社会主义改造。在这个历史阶段，党确定的指导方针和基本政策基本正确。在“三大改造”中，中国共产党创造性地开辟了一条适合中国特点的改造之路，在社会主义发展史上留下了光辉一页。第二个阶段是全面建设社会主义时期（1956—1966）。第三个阶段是“文革”时期（1966—1976）。由于各种原因的干扰，社会主义建设曾出现过许多波折，但仍取得了巨大成就。改革开放所依赖的物质技术基础，在30年间积累起来了。

数字不会说谎，新中国成立后头30年各行各业的发展速度是惊人的。用新中国成立初期的数据同改革开放前夕的数据进行对比，体现得尤为真切。

从1952年到1978年，我国工农业总产值年平均增长率高达8.2%，其中工业年均增长率达到11.2%。

根据国家统计局的统计，在新中国的头30年中，平均每天增加20多个工业企业。1949年时，全民所有制企业约有12万个，到1978年时，这个数字增长到25万个。截至1978年，仅全民所有制企业的固定资产就超过3 000亿元，相当于1949年全部工业固定资产的20多倍。

旧中国没有独立的工业体系，主要工业产品几乎全部依赖进口。从“一五”计划开始，国家对冶金、机械、石油、电力、化学等基础工业项目大举投资，累计投资额近5 000亿元，工业化的第一步走得坚实有力。旧中国没有的许多工业相继从无到有，逐渐初具规模。旧中国已有的冶金、机械、石油、化工、轻工、纺织等工业，获得发展壮大，产量、品种、质量大为提高。1949年我国发电设备能力不到190万千瓦，到1978年已经增加到5 000多万千瓦。电子工业、航空工业、造船工业与发达国家的差距在进一步缩小，在发展中国家里名列前茅。

1949年以前，我国年炼钢能力还不到100万吨。而到1979年，年炼钢能力已超过3 200万吨，进入世界前列。西南地区在1949年以前一年只能生产8 000吨钢，还不足1978年该地区一天的钢产量。旧中国原煤的最高年产量为6 000多万吨，而1978年的煤产量在这个数字基础上翻了十倍。

新中国成立之初，我国石油年产量仅12万吨。到1978年，年产量已上升到一亿吨左右。西北地区曾经是我国石油主要产地，新中国成立之初，原油年产量也只有七八万吨而已，而在1978年，这个地区五天的产油量就超过了这个数字。

旧中国的化学工业十分薄弱。1949年硫酸、纯碱、烧碱等三种基本化工产品的年产量分别为4万吨、8.8万吨和1.5万吨，1978年已分别达到660万吨、130万吨和160万吨。按百分之百有效成分折算的化肥产量，1978年已接近870万吨，而1949年只有区区6 000吨。石油化工行业在1949年之前没有一个大型基地。1949年以后，国家新建了多个大型化工基地，主要有兰州化学公司、南京化学公司、吉林化学公司、浙江衢州化工厂等。1948年，化纤工业只在丹东有一座遭到严重破坏的小型粘胶纤维厂，而1978年全国年产量已经超过28万吨。

1949年以前，我国有色金属工业基础也很薄弱。1949年，铜、铝等八种有色金属年产量只有一万多吨。新中国成立后，国家改造和扩建了老企业，新建了甘肃白银有色金属公司，辽宁抚顺铝厂、甘肃连城铝厂、湖南株洲冶炼厂、江西大吉山钨矿等一批骨干企业，使生产能力增长了几十倍。到1978年，钨、锡、锑等金属的生产不仅能满足国内需要，还远销海外。

与人民生活直接相关的行业也有较快发展。1949年棉纺纱锭只有500多万枚，到1978年已经达到1 500多万枚。1978年机器制糖的产量为220多万吨，相当于新中国成立之初产量的11倍。国家还新建、扩建了一批自行车、缝纫机等消费品工厂，1978年自行车年产量是1949年以前的600多倍。

新中国成立以前，我国本来就落后的工业基础主要集中在华东、东北和华北。30年间，党和政府把全国工业投资的40%用于内地和少数民族地区的工业建设，使这些地区的工业从无到有，从小到大，不断发展。到1978年底，西南、西北地区拥有的厂矿企业，已经由新中国成立之初的300多个增加到8万多个，国内工业布局更加合理。

工业的发展，使国民经济的构成发生了显著变化。1949年，工业总产值只占工农业总产值的30%。而在1978年，工业总产值达到4 200多亿元，在工农业总产值中，比重超过70%。经过30年的建设，到改革开放前夕，我国工业门类齐全，终于形成了一个比较完整的体系。

在交通运输方面，1949年以前铁路通车里程不到2.2万公里，复线仅有800多公里。新中国成立后，西北新建了兰新、兰青、天兰铁路，将东起连云港的陇海铁路又向西延伸了几千公里。西南地区素来交通不便，新中国成立后成渝（1952年）、川黔（1965年）、成昆（1970年）、贵昆铁路（1970年）相继建成，天堑变通途，对三线建设帮助极大。青藏铁路（第一期工程）从青海西宁到格尔木800多公里建成，为青藏铁路全线贯通打下了基础。南疆铁路从吐鲁番到库尔勒490多公里全线建成，使南疆地区告别了没有铁路的历史。1949年全国公路通车里程仅8万公里，1978年达到89万公里，比新中国成立之初增加了10倍多。

在农田水利方面，1949年以前库容1亿立方米以上的水库只有6座，到1978年已经建成300多座。库容1千万立方米以上的水库，1949年以前只有15座，到1978年已有2 000多座，数量增长相当惊人。在这种建设力度下，到20世纪70年代末，我国耕地的灌溉面积超过7亿亩，几乎相当于1949年时的3倍。

30年间，国家非常重视科研、教育、文化、卫生事业。在这期间，我国新建大学近400所，新建中学和中等专业学校近16万所，小学60多万所。

新建医院6万多所，病床数量超过180万张。1949年，我国人均预期寿命仅为35岁，1975年男性已提高到65.34岁，女性已提高到67.08岁。在尖端科技领域，我国在1964年和1967年分别研制成功原子弹和氢弹，在1970年成功发射了第一枚中远程导弹，这些成果保卫了国家的安全。

面对这些在艰苦环境下做出的成就，邓小平同志意味深长地指出："我们能在今天的国际环境中着手进行四个现代化建设，不能不铭记毛泽东同志的功绩。"[1]

（二）社会主义建设的失误

到"文革"结束时，我国还有两亿人没有解决温饱问题。显然，在新中国成立后头30年，出现了一些失误。

新中国成立之初，国家对资本家还是比较信任的。1952年，资本主义经济在国民收入中的比重还能占到6.9%。在1953年之前，对资本主义经济更多的是利用和限制，而不是改造。然而，资本主义唯利是图的本性不断触碰党和国家的底线。不法资本家在不到四年的时间里，竟然向政府发动了三次大规模进攻，第一次是1949年，以哄抬物价、扰乱金融、囤积居奇为特征；第二次是1951年，以施放"五毒"为特征；第三次是1953年，趁大宗货物紧张之机，大肆抢购物资。反击是非常必要的，但是出现了过火的状况。陈云曾举例指出："安徽蚌埠150家工商户资本总共只有1.5万亿元，要退补的竟达3万亿元。"[2]由此可见，资本主义工商业的改造明显加速，商品经济开始被歧视，不是没有缘由的。尤其是1955年三大改造高潮时，有领导人把商品经济当作批判对象。

第二个比较大的问题是过渡问题。1952年，中央提出了过渡时期总

1 《邓小平文选》(第2卷)，人民出版社1994年版，第172页。

2 《陈云文选（一九四九——一九五六年）》，人民出版社1984年版，第172页。

路线，计划用15年或更长的时间完成过渡时期总任务。而在实践中，从1953年算起只用了不到四年的时间，加上1949年到1952年的三年，也只用了七年的时间。许多地方急于求成，只用了一年时间就完成了原定数年内要完成的任务。由于太过匆忙，出现了“要求过急、工作过粗、改变过快、形式过于单一”等问题。一些地方还没有经过初级社的洗礼，就一头扎入高级社。一些手工业者和小商小贩被视作小型资本家，卷入公私合营。部分原工商业者被扫地出门，产业被公私合营的企业合并。搞强迫命令，违背自愿互利原则，为后来埋下了“雷”。

以上这两个问题，不属于全局性的问题，但为后面的错误起到了推波助澜的作用。新中国成立后头30年，社会主义建设全局性错误有三次，分别是“大跃进”、人民公社化和十年“文革”。

“大跃进”运动是在党内错误批判1956年反冒进的基础上产生的，是“左”倾冒进的产物。为尽快地改变我国经济文化落后的状况，1958年中央通过了“鼓足干劲、力争上游、多快好省地建设社会主义”的总路线。不久，“大跃进”运动便开始了。

在钢产量方面，国家要求1958年的产量要比1957年翻一番，1959年要比1958年再翻一番，达到3 000万吨。粮食产量也要翻番，同时还要大修水利、大办铁路等。三年间，基建投资总额达1 000多亿元，几乎相当于“一五”计划总投资的两倍。这些高指标完成不了，各地只好靠吹牛来维持颜面，以至于出现“肥猪赛大象，就是鼻子短，全社杀一口，足够吃半年”等标语。重工业的总量有所提升，质量却大幅下降了。为了大炼钢铁，农业、轻工业损失惨重。后又遭遇严酷的三年自然灾害，加上中苏关系恶化，苏联撕毁合同，撤走专家，社会发展雪上加霜。

人民公社化和“大跃进”相伴而生。为了适应“大跃进”的需要，人民公社化运动也开展起来了。1958年8月，中央政治局通过了关于建立人民公社的决议，明确提出我国要大胆利用人民公社这种形式，探索出一条通向共产主义的捷径。同年9月1日，关于建立人民公社的决议见报。一个月间，公社化就已基本完成。

1956年1月，中央召开知识分子问题会议期间，毛泽东提出“技术革命”和“文化革命”的问题，并认为“技术革命”与“文化革命”一个都不能少。

十年间，政治动乱冲击和破坏了生产设施，造成了巨大经济损失。民主、法制遭到严重破坏。经济发展遇到巨大波折。社会总产值年增长率只有6%左右，比之前14年年均8.2%的水平降低了约2%，国民收入的年增长也降到4.9%。

邓小平曾指出：“我们总结了几十年搞社会主义的经验。社会主义是什么，马克思主义是什么，过去我们并没有完全搞清楚。”[1]不仅中国如此，“社会主义究竟是个什么样子，苏联搞了很多年，也并没有完全搞清楚”。[2]

新中国成立初期，我们一度“以苏为师”。毛泽东说：“他们已经建设起来了一个伟大光辉灿烂的社会主义国家，苏联共产党就是我们最好的先生，我们必须向他们学习。”[3]借鉴苏联模式，新中国在政权上建立了人民民主专政。在经济方面，我们建立了高度集中的计划经济体制，通过指令性的计划对经济进行全面管理。苏共二十大之后，我们开始“以苏为鉴”。“以苏为鉴”本质上仍然是苏联模式下的探索。

中共八大指出，国内的主要矛盾“已经是人民对于经济文化迅速发展的需要同当前经济文化不能满足人民需要的状况之间的矛盾。这一矛盾的实质，在我国社会主义制度已经建立的情况下，也就是先进的社

---

1 《邓小平文选》(第3卷)，人民出版社1993年版，第137页。

2 中共中央文献研究室编：《邓小平思想年谱（1975—1997）》，中央文献出版社1998年版，第332页。

3 《毛泽东选集》(第4卷)，人民出版社1991年版，第1471页。

会主义制度同落后的社会生产力之间的矛盾”。[1]一年后，毛泽东布置反“右”任务时称：“无产阶级和资产阶级的矛盾，社会主义道路和资本主义道路的矛盾，毫无疑问，这是当前我国社会的主要矛盾。”[2]

对于商品经济的问题，毛泽东曾针对中国生产力落后和商品经济不发达的国情，指出应“有计划地大大发展社会主义的商品生产”，[3]还说“价值法则是一个伟大的学校”。[4]然而，从1966年的“五七指示”到1974年的“理论问题的指示”，他越来越强调要逐步限制和消灭商品生产，甚至认为商品经济是产生资本主义、修正主义的经济基础，必须要在无产阶级专政下加以限制。

在开展土地革命之前，中国共产党已经有了六年多的斗争经验。在抗战前夕，中国共产党已经有了第一次国内革命战争的十年经验。然而，解放战争与以往不同，发展进程之快，超出了当时各界的预料。时间比较匆忙，党对新中国的建设理论准备不足。中国共产党还没有在全国开展大规模建设的经验，毛泽东说：“对于社会主义建设，我们还没有经验。”[5]

（三）社会主义曲折发展的教训

第一，必须正确理解科学社会主义。

马克思、恩格斯确实曾在道德层面上批判资本主义，用道德的眼光审视资本主义的黑暗。然而，这只是科学社会主义的表面。资本主义将来要被社会主义代替，并不在于它黑暗与否。资本原始积累阶段的资本

1　中共中央文献研究室编：《建国以来重要文献选编》(第9册)，中央文献出版社1994年版，第341页。

2　向群：《学习毛主席的社会主义建设理论》，人民出版社1977年版，第14页。

3　《毛泽东文集》(第7卷)，人民出版社1999年版，第437页。

4　《毛泽东文集》(第8卷)，人民出版社1999年版，第34页。

5　《毛泽东文集》(第7卷)，人民出版社1999年版，第300页。

主义是最黑暗的，但它没有被其他的社会制度代替。马克思讲资本主义难逃灭亡的命运，是从生产关系能否继续推动生产力发展的角度来说的。只有达到一定的生产力水平，才能保证社会主义生产关系代替旧的生产关系。科学社会主义与空想社会主义的一个很大区别，就是承认生产关系是由生产力决定的。

第二，对资本主义社会的长期性要有清醒的认识。

马克思、恩格斯的确科学预测了资本主义必将灭亡的发展规律，但到底需要多久才能灭亡？他们没有也不可能给出准确的时间。奴隶社会代替原始社会、封建社会代替奴隶社会、资本主义社会代替封建社会，短则数百年，长则数千年。以此类推，社会主义若要完全代替资本主义，时间绝不会太短。资本主义的消亡是一个漫长的历史过程，在其生产力与生产关系的矛盾没有尖锐到彻底无法调和的时候，新的生产关系将很难诞生。资本主义与社会主义长期共存将是不可避免的事实。

国家只有在社会主义初级阶段大力发展生产力，才能为进入社会主义下一阶段奠定物质基础。邓小平指出："经济长期处于停滞状态总不能叫社会主义。人民生活长期停止在很低的水平总不能叫社会主义。"[1]

第三，必须完善社会主义民主，健全社会主义法制。

我们的法制建设，本就非常薄弱，在"文革"前的17年中远没有形成完整的法律体系。在"文革"中，人治代替法治，法治的精神遭到破坏。重塑民众对法治的信仰，不是一朝一夕所能完成的。

---

1 《邓小平文选》(第2卷)，人民出版社1994年版，第312页。

第三章

中国特色社会主义现代化道路的确立

改革开放，为实现社会主义现代化而奋斗，是在以邓小平为核心的党的第二代领导集体的领导下开始的新的革命，也是中国共产党领导中国人民进行的第二次革命，它开辟了中国社会主义现代化新的进程。习近平指出：改革开放40年来，我们党全部理论和实践的主题是坚持和发展中国特色社会主义。中国特色社会主义道路是当代中国大踏步赶上时代、引领时代发展的康庄大道，必须毫不动摇走下去。

一、以经济建设为中心的现代化战略

“文化大革命”结束之后，中共中央决定拨乱反正，把党和国家的工作重心转移到经济建设上来，确定了中国社会主义现代化的总目标和基本内容：“以经济建设为中心，经济、政治和精神文明三位一体。”邓小平在十三大报告中明确提出的把中国建设成为富强、民主、文明的社会主义现代化国家，体现了邓小平现代化思想的目标定义。

（一）中国现代化的奋斗目标

“四个现代化”作为中国现代化择定的最初目标，一直是中国人心目中现代化的代名词。邓小平在1979年党的理论工作务虚会上说:“我们当前及今后相当长一个历史时期的主要任务是什么？一句话，就是搞现代化建设。能否实现四个现代化，决定着我们国家的命运、民族的命运。在中国的现实条件下，搞好社会主义的四个现代化，就是坚持马克思主义，就是高举毛泽东思想伟大旗帜。你不抓住四个现代化，不从这个实际出发，就是脱离马克思主义，就是空谈马克思主义。”[1]

伴随着改革开放的深入，“四个现代化”的目标逐渐扩展，在经济现代化、政治现代化、文化现代化等多方面展开。

在经济现代化方面，简而言之，就是追求“国家富强，人民富裕”。邓小平现代化思想继承和发展了马列主义、毛泽东思想关于以国家强盛和人民富裕作为现代化目标的思想。1979年，邓小平指出:“我们革命的目的就是解放生产力，发展生产力。离开了生产力的发展、国家的富强、人民生活的改善，革命就是空的。”[2]1980年，他又说:“发挥社会主义的优越性，归根到底是要大幅度地发展生产力，逐步改善、提高人民的物质生活和精神生活。”[3]1986年，他进一步指出:“社会主义时期的主要任务是发展生产力，使社会物质财富不断增长，人民生活一天天好起来，为进入共产主义创造物质条件。”[4]如上讲话清晰地表明，以解放和发展生产力为抓手，实现国家富强、人民富裕，是邓小平现代化思想的最终目标。

政治现代化，主要体现在民主与法治建设上。邓小平在谈到政治改

1 《邓小平文选》(第2卷)，人民出版社1994年版，第162—163页。

2 同上注，第231页。

3 同上注，第251页。

4 《邓小平文选》(第3卷)，人民出版社1993年版，第171页。

革时指出:“不改革政治体制,就不能保障经济体制改革的成果,不能使经济体制改革继续前进,就会阻碍生产力的发展,阻碍四个现代化的实现。”[1]对于政治体制改革的目的和内容,他强调了社会主义民主的重要性:“总的来讲是要消除官僚主义,发展社会主义民主,调动人民和基层单位的积极性。”[2]以此为基础,邓小平注重法治建设。他指出:“为了保障人民民主,必须加强法制。必须使民主制度化、法律化。”[3]“民主和法制,这两方面都应当加强,过去我们都不足。”[4]从这些讲话中可以看出民主与法治建设是我国政治现代化的内容和目标,因为这是符合最广大人民群众的根本利益的,也是符合人类文明发展趋势的。

文化现代化也是社会主义现代化建设的重要一环,其核心内容就是搞好精神文明建设。邓小平十分重视物质文明和精神文明的同步建设,他指出:“我们要在建设高度物质文明的同时,提高全民族的科学文化水平,发展高尚的丰富多彩的文化生活,建设高度的社会主义精神文明。”[5]“我们现在搞两个文明建设,一是物质文明,一是精神文明。”[6]精神文明建设在邓小平现代化思想中居于重要地位,也是任何现代化都离不开的追求。社会主义精神文明是社会主义的重要特征,是现代化建设的重要目标和重要保证。

综上所述,经济、政治和精神文明三位一体是邓小平现代化思想的总目标和基本内容。邓小平在十三大报告中明确提出把我国建设成为富强、民主、文明的社会主义现代化国家,体现了邓小平现代化思想的目标、定义。

---

1 《邓小平文选》(第3卷),人民出版社1993年版,第176页。

2 同上注,第177页。

3 《邓小平文选》(第2卷),人民出版社1994年版,第146页。

4 注同上,第189页。

5 注同上,第208页。

6 《邓小平文选》(第3卷),人民出版社1993年版,第156页。

（二）中国现代化的战略步骤

任何事物的发展都需要经历一个过程，邓小平关于现代化战略步骤的确立亦是如此，大致可分为两个阶段。第一个阶段是从1979年底到1984年初。在此阶段确立了到20世纪末实现人均国民生产总值翻两番、总体达到小康水平的战略目标和分前后两个十年两步走的战略部署。第二个阶段是从1984年5月到1987年4月。在这个阶段，邓小平根据中国的国情和未来的发展目标确立了现代化的长期战略目标并进行了部署。

改革开放之初，邓小平在会见到访中国的日本首相大平正芳时说，争取到20世纪末，实现国民生产总值人均1 000美元，达小康水平。当时中国人均国民生产总值只有二百几十美元，邓小平据此推算，实现到20世纪末"要增加三倍"的要求，才有可能达到1 000美元的水平。这也是邓小平首次提出关于现代化的量化目标。1980年1月16日，邓小平在中央干部会议的讲话中，首次对国内提到这一目标。同年12月25日，邓小平在中央工作会议的讲话中正式提出："经过二十年的时间，使我国现代化经济建设的发展达到小康水平，然后继续前进，逐步达到更高程度的现代化。"[1]在随后召开的五届人大四次会议的政府工作报告和党的十二大报告中，都用正式的文件阐述了这个20年的新战略目标。后来，考虑到人口增长的因素，邓小平把人均国民生产总值的目标定为"人均八百美元"。他认为，只要实现了这一个目标，就可以实现中国式的现代化目标。

第二个阶段又可以分为前半段和后半段。邓小平提出在前半阶段要实现人均国民生产总值翻两番，到21世纪中叶要实现四个现代化，经

1 《邓小平文选》(第2卷)，人民出版社1994年版，第356页。

济上接近甚至赶上发达国家。

邓小平认为现代化的"最低目标"是实现翻两番，达到小康水平。1984年5月29日，邓小平在会见巴西总统菲格雷多时就进一步的发展目标提出了自己的想法。他提到，到20世纪末，中国的国民生产总值达到1万亿美元时，人均国民生产总值就会达到800美元，"在这样一个基础上，再发展30年到50年，我们就可以接近发达国家的水平"。[1]随着时间的推移，邓小平关于中国现代化的步骤的设想更加科学和完整。1984年10月8日，邓小平对新设想做了较完整的表述："我们第一步是实现翻两番，需要20年，还有第二步，需要30年到50年，恐怕是要50年，接近发达国家的水平。两步加起来，正好50年至70年。"随后的时间段里，邓小平更是多次谈到这个现代化步骤的设想。这个设想经过他的锤炼和加工，不但确定了更加合理的时间，而且在内涵上有所深化。综合来看，他的新设想，在时间上虽然有30年和50年等不同的时间估值，但是他更倾向于50年时间。这样，再加上20年，总共需要70年的时间；在步骤上分为两步走，把前20年目标称为"第一步目标"或"第一个目标"，把后50年目标称为"第二步目标"或"第二个目标"；在目标上，他强调到21世纪中叶时，中国的现代化"接近而不是说超过发达国家"。[2]1985年4月15日，邓小平在会见外宾时总结和概括了自己的想法，表示："在国民生产总值达到一万亿美元的基础上，再花30到50年时间，更准确地说，再花50年时间，有可能使我们接近发达国家的水平，实现我们第二步的目标。"[3]

后来邓小平又对第二步目标的指标做了进一步的量化，发展程度定位为达到中等发达国家水平，并作了三步走的安排，从而完成了现代化

1 《邓小平文选》(第3卷)，人民出版社1993年版，第57页。

2 同上注，第102页。

3 中共中央文献研究室编：《邓小平关于建设有中国特色社会主义的论述专题摘编》，中央文献出版社1992年版，第231页。

战略目标和战略部署的制定。

1986年，邓小平在某次谈话中正式提出21世纪中叶要实现“人均国民生产总值4 000美元”的目标。1987年4月16日，邓小平在会见香港特别行政区基本法起草委员会委员时进一步指出：到20世纪末实现翻两番，达到小康社会，“更重要的是，有了这个基础，再过50年，再翻两番，达到人均4 000美元的水平，……中国是个中等发达的国家了”。[1]由此具体形成了第二步战略目标的三个主要内容。第一，将时间限定为“再过50年”；第二，目标的数量指标已确定，形象地说是在翻两番的基础上“再翻两番”，具体为人均国民生产总值4 000美元；第三，将中国现代化程度定性为“中等发达的国家”，相应地，国家经济实力也量化为国民生产总值6万亿美元。

随着实践的发展，邓小平实事求是地把第一步的翻两番分作两步，这样原来的“两步走”战略就被分成了“三步走”战略。1987年4月30日，邓小平在会见外宾时，全面阐述了“分三步走”的战略部署。他说：“从一九七八年底十一届三中全会到现在将近九年时间，算是第一步。第一步原定的目标，是在八十年代翻一番。……第二步是到本世纪末，再翻一番，人均达到1 000美元。……第三步是在下世纪用30年到50年再翻两番，目标大体上是人均达到4 000美元”。[2]此次谈话中关于现代化步骤的表述最终确立了我国现代化的战略目标和战略部署。1987年10月，党的十三大报告以党的文件的形式对此加以阐述，使之成为全党奋斗的战略目标和部署。

邓小平坚持“解放思想，实事求是”的思想路线，依据中国社会主义初级阶段的基本国情确定的“三步走”的战略是中国实现现代化战略目

1 《邓小平文选》(第3卷)，人民出版社1993年版，第216页。

2 中共中央文献研究室编：《邓小平关于建设有中国特色社会主义的论述专题摘编》，中央文献出版社1992年版，第233页。

标的具体化行动纲领，也是邓小平现代化思想体系的重要组成部分。具体总结一下“三步走”的战略部署：第一步，用10年左右的时间使国民生产总值在1980年的基础上翻一番，或者人均国民生产总值从250至300美元左右提高到500美元，基本解决人民的温饱问题，这是中国走向现代化的起步阶段；第二步是到20世纪末，国民生产总值在原来翻番的基础上再翻一番，人均达到800至1 000美元，这是继续推进现代化的关键阶段。党的十三大报告指出：“最重要的是走好第二步。实现了第二步任务，我国现代化建设将取得新的巨大进展。”[1]完成第二步之后，中国实现的现代化不仅表现在经济总量和主要工农业产品的产量增长上，还表现在社会经济效益、劳动生产率和产品质量的明显提高上。中国无论是在工业主要领域的技术上，还是在农业和其他的技术生产部门上，以及科教文卫体的发展上都会有较大的提高，各个方面的基础就会更加坚固。这就为实现第三步战略目标做好了铺垫。第三步是到21世纪中叶，中国从人均国民生产总值上看会接近或达到中等发达国家水平，基本上实现社会主义现代化。那时，中国将摆脱自近代以来的贫穷落后的局面，基本实现国家富强和人民富裕两大历史任务，人民过上有尊严的生活。

“三步走”的战略采取的是渐进型的现代化模式。采取“三步走”战略，使中国逐步摆脱落后局面，这是一个实事求是的现代化发展之路。中国是一个落后的大国，在现代化的道路上存在着种种矛盾，因此只能采取渐进模式，不能期望飞跃式的发展。邓小平实事求是地从国情出发，在众多复杂情况中抓住最本质的东西，将现代化步骤划分为“温饱”“小康”“达到中等发达国家水平”三步，从而做出了符合中国实际和发展规律的正确战略决策。

1 《中国共产党第十三次全国代表大会文件汇编》，人民出版社1987年版，第17页。

（三）中国现代化的发展动力

邓小平说："十一届三中全会制定了这样的一系列方针政策，走上了新的道路。这些政策概括起来，就是改革和开放。"[1]改革是中国社会主义现代化发展的直接动力，开放是社会主义现代化的推动力量。在社会主义制度下，改革是社会主义社会基本矛盾运行的必然要求，是社会主义社会发展的直接动力。我们坚持走社会主义道路是正确的选择，社会主义道路的选择必然会使国家富强，人民幸福。因此在社会主义初级阶段，我们的首要任务还是解放生产力、发展生产力。因为只有解放生产力，扫除种种障碍，才能更快发展生产力。改革是发展生产力、解放生产力的必由之路，是中国的第二次革命，是社会主义的自我完善和发展。改革能够及时有效地调节生产力与生产关系、经济基础与上层建筑的矛盾，从根本上改变束缚生产力发展的旧体制，建立与社会主义基本制度相适应的新的体制，从而推动整个社会现代化的发展。

早在20世纪50年代末到60年代中期，邓小平就开始反思中国的经济体制和管理体制方面存在的问题，对一些体制进行了相应的调整，进行了改革的尝试。"文化大革命"后期，邓小平在主持国务院日常工作期间，针对经济领域存在的问题再一次采取了一系列整顿与改革的措施。但是由于"左"倾思潮的干扰，改革被迫停止。十一届三中全会后，中国共产党重新确立了"解放思想，实事求是"的思想路线，决定以经济建设作为全党全国的工作中心，正式拉开了改革开放的历史大幕。

对待改革的态度是首先要解决的问题。改革是一场革命性的变革，是"中国的第二次革命"。[2]邓小平指出："改革的性质同过去的革命一

1 《邓小平文选》(第3卷)，人民出版社1993年版，第266页。

2 同上注，第113页。

样，也是为了扫除发展生产力的障碍，使中国摆脱贫穷落后的状态。从这个意义上说，改革也可以叫革命性的变革。”[1]他说：“这是一场根本改变我国经济和技术落后面貌，进一步巩固无产阶级专政的伟大革命。这场革命既要大幅度地改变目前落后的生产力，就必然要多方面地改变生产关系，改变上层建筑，改变工农业企业的管理方式和国家对工农业的管理方式，使之适应于现代化大经济的需要。”[2]

改革在发展生产力的同时，也在解放生产力。1992年，邓小平在南方谈话中明确指出：“革命是解放生产力，改革也是解放生产力。推翻帝国主义、封建主义、官僚资本主义的反动统治，使中国人民的生产力获得解放，这是革命，所以革命是解放生产力。社会主义基本制度确立以后，还要从根本上改变束缚生产力发展的经济体制，建立起充满生机和活力的社会主义经济体制，促进生产力的发展，这是改革，所以改革也是解放生产力。过去，只讲在社会主义条件下发展生产力，没有讲还要通过改革解放生产力，不完全。应该把解放生产力和发展生产力两个讲全了。”[3]从邓小平的这一判断中可以看出，他把改革提到了和革命同样的高度，因此改革是和平环境下的自我“革命”。充分理解和把握邓小平的这一判断，有助于充分理解改革的历史使命，坚定不移地把改革推向深化，进而解放和发展社会生产力，推进社会主义现代化建设。随着社会的发展，旧的生产关系已经阻碍了生产力的发展，只有通过改革才能改变阻碍生产力发展的生产关系，才能改变不合时宜的上层建筑。邓小平在1992年讲过：“计划多一点还是市场多一点，不是社会主义与资本主义的本质区别。计划经济不等于社会主义，资本主义也有计划；市场经济不

1 《邓小平文选》(第3卷)，人民出版社1993年版，第135页。

2 《邓小平文选》(第2卷)，人民出版社1994年版，第135—136页。

3 《邓小平文选》(第3卷)，人民出版社1993年版，第370页。

等于资本主义，社会主义也有市场。”[1]通过这一论述，邓小平深刻揭示了改革是解放生产力和发展生产力的必由之路，是社会主义社会发展的动力。改革开放40多年的实践证明，只有改革，才能解放生产力、发展生产力，才能促进社会主义经济的迅速发展，保障人民生活水平的不断提高，才能充分发挥社会主义制度的优越性，增强综合国力。

开放亦是发展的动力。邓小平基于对时代特征的洞察而得出这一深刻的认识。他认为，在当今这个开放的世界，没有一个国家能够在孤立的状态下实现现代化。中国实行对外开放，可以让中国经济的发展与世界经济的发展相融合，实现生产要素的流动分配，更好地参与国际分工。在全球化的浪潮之下，只有加快对外开放，才能不故步自封，从而更好地利用全球资源来发展自己。

对外开放，也是中国的历史经验指给我们的道路。邓小平指出："中国在西方国家产业革命以后变得落后了，一个重要原因就是闭关自守。"[2]"我们吃过这个苦头，我们的老祖宗吃过这个苦头。恐怕明朝明成祖的时候，郑和下西洋还算是开放的。明成祖死后，明朝逐渐衰落。以后清朝康乾时代，不能说是开放。如果从明朝中叶算起，也有近二百年。长期闭关自守，把中国搞得贫穷落后，愚昧无知。"[3]从新中国成立以后的经验看，有所开放时经济就会有所发展，自我关闭时经济发展就会受到阻碍。他说："我们建国以来长期处于同世界隔绝的状态。这在相当长一个时期不是我们自己的原因，国际上反对中国的势力，反对中国社会主义的势力，迫使我们处于隔绝、孤立状态。六十年代我们有了同国际上加强交往合作的条件，但是我们自己孤立自己。"[4]其结果，"六十年代

1 《邓小平文选》(第3卷)，人民出版社1993年版，第373页。

2 同上注，第64页。

3 同上注，第90页。

4 《邓小平文选》(第2卷)，人民出版社1994年版，第232页。

前期我们同国际上科学技术水平有差距，但不很大，而这十几年来，世界有了突飞猛进的发展，差距就拉得很大了。同发达国家相比较，经济上的差距不止是十年了，可能是二十年、三十年，有的方面甚至可能是五十年”。[1]因此，根据历史经验，邓小平多次指出：“为了发展生产力，必须对我国的经济体制进行改革，实行对外开放的政策。”[2]“不开放不改革没有出路，国家现代化建设没有希望。”[3]

通过邓小平的论述，我们可以清楚地看到对外开放是紧密围绕中国的现代化建设目标而进行的。他指出：“实现四个现代化必须有一个正确的对外政策。……应该充分利用世界的先进的成果，包括利用世界上可能提供的资金，来加速四个现代化的建设。”[4]对外开放同时也是中国实现现代化战略步骤的必要条件之一。邓小平说：“要达到这个新的目标，离开对外开放政策不可能。现在我国的对外贸易额是四百多亿美元吧？这么一点进出口，就能实现翻两番呀？我国年国民生产总值达到一万亿美元的时候，我们的产品怎么办？统统在国内销？什么都自己造？还不是要从外面买进来一批，自己卖出一批？所以说，没有对外开放政策这一招，翻两番困难，翻两番之后再前进更困难。”[5]

但是，邓小平也同时强调，对外开放不是事事依赖外国。我们对外开放的基本立场是坚持独立自主、自力更生的立场。从自己的国情出发制定发展战略以及选择现代化的模式和途径，并在这个基础上学习、吸收、借鉴外国先进的东西。他说：“经验证明，关起门来搞建设是不能成功的，中国的发展离不开世界。当然，像中国这样大的国家搞建设，不靠

1 《邓小平文选》(第2卷)，人民出版社1994年版，第132页。
2 《邓小平文选》(第3卷)，人民出版社1993年版，第138页。
3 同上注，第219页。
4 《邓小平文选》(第2卷)，人民出版社1994年版，第233—234页。
5 《邓小平文选》(第3卷)，人民出版社1993年版，第89—90页。

自己不行,主要靠自己,这叫做自力更生。”[1]“中国这样的社会主义大国,不可能走‘捷径’。我们要利用外国的资金和技术,也要大力发展对外贸易,但是必然要以自力更生为主。”同时,邓小平指出,中国与世界是一体的,中国离不开世界,世界也不能没有中国。他说:“从世界的角度来看,中国的发展对世界和平和世界经济的发展有利。西方政治家要清楚,如果不帮助发展中国家,西方面临的市场问题、经济问题,也难以解决。经济上的开放,不只是发展中国家的问题,恐怕也是发达国家的问题。”[2]

(四)中国现代化的发展战略

中国的现代化发展战略主要体现在科技战略和教育战略上。邓小平十分重视科技与教育,把它们视为实现社会主义现代化的重大战略问题。他说:“我们要实现现代化,关键是科学技术要能上去。发展科学技术,不抓教育不行。”[3]他指出:“我们国家要赶上世界先进水平,从何着手呢? 我想,要从科学和教育着手。”[4]邓小平把发展科学技术和教育作为实现现代化、建设社会主义现代化国家的第一位的战略。基于对科技与教育重要性的深刻认识,“文化大革命”结束后,邓小平在复出时便自告奋勇地要求主抓科学和教育方面的工作。1992年,在南方谈话中,他又一次强调:“经济发展得快一点,必须依靠科技和教育。”[5]可以说,邓小平思想始终贯穿着科教兴国战略。

和平与发展是当今世界的时代主题。邓小平科教兴国的战略思想是顺应这一时代潮流而提出来的。第二次世界大战后,各国都在致力

1 《邓小平文选》(第3卷),人民出版社1993年版,第78页。
2 同上注,第79页。
3 《邓小平文选》(第2卷),人民出版社1994年版,第40页。
4 同上注,第48页。
5 《邓小平文选》(第3卷),人民出版社1993年版,第377页。

于经济的发展，并且经济的发展越来越依靠科学技术的发展。邓小平指出："当代的自然科学正以空前的规模和速度，应用于生产，使社会物质生产的各个领域面貌一新。""社会生产力有这样巨大的发展，劳动生产率有这样大幅度的提高，靠的是什么？最主要的是靠科学的力量、技术的力量。"[1]面对这样的时代特点，邓小平深刻认识到，在中国这样一个比较落后的国家进行现代化建设，必须抓科学技术，要把世界上的一切先进技术、先进成果作为我们发展的起点，摆到重要的战略地位。因此，他创造性地发展了马克思主义"科学技术是生产力"的观点，进一步指出"科学技术是第一生产力"。[2]邓小平的这一论断，揭示了科学技术对当代生产力发展和社会经济发展的首要作用，对于我国的社会主义现代化建设具有重大而深远的意义。

高科技在国家发展中的作用十分突出，邓小平尤为重视。他指出："在高科技方面，我们要开步走，不然就赶不上，越到后来越赶不上，而且要花更多的钱，所以从现在起就要开始搞。"[3]1988年，他在视察北京正负电子对撞机工程时指出："现在世界的发展，特别是高科技领域的发展一日千里，中国不能安于落后，必须一开始就参与这个领域的发展"，因此"过去也好，今天也好，将来也好，中国必须发展自己的高科技，在世界高科技领域占有一席之地"。[4]邓小平对高科技的重视推动中国在高科技领域获得了长足的发展，不但为国家带来了巨大的物质财富，还在社会服务和国防建设上做出了卓越贡献。

科技的发展需要人才，而人才的培养需要教育。基于此，邓小平高度重视人才培养问题。他指出："靠空讲不能实现现代化，必须有知识，

---

1 《邓小平文选》(第2卷)，人民出版社1994年版，第87页。

2 《邓小平文选》(第3卷)，人民出版社1993年版，第274页。

3 同上注，第184页。

4 同上注，第279页。

有人才。没有知识，没有人才，怎么上得去？……同发达国家相比，我们的科学技术和教育整整落后了二十年。科研人员美国有一百二十万，苏联九十万，我们只有二十多万，还包括老弱病残，真正顶用的不很多。”[1]因此，邓小平指出：“我们向科学技术现代化进军，要有一支浩浩荡荡的工人阶级的又红又专的科学技术大军，要有一批世界第一流的科学家、工程技术专家。造就这样的队伍，是摆在我们面前的一个严重任务。”[2]为社会主义现代化建设培养人才，更是改革开放之初邓小平重视教育的最大缘由。他说：“科研是靠教育输送人才的，一定要把教育办好。”[3]“一个十亿人口的大国，教育搞上去了，人才资源的巨大优势是任何国家比不了的。”[4]因此，他明确提出“面向现代化，面向世界，面向未来”的教育发展方针，将教育摆在优先发展的战略地位，并在多个场合反复强调教育的重要性。

从教育首要的任务就是为社会主义现代化建设输送大量合格人才出发，邓小平指出：“无论是脱离生产劳动的教学和教育，或是没有同时进行教学和教育的生产劳动，都不能达到现代技术水平和科学知识现状所要求的高度。”[5]因此，必须对教育内容和教育体制进行改革以更加适应现代化建设的需要。教育要面向世界，是因为我们的教育还比较落后，需要借鉴和学习各个国家先进的教育体制、教育方法和教育思想，把精华的知识学到手，进而传递到下一代。邓小平指出：“我们要有计划、有选择地引进资本主义国家的先进技术和其他对我们有益的东西”，[6]尤其要吸收和借鉴世界各国教育发展和管理的成功经验和反映世界优秀文

1 《邓小平文选》(第2卷)，人民出版社1994年版，第40页。
2 同上注，第91页。
3 同上注，第50页。
4 《邓小平文选》(第3卷)，人民出版社1993年版，第120页。
5 《邓小平文选》(第2卷)，人民出版社1994年版，第107页。
6 同上注，第168页。

明成果以及当代科学技术文化最新发展的教材、教学内容和教学方法。教育要面向未来，具有高瞻远瞩的战略眼光，其具体内涵是指教育不仅要满足当前社会发展对人才的需要，而且要着眼于未来社会发展的需要。邓小平指出："我们不但要看到近期的需要，而且必须预见到远期的需要，不但要根据生产建设发展的要求，而且必须充分估计到现代科学技术的发展趋势。"[1]

"三个面向"教育方针的提出，要求各级领导干部认真抓好教育大计，本着对中华民族负责的态度，推动教育健康向前发展。1995年5月6日，中共中央、国务院作出的《关于加速科学技术进步的决定》（以下简称《决定》），其中写道："从现在起到二十一世纪中叶，是实现我国现代化建设三步走战略目标的关键历史时期。这一时期，科学技术的迅猛发展，必将对经济、社会产生巨大推动作用，也将给人类的生产、生活方式带来革命性的变化。科学技术实力已经成为决定国家综合国力强弱和国际地位高低的重要因素。"[2]为全面落实邓小平关于科教兴国的战略思想，推动科教兴国战略在中国落地实施，《决定》做出了详细的安排，发挥了巨大的作用。《决定》明确规定了科教兴国战略的内涵："科教兴国，是指全面落实科学技术是第一生产力的思想，坚持教育为本，把科技和教育摆在经济、社会发展的重要位置，增强国家的科技实力及向现实生产力转化的能力，提高全民族的科技文化素质，把经济建设转移到依靠科技进步和提高劳动者素质的轨道上来，加速实现国家的繁荣强盛。"[3]9月28日，党的十四届五中全会通过的《中共中央关于制定国民经济和社会发展"九五"计划和2010年远景目标的建议》指出："第三条方针，实施科教兴国战略，促进科技、教育与经济紧密结合。科学技术是第一生产力，教

1　《邓小平文选》（第2卷），人民出版社1994年版，第108页。

2　《十四大以来重要文献选编》（中），人民出版社1997年版，第1343—1344页。

3　同上注，第1344页。

育是基础，实施科教兴国战略是历史的必然选择。尊重知识、尊重人才。经济建设必须依靠科学技术，科学技术工作必须面向经济建设，努力攀登科学技术高峰。教育必须面向现代化，面向世界，面向未来，致力于提高国民素质，在各个领域培养一批跨世纪的优秀人才。”[1]《决定》《建议》给出了科教兴国战略的基本定义和具体要求，对人民大众深刻理解科教兴国战略意义重大。

1997年9月召开的中国共产党第十五次全国代表大会再次明确和强调了科教兴国战略，并且提出建议，要求运用科学技术的进步推动经济前进发展，依靠科技提高劳动生产率和劳动者的素质，进而推动经济健康持续发展。1999年6月，中共中央和国务院召开了全国教育工作会议。会议深刻落实和贯彻了党的十五大精神，对进一步落实科教兴国战略做了详细而又具体的部署。江泽民在会议讲话中指出：“中央全面分析国际国内发展的大势，认为必须坚定不移地实施科教兴国的战略，大力提高全民族的思想道德和科学文化素质，提高知识创新和技术创新能力，密切教育与经济、科技的结合，加快实现经济增长方式和经济体制的根本转变。这是全面推进我国现代化事业的必然选择，也是中华民族自立于世界民族之林的根本保证。”[2]

党的十一届三中全会后，党的工作重点由阶级斗争转移到以经济建设为中心上来，而实施科教兴国战略更是推动经济持续健康快速发展的持久动力。科技的作用是首要的，教育的动力是持久的，以经济建设为中心是正确的抉择，而科教兴国更是具有战略眼光的选择。邓小平指出：“我们要实现现代化，关键是科学技术要能上去。发展科学技术，不抓教育不行。”[3]中国的现代化建设是经济、教育、科技发展等各个组成部

1 《十四大以来重要文献选编》（中），人民出版社1997年版，第1483页。

2 《人民日报》1999年6月16日。

3 《邓小平文选》（第2卷），人民出版社1994年版，第40页。

分的现代化，只有把各个组成部分弄好了，处理好它们之间的关系，才能为中国的现代化事业提供健康持久的动力。

二、邓小平理论与中国特色社会主义道路的开辟

邓小平理论是中国共产党把马克思主义基本原理同中国具体实际相结合而产生的第二大理论成果，它既坚持了马克思主义的基本原理，又吸取了中华民族的优秀思想和中国共产党人的实践成果，把马克思主义中国化推上新的境界。

（一）中国尚处于社会主义初级阶段

关于社会主义社会的发展阶段问题，由于没有经历社会主义建设实践，马克思和恩格斯没有给出明确答案，只是笼统地把共产主义社会分为“第一阶段”与“高级阶段”。列宁对社会主义发展阶段的问题进行了初步探讨。他从俄国的历史和社会实际出发，把社会发展分为不同的若干阶段从而达到共产主义，强调必须把整个社会主义的发展看作一个从低级阶段向高级阶段发展的过程。基于这样的认识，列宁提出了只有经历一个相当长的过渡时期，才能到达“完全的社会主义”或“发达的社会主义”。他的这些探索为我们认识人类社会的发展规律、确立未来社会发展阶段理论奠定了重要的理论基础。列宁逝世后，斯大林没有很好地总结和继承列宁关于社会主义发展阶段的理论，机械地对待马克思主义中关于共产主义发展阶段的理论，把社会主义看作一个短暂的阶段，脱离实际地提出向共产主义高级阶段过渡的任务，在1936年就宣布苏联完全消灭了阶级，实现了社会主义，这是不符合实际的。毛泽东明确提出社会主义可以分为不发达的社会主义和比较发达的社会主义两个阶段，首次明确论述社会主义社会发展阶段的思想，指出：从不发达的社会主

义到比较发达的社会主义需要100年左右或者更长的时间。这说明以毛泽东为代表的中国共产党人根据实际，实事求是地对社会主义进行了艰苦探索，是科学社会主义发展史上的新贡献，成为中国共产党社会主义初级阶段理论的思想来源之一。

十一届三中全会后，随着中国社会主义事业的不断发展，中国共产党对国情逐渐有了比较清楚的认识。以总结历史上正反两方面经验为基础，中国共产党本着实事求是的态度，逐步深化对中国所处历史阶段的认识，逐渐形成了搞社会主义现代化建设一定要走出一条符合中国国情的现代化道路的共识。

1980年，邓小平提醒人们："不要离开现实和超越阶段采取一些'左'的办法，这样是搞不成社会主义的。"[1]1981年通过的《关于建国以来党的若干历史问题的决议》，在总结中国社会所处的历史阶段时给出了以下判断："尽管我们的社会主义制度还是处于初级阶段，但是毫无疑问，我国已经建立了社会主义制度，进入了社会主义社会，任何否认这个基本事实的观点都是错误的。……当然，我们的社会主义制度由比较不完善到比较完善，必然要经历一个长久的过程。"[2]此时的表述还在重点强调中国的社会主义国家性质，初级阶段只是顺带提出。随后召开的党的十二大和十二届六中全会都阐述了社会主义初级阶段的问题。1982年党的十二大报告指出："我国的社会主义社会现在还处在初级发展阶段，物质文明还不发达。"[3]十二届六中全会《关于社会主义精神文明建设指导方针的决议》再次指出："我国还处在社会主义的初级阶段，不但必须实行按劳分配，发展社会主义的商品经济和竞争，而且在相当长历史时期内，

1 《邓小平文选》(第2卷)，人民出版社1994年版，第312页。

2 中共中央文献研究室编著：《关于建国以来党的若干历史问题的决议注释本》(修订)，人民出版社1985年版，第61—62页。

3 《中国共产党第十二次全国代表大会文件汇编》，人民出版社1982年版，第34页。

还要在公有制为主体的前提下发展多种经济成分，在共同富裕的目标下鼓励一部分人先富裕起来。”[1]这种初步的分析形成了社会主义初级阶段的概念。

随着改革开放的深入发展，为适应迅速变化的实际情况的需要，加快和深化改革开放，对中国所处的国情做出科学的概括，邓小平对中国社会所处的社会历史阶段作出了准确判断，为党和国家制定和执行正确路线和政策提供了根本依据。邓小平在党的十三大召开前夕指出：“我们党的十三大阐述中国社会主义是处在一个什么阶段，就是处在初级阶段，是初级阶段的社会主义。社会主义本身是共产主义的初级阶段，而我们中国又处在社会主义的初级阶段，就是不发达的阶段。一切都要从这个实际出发，根据这个实际来制定规划。”[2]这一论述清晰地表明，以邓小平为核心的党中央从国情出发科学地把握住了中国的最大国情。党的十三大报告首次就社会主义初级阶段的理论进行了完整的阐述，这也是首次对国情的科学把握，标志着社会主义初级阶段理论的正式形成。社会主义初级阶段理论是马克思主义基本原理和中国实际相结合的重要成果，其形成具有重大的理论意义和现实意义。

所谓社会主义初级阶段，并不是放之四海而皆准的，也并不是所有走向社会主义的国家都要经历的阶段，而是特指中国在生产力落后、商品经济不发达条件下建设社会主义必然要经历的特定阶段。社会主义初级阶段有两方面的含义：第一，我国已经进入社会主义社会；第二，我国的社会主义社会还处在不发达阶段。我们必须坚持而不能离开社会主义，必须正视而不能超越社会主义初级阶段。党的十五大报告指出：

1　《十二大以来重要文献选编》(下)，人民出版社1988年版，第1180—1181页。

2　《邓小平文选》(第3卷)，人民出版社1993年版，第252页。

“社会主义初级阶段，是逐步摆脱不发达状态，基本实现社会主义现代化的历史阶段；是由农业人口占很大比重、主要依靠手工劳动的农业国，逐步转变为非农业人口占多数、包含现代农业和现代服务业的工业化国家的历史阶段；是由自然经济半自然经济占很大比重，逐步转变为经济市场化程度较高的历史阶段；是由文盲半文盲人口占很大比重、科技教育文化落后，逐步转变为科技教育文化比较发达的历史阶段；是由贫困人口占很大比重、人民生活水平比较低，逐步转变为全体人民比较富裕的历史阶段；是由地区经济文化很不平衡，通过有先有后的发展，逐步缩小差距的历史阶段；是通过改革和探索，建立和完善比较成熟的充满活力的社会主义市场经济体制、社会主义民主政治体制和其他方面体制的历史阶段；是广大人民牢固树立建设有中国特色社会主义共同理想，自强不息，锐意进取，艰苦奋斗，勤俭建国，在建设物质文明的同时努力建设精神文明的历史阶段；是逐步缩小同世界先进水平的差距，在社会主义基础上实现中华民族伟大复兴的历史阶段。”[1]

社会主义初级阶段理论重新认识了中国的国情，发展了关于社会主义发展阶段问题的理论。这个理论的确立，进一步解放了思想，成为新时期中国共产党制定方针、路线、政策的依据，为社会主义现代化建设指明了方向。

（二）社会主义的本质是解放和发展生产力

从马克思、恩格斯到邓小平，经历了一个从初步探讨社会主义到揭示社会主义本质的认识的不断发展过程。马克思、恩格斯在科学分析资本主义社会的矛盾和演变趋势的基础上，对社会主义的特征做了科学预测：社会主义社会是以生产力的巨大增长和高度发展为前提的，社

1　《中国共产党第十五次全国代表大会文件汇编》，人民出版社1997年版，第16页。

会主义社会的生产资料全部由社会直接占有，社会主义社会实行按劳分配的原则，社会主义社会有计划地组织社会生产，社会主义社会国家开始消亡，社会主义社会人们将获得自由和全面的发展。所有这些设想都是科学预测，只是描述了理想状态下社会主义社会的内在本质的特点，是对成熟阶段的社会主义社会特征的预测。这种预测之所以具有科学性，是因为其符合人类社会的发展规律，也被后来的一些事件所证实。

列宁在马克思、恩格斯的基础上又做了进一步探索，提出：社会主义要创造比资本主义更高的劳动生产率，社会主义就是公有制和按劳分配，社会主义就是消灭阶级，社会主义条件下合作制本身就是社会主义，在存在多种经济成分的情况下应利用商品货币关系，建设社会主义要利用资本主义并吸取资本主义文明成果，社会主义还需要国家，共产主义就是苏维埃政权加全国电气化等。斯大林进一步发展了列宁的思想，提出：社会主义公有制存在两种形式，社会主义社会还存在商品生产和商品交换，过渡时期的下限是生产资料所有制社会主义改造基本完成，社会主义社会国家的组织经济和文化建设的职能应大大加强和发展。但是斯大林超越社会主义的发展阶段，急于向共产主义过渡，对社会主义存在的主要矛盾产生错误认识，认为阶级斗争随着社会主义的建设越来越尖锐，并由此建立了高度集中的社会主义发展模式。

新中国成立以后，毛泽东在领导中国社会主义革命和社会主义建设中，做过许多有益的探索，提出了社会主义社会的基本矛盾运动和正确处理人民内部矛盾问题，走出一条适合我国国情的工业化道路，社会主义工业化和社会主义改造同时并举的方针，将人民内部的民主和对反动派的专政互相结合起来的人民民主专政的理论，等等。

邓小平对社会主义本质的认识做出了突破性贡献，从根本上回答了“什么是社会主义、怎样建设社会主义”这个首要的基本理论问题。他明确指出:"马克思去世以后一百多年,究竟发生了什么变化,在变化的条件下,如何认识和发展马克思主义,没有搞清楚。绝不能要求马克思为解决他去世之后上百年、几百年所产生的问题提供现成答案。列宁同样也不能承担为他去世以后五十年、一百年所产生的问题提供现成答案的任务。"[1]

在社会主义建设实践过程中,邓小平围绕社会主义的本质特征、什么是社会主义根本问题进行了深入思考。在此基础上,邓小平第一次提出了"社会主义本质"的新概念,发展了对社会主义的认识。

"文革"结束后,邓小平就对"四人帮"的"穷社会主义"谬论进行了批判,指出搞社会主义的首要任务是使生产发展上去,使人民生活水平不断提高。1978年9月,邓小平指出:"社会主义制度优越性的根本表现,就是能够允许社会生产力以旧社会所没有的速度迅速发展,使人民不断增长的物质文化生活需要能够逐步得到满足。"[2]1980年4月至5月,邓小平围绕解放生产力、发展生产力,对什么是社会主义、怎样建设社会主义做了详细而精确的论述,并将其概括为"社会主义的本质"。他指出:"社会主义是一个很好的名词,但是如果搞不好,不能正确理解,不能采取正确的政策,那就体现不出社会主义的本质。"[3]他强调:"讲社会主义,首先就要使生产力发展,这是主要的。只有这样,才能表明社会主义的优越性。"[4]邓小平结合我国具体的国情,从社会主义所具有的优越性上去理解社会主义本质,强调了生产力发展对于体现社会主义本质和优越性的决定作用,是对唯物史观理论的运用和发展,真正抓住了社会主义的本质和发展规律。1982年,邓小平再次指出:"落后国家建设社会主义,在开

1 《邓小平文选》(第3卷),人民出版社1993年版,第291页
2 《邓小平文选》(第2卷),人民出版社1994年版,第128页。
3 同上注,第313页。
4 同上注,第314页。

始的一段很长时间内生产力水平不如发达的资本主义国家，不可能完全消灭贫穷。所以，社会主义必须大力发展生产力，逐步消灭贫穷，不断提高人民的生活水平。”[1]邓小平强调了发展生产力的作用就是解决贫穷问题，提高人民群众的生活水平。

1985年4月，邓小平根据改革开放以来发展变化了的实际以及社会的发展方向，指明了社会主义的根本任务、根本目标和根本原则，概而言之就是发展生产力，实现共同富裕。他说:“马克思主义的基本原则就是要发展生产力。马克思主义的最高目的就是要实现共产主义，而共产主义是建立在生产力高度发展的基础上的。社会主义是共产主义的第一阶段，是一个很长的历史阶段。从1958年到1978年这20年的经验告诉我们：贫穷不是社会主义，社会主义要消灭贫穷。不发展生产力，不提高人民的生活水平，不能说是符合社会主义要求的。”[2]在这前后，他还指出:“社会主义与资本主义不同的特点就是共同富裕，不搞两极分化。”[3]“社会主义的目的就是要全国人民共同富裕，不是两极分化。”[4]“社会主义原则，第一是发展生产，第二是共同致富。”[5]邓小平认识到要想实现我们的发展目标，必须根据发展变化了的实际，采取符合实际的体制机制。1985年8月，他说:“对内搞活经济，是活了社会主义，没有伤害社会主义的本质。”[6]1987年2月，他说:“有些人脑子里的四化同我们脑子里的四化不同。我们脑子里的四化是社会主义的四化。他们只讲四化，不讲社会主义。这就忘记了事物的本质，也就离开了中国的发展道路。”[7]

1　《邓小平文选》(第3卷)，人民出版社1993年版，第10页。
2　同上注，第116页。
3　同上注，第123页。
4　同上注，第110—111页。
5　同上注，第172页。
6　同上注，第135页。
7　同上注，第204页。

邓小平善于通过事物的表面抓住事物的本质，他排除了一切干扰，区分了哪些是社会主义的本质，哪些是社会主义的形式。他经过深思熟虑之后，逐渐形成了自己关于社会主义本质的科学构想。

改革开放十多年以后，随着实践的丰富和发展，邓小平对社会主义本质有了更为明确、规范、科学的概括，完成了在社会主义本质问题上的科学创新过程。1990年12月，邓小平指出："社会主义最大的优越性就是共同富裕，这是体现社会主义本质的一个东西。如果搞两极分化，情况就不同了，民族矛盾、区域间矛盾、阶级矛盾都会发展，相应地中央和地方的矛盾也会发展，就可能出乱子。"[1]在这次讲话中，邓小平特别指出计划和市场只是发展经济的手段，并不是社会主义和资本主义的本质区别。他说："我们必须从理论上搞懂，资本主义与社会主义的区分不在于是计划还是市场这样的问题。社会主义也有市场经济，资本主义也有计划控制。"[2]在随后的南方谈话中，邓小平对社会主义条件下解放生产力、社会主义本质、社会主义市场经济以及"三个有利于"的标准等问题做了科学、全面、系统的阐述。在回答社会主义的本质问题时，他指出："社会主义的本质，是解放生产力，发展生产力，消灭剥削，消除两极分化，最终达到共同富裕。"[3]此次概括较之前的来说有比较大的变化，但是在精神内核上又具有继承性。社会主义本质论是邓小平对社会主义再认识的科学理论成果，是对马克思主义思想的重大发展。

（三）社会主义也可以搞市场经济

由于历史和现实的因素，在传统的思想和观念里，市场配置资源的方式与社会主义总是根本对立的，市场经济这一发展经济的模式是资本

---

1 《邓小平文选》(第3卷)，人民出版社1993年版，第364页。

2 同上。

3 同上注，第373页。

主义的本质特征，与社会主义是不相干的，一直以来，我国实行的是高度集中的计划经济体制。在党的八大前后，中国共产党对于高度集中的计划经济体制所具有的弊端已有所认识，但是，由于指导思想没有发生根本改变，仍然认为市场经济是资本主义经济发展的专属制度，计划经济是社会主义发展经济的专属体制，计划经济“权力过分集中”的弊端仍然存在。

改革开放以后，我们在农村推行家庭联产承包责任制，在乡镇发展乡镇企业，把大量的农村富余劳动力进行转移，使农村经济市场化的进程不断加快。随着中国的改革由农村向城市全面推开，经过实践的检验，邓小平逐渐突破了关于市场经济认识上的误区，逐渐形成关于发展经济的正确理论：计划和市场都是手段，计划经济不等于社会主义，市场经济不等于资本主义；社会主义也可以搞市场经济。邓小平把市场经济与社会主义基本制度结合起来，是经济学上的重大贡献，也是对马克思主义经济理论的重大创新。

总结起来，邓小平市场经济理论的形成，大体经过三个阶段：

第一，从党的十一届三中全会到十二大，计划经济为主、市场调节为辅的基本原则逐步确立。党的十一届三中全会以后，邓小平倡导中国共产党从理论和实践的结合上探索建立符合我国国情的社会主义经济体制。1979年，邓小平在会见外国客人时指出：“说市场经济只存在于资本主义社会，只有资本主义的市场经济，这肯定是不正确的。社会主义为什么不可以搞市场经济，这个不能说是资本主义。我们是计划经济为主，也结合市场经济，但这是社会主义的市场经济。”[1]这是邓小平首次提到社会主义与市场经济的关系问题。1980年，邓小平再次指出：“我们在发展经济方面，正在寻求一条合乎中国实际的，能够快一点、省一点的道

1　《邓小平文选》(第2卷)，人民出版社1994年版，第236页。

路。”其中包括“计划调节和市场调节相结合”。[1]这种观点破除了把社会主义与发展对立起来、把行政命令等同于计划经济的旧观念。邓小平提出的以计划经济为主、市场调节为辅发展经济原则，迈出了思想创新的第一步。随后召开的党的十二大肯定了这一原则，并开始在实践中付诸实施。

第二，从党的十二届三中全会到20世纪90年代初，突破了把计划经济同商品经济对立起来的传统观念。随着改革开放的进一步推进，党不断深化对计划与市场关系问题的认识，逐渐形成了正确的思想。1984年10月，十二届三中全会通过了《中共中央关于经济体制改革的决定》，指出商品经济是社会主义经济发展过程中不可逾越的阶段，我国社会主义经济是公有制基础上的有计划的商品经济。《决定》的最大理论功绩是突破了把计划经济同商品经济对立起来的传统观念。邓小平对《决定》进行了高度的评价，他说：“我的印象是写出了一个政治经济学的初稿，是马克思主义基本原理和中国社会主义实践相结合的政治经济学。”[2]随着实践的发展，中国共产党对计划与市场的关系有了进一步的认识。党的十三大报告进一步明确了社会主义有计划商品经济的体制应该是计划与市场内在统一的体制。在此前后，邓小平在许多重大场合，多次谈到计划和市场的关系。他说：“我们必须在理论上搞懂，资本主义与社会主义的区别不在于计划还是市场这样的问题。社会主义也有市场经济，资本主义也有计划控制。”[3]邓小平关于计划与市场关系的观念和思想使广大的人民群众解放了思想，冲破了传统观念束缚，在理论上是一个重大的突破。

第三，从邓小平南方谈话到党的十四届三中全会，在此阶段逐渐形

1 《邓小平文选》(第2卷)，人民出版社1994年版，第247页。

2 《邓小平文选》(第3卷)，人民出版社1993年版，第83页。

3 同上注，第364页。

成了系统的社会主义市场经济理论。市场在中国经济发展中起到了越来越重要的作用，在亟待进一步突破时却受到了一些思想观念的束缚。1992年初，邓小平去南方视察并发表重要谈话，明确提出："计划多一点还是市场多一点，不是社会主义与资本主义的本质区别，计划经济不等于社会主义，资本主义也有计划；市场经济不等于资本主义，社会主义也有市场。计划和市场都是手段。"[1]这一科学论断，从思想上解除了把计划经济和市场经济看作属于社会基本制度范畴的思想束缚，标志着中国共产党在计划和市场关系问题上的认识有了新的重大突破。1992年6月9日，江泽民在中共中央党校的讲话中明确指出，我国经济体制改革的目标是建立社会主义市场经济体制，以利于进一步解放和发展生产力。在随后的党的十四大报告中明确了这一观点。党的十四届三中全会通过了《关于建立社会主义市场经济体制若干问题的决定》，进一步描绘了建立社会主义市场经济体制的蓝图和基本框架，形成了较为科学、系统的社会主义市场经济理论。

邓小平的市场经济理论是一次划时代的经济发展理论。首先，邓小平澄清了计划经济与市场经济的基本定义。在经典的马克思著作中，计划经济、公有制和按劳分配是社会主义经济制度的基本特征。实行单纯计划经济的结果和中国的社会主义建设实践证明，计划经济不是社会主义经济的基本特征，计划不是社会主义必须要实行的体制，资本主义也可以有计划。它只是一种经济调节方式，更确切地说是资源的配置手段。邓小平认为，市场经济可以存在于不同的社会经济制度中，同该社会的经济制度结合在一起，并为其服务，反映该社会的经济关系，其性质是由它所在的那个社会制度决定的，并为其服务。市场经济是经济手段和社会经济运行的方式，而不属于社会基本经济制度范畴，"它为社会主

1　《邓小平文选》（第3卷），人民出版社1993年版，第373页。

义服务，就是社会主义的；为资本主义服务，就是资本主义的”。[1]因此，社会主义市场经济是同社会主义基本经济制度结合在一起，为社会主义服务并反映着社会主义经济关系的市场经济。进而，邓小平提出：“生产力是评价计划和市场关系的标准。”这一思想从哲学与经济学统一的高度，赋予计划经济新的内涵，并指出计划和市场一样都是经济调节方式。其次，邓小平深化了对价值规律的认识。邓小平提出应按经济规律办事，主要是指按价值规律办事。不仅如此，他还积极探索怎样发展价值规律，把它同社会主义结合起来，形成一套完整的社会主义市场经济理论。最后，邓小平进一步深化了对商品经济、市场经济的理解。邓小平结合中国改革开放实践的新情况，指出“计划经济”和市场经济一样是一种经济运营方式，不能把商品经济、市场经济混同于社会形态，更不能等同于资本主义。这一认识冲破了对马克思主义的教条式理解，既澄清了对计划经济的错误认识，也赋予商品经济社会主义的属性，对科学社会主义原理的发展做出了重要理论贡献。

（四）邓小平理论的科学体系与历史地位

围绕“什么是社会主义、怎样建设社会主义”这一核心问题，邓小平理论系统回答了一系列互相关联的基本问题，形成了完整的科学体系。邓小平理论是马克思主义中国化的最新成果，是继毛泽东思想之后马列主义与中国国情相结合的又一次历史性飞跃，是中国共产党的重大理论创新成果。

邓小平理论逻辑清楚，内涵丰富。它融汇马克思主义哲学、政治经济学和科学社会主义原理与精髓，涵盖经济、政治、文化、军事、民族、外交、统一战线、党的建设等方面，范围广泛，是比较完备的科学体系，也是

1 《邓小平文选》(第3卷)，人民出版社1993年版，第203页。

需要继续完善和发展的体系。

邓小平理论科学体系首先要回答的是“什么是社会主义、怎样建设社会主义”这个根本问题。称得上理论的科学体系必须首先要回答并解决国家意识形态领域亟待解决的主要问题。马克思主义第一次回答并论证了社会主义必将胜利，资本主义必将灭亡的问题；列宁主义首次回答并解决了社会主义可以在不发达的资本主义国家取得胜利的问题；毛泽东思想第一次回答并解决了在殖民地和半殖民地国家可以通过新民主主义革命成功走向社会主义的问题；邓小平理论则在马克思主义发展史上第一次比较系统地初步回答了在中国“什么是社会主义、怎样建设社会主义”的问题。

十月革命以后，原来很多西方大国的殖民地和半殖民地国家以及一系列经济文化落后的国家先后取得革命胜利，并走上社会主义道路。但是这些国家如何建设、巩固和发展社会主义的问题，一直没有得到科学的回答和解决。正因为如此，许多社会主义国家在发展中缺乏方向，甚至出现发展缓慢、经济停滞不前的现象。“文革”结束后，中国面临着该向何处去的问题。邓小平本着实事求是的态度，根据国情科学地回答了中国当时在理论上和实践上亟待解决的问题。邓小平时常指出，要搞清楚“什么是社会主义、怎样建设社会主义”问题。1987年4月26日，邓小平在会见捷克斯洛伐克总理什特劳加尔时说：“最根本的一条经验教训，就是要弄清楚什么叫社会主义和共产主义，怎样搞社会主义。”[1]之后，他在会见西班牙工人社会党副总书记格拉时又说：“我们建设社会主义的方向是完全正确的，但什么叫社会主义，怎样建设社会主义，还在摸索之中。”[2]

1　《邓小平文选》(第3卷)，人民出版社1993年版，第223页。

2　同上注，第227页。

邓小平系统回答了中国亟待解决的首要的、基本的理论问题，以及其他一些相关的理论问题。党的十四大把这些基本问题概括为：社会主义发展道路、社会主义发展阶段、社会主义根本任务、社会主义发展动力、社会主义发展的外部条件、社会主义发展的政治保证、社会主义发展的战略步骤、社会主义发展的领导力量和依靠力量，再加上用“一国两制”和平统一祖国问题，共九大问题。九大问题如果进一步引申和展开，可以用邓小平理论的如下16个基本内容来概括：

（1）社会主义的本质论和社会主义发展道路的理论。强调社会主义的本质是解放和发展生产力；强调“什么是社会主义、怎样建设社会主义”是首要的、基本的理论问题，是亟待解决的问题，关键是要在坚持社会主义基本制度的基础上进一步认清社会主义的本质；党的基本路线体现了社会主义的要求，指明了建设有中国特色社会主义的发展道路。

（2）建设社会主义的思想路线理论。强调解放思想、实事求是，是中国共产党的思想路线；建设社会主义一定要解放思想、实事求是，一切从实际出发，独立自主地走自己的路；建设有中国特色的社会主义；解放思想、实事求是要贯穿改革开放和社会主义现代化建设的全过程。

（3）社会主义发展阶段的理论。强调中国现阶段最大的国情就是处在社会主义初级阶段；概括了社会主义初级阶段论断的两层内涵；指出中国处于社会主义初级阶段的长期性、紧迫性、复杂性、艰巨性，告诫我们要有充足的思想准备。

（4）社会主义根本任务的理论。强调社会主义的根本任务是发展生产力，经济建设是党和国家的工作重心，经济发展的关键在于科技和教育；生产力是社会发展的最根本的决定性因素。

（5）社会主义建设发展战略的理论。强调“三步走”是基本实现现代化的战略目标和战略步骤；提出渐进式发展思路，争取隔几年就使国民经济上一个新台阶；允许和鼓励一部分地区、一部分人先富起来，逐步达到共同富裕。

（6）社会主义发展动力的理论。强调十一届三中全会以来一系列方针政策概括起来就是改革开放，改革开放是决定中国社会主义前途和命运的重大决策；改革是一场新的自我革命；改革是社会主义社会发展的直接动力；判断改革和各方面工作的是非得失的根本标准是“三个有利于”；改革是为了人民群众，改革要依靠人民群众。

（7）社会主义国家对外开放的理论。强调对外开放是建设有中国特色社会主义的一项基本国策，必须贯彻和实施；实行对外开放，要正确对待西方发达资本主义国家创造的现代文明成果；独立自主，自力更生，是我们对外开放的基本立足点。

（8）社会主义经济体制改革的理论。强调社会主义和市场经济之间无根本矛盾，社会主义国家也可以搞市场经济；我国经济体制改革的目标是建立社会主义市场经济体制；社会主义市场经济体制同社会主义基本经济制度联系在一起。

（9）社会主义政治体制改革的理论。强调民主与法制是政治体制改革的关键；在推进经济体制改革的同时，必须积极推进政治体制改革；中国社会主义民主政治建设，必须有领导、有秩序地进行；我们建设有中国特色的社会主义民主政治，不能搞西方多党竞选、三权分立、两院制那一套。

（10）社会主义精神文明建设的理论。强调物质文明和精神文明都要搞好，社会主义精神文明是社会主义社会的重要特征；精神文明建设的根本任务和目标，是培育“四有”新人，提高整个中华民族的思想道德素质和科学文化素质。

（11）社会主义建设政治保证的理论。强调四项基本原则是立国之本，是改革开放和现代化建设的根本前提和根本保证；四项基本原则应根据新的实践增添新的时代内容；坚持四项基本原则，必须旗帜鲜明地反对资产阶级自由化。

（12）社会主义国家外交战略的理论。强调和平与发展是当代世界的两大问题；改革开放和现代化建设，需要一个和平的国际环境；我国外交政策的基本立场是独立自主；我国外交政策的基本目标，是维护我国的独立和主权；促进世界和平与发展，以和平共处五项原则作为建立国际政治新秩序和国际经济新秩序的准则。

（13）祖国统一的理论。提出“一国两制，和平统一”的方针；“一国两制”的构想，既体现了坚持祖国统一、维护国家主权的原则性，又体现了照顾历史实际和现实可能的灵活性。

（14）社会主义事业依靠力量的理论。强调人民群众是社会历史的主体，是我们必须要依靠的力量；群众路线是党的根本工作路线；建设有中国特色社会主义，必须依靠各民族人民的团结，必须依靠最广泛的爱国统一战线。

（15）社会主义国家军队和国防建设的理论。强调要处理好国防建设和经济建设的关系；在新的历史时期军队和国防建设的指导思想要以现代化建设为中心，走有中国特色的精兵之路；国防和军队建设要服从和服务于国家经济建设的大局，积极支持和参与国家经济建设；要建设革命化正规化现代化的军队。

（16）社会主义事业领导核心的理论。强调办好中国的事情，关键在党；加强党的建设，要始终把思想建设放在首位；作风问题是关系党生死存亡的重大问题；加强党的建设一定要重视制度建设。

纵观邓小平理论，就能发现其中蕴含着严谨的逻辑和科学的态度。“文革”结束后，中国面临向何处去的重大问题。邓小平凭借自己的科学知识和经验深刻地回答了当时中国在理论和实践上亟待回答的问题。他引导人们解放思想，本着实事求是的态度去理解什么是社会主义，怎样建设社会主义，在回答了这个首先需要回答的问题后，他从经济、政治、文化、军事、外交以及党的建设等各个方面回答了关于国家向哪里去的重大问题，在各个领域进一步解放了人们的思想。特别是他提出的社会主义市场经济理论，更是具有重大的开创性。邓小平理论作为科学的理论体系一直以来具有强大的生命力，为我国的社会主义现代化建设指明了方向，需要我们予以继承和发展。

邓小平理论在中国现代史上具有重要的历史地位。党的十五大报告对邓小平的历史地位给予了科学的评价和充分的肯定，把其列为党的指导思想，写入党章。《十五大报告中》指出："邓小平理论是当代中国的马克思主义，是马克思主义在中国发展的新阶段。" 这一评价是从马克思主义发展史、马克思主义中国化的角度上来肯定的，同时也是对邓小平理论在马克思主义科学体系中的科学定位。

邓小平理论隶属于马克思主义科学体系，而且是中国化的马克思主义。这是因为邓小平理论的哲学思想和逻辑思维是同马克思主义一脉相承的，它同马克思列宁主义、毛泽东思想具有非常紧密的继承与发展的关系，与它们有着共同的哲学基础，有着共同的目的、目标和历史使命。

邓小平理论之所以能够成为马克思主义中国化的最新成果，正如十五大报告指出，是因为 "新" 在如下四个方面：把对社会主义的认识提高到了新的科学水平，开拓了马克思主义的新境界，对世界发展和时代特征做出了新的科学判断，形成了新的建设有中国特色社会主义理论的科学体系。

第一，邓小平理论根据马克思主义的原理精神，抓住 "什么是社会主义、怎样建设社会主义" 这个首要的、根本的问题，抓住了社会主义的本质，把对社会主义的认识提高到新的科学水平。科学社会主义理论和实践历史悠久，但是没有提出关于社会主义本质的概念。邓小平根据各国发展的历史经验和自身的思考对社会主义进行了再认识,逐步认清了社会主义的本质,科学地回答了这个带根本性质的重大理论问题和实践问题。邓小平探讨和揭示了社会主义本质概念的基本内涵,做出了科学论断,从而使人们对社会主义的认识实现了一个新的飞跃,达到了一个前所未有的新的科学水平。邓小平的贡献不止于此,他带领全国各族人民解放思想,全面改革,从过去的“以阶级斗争为纲”到现在的以经济建设为中心,从封闭、半封闭的对外交流到改革开放,从高度集中的计划经济体制到社会主义市场经济体制,使中国发生了历史性的转变。

第二,邓小平理论坚持解放思想、实事求是,开拓了马克思主义的新境界。邓小平不拘泥于前人的思想成果,根据变化了的实际去发展适合中国新国情的思想理论,再以理论为出发点制定相应的方针、政策解决实际的问题。他根据中国国情提出了社会主义初级阶段理论,对现阶段中国的基本国情做出科学的判断,有力地推动和保证了拨乱反正和全面改革开放,从而不断开拓中国特色社会主义事业发展的新局面。

第三,邓小平理论关于“和平与发展是当今时代的主题”的科学判断直接推动中国对外开放,积极参与国际间的经济贸易和活动,使中国安心发展经济,推动中国的现代化进程。这是邓小平对20世纪80年代以来国际形势和时代基本特征的新概括,体现着鲜明的时代精神,标志着马克思主义发展的新阶段。

第四,邓小平理论形成了新的建设有中国特色社会主义理论的科学体系。邓小平理论层次清晰,逻辑严谨,主次鲜明,从不同的方面和角度回答了当今中国亟待解决的问题。它第一次比较系统、科学地回答了中国社会主义的发展道路、发展动力、发展阶段、根本任务、战略步骤、外部条件、政治保证、党的领导和依靠力量以及祖国统一等一系列基本问题,领导中国共产党制定了在社会主义初级阶段的基本路线。它是以实践为基础,各方面进一步丰富和发展的科学体系。它具有哲学思维,贯通政治经济学、科学社会主义等领域，涵盖经济、政治、文化、军事、民族、外交、统一战线、党的建设等各个方面。总之，邓小平理论这“四新”贯穿着一个主题，就是“什么是社会主义、怎样建设社会主义”这个首要的基本理论问题。邓小平理论作为我国改革开放和社会主义建设新时期的伟大旗帜，第一次科学地回答了像中国这样经济、文化落后的大国如何建设社会主义、如何巩固和发展社会主义等一系列基本问题。邓小平理论的伟大意义在于，它初步解决了社会主义该向何处去这一历史性课题。

三、中国特色社会主义现代化道路的再发展

根据时代特征和实践变化推动理论发展，是马克思主义政党先进性的重要体现，也是推进社会主义事业不断前进的根本保证。进入新世纪，世情、国情和党情发生重大变化，以江泽民、胡锦涛为主要代表的中国共产党人解放思想，实事求是，与时俱进，提出了“三个代表”重要思想和科学发展观等重大理论创新成果，推动了马克思主义在中国的新发展。

（一）以“三个代表”重要思想为指针

以江泽民为代表的中国共产党领导集体，结合变化了的实际情况，在建设有中国特色社会主义的伟大实践中，总结治党、治国、治军经验，创立了“三个代表”重要思想。

2000年2月25日，江泽民在广东省考察工作时，首次提出了坚持“三个代表”的要求。他强调：“在二十世纪里，我们党团结和带领全国各族人民，为实现民族独立、人民解放和国家富强、人民幸福，进行了长期的伟大斗争。我们党作出的杰出贡献，赢得了广大人民的衷心拥护。总结我们党七十多年的历史，可以得出一个重要结论，这就是：我们党所以赢得人民的拥护，是因为我们党在革命、建设、改革的各个历史时期，总

是代表着中国先进生产力的发展要求，代表着中国先进文化的前进方向，代表着中国最广大人民的根本利益，并通过制定正确的路线方针政策，为实现国家和人民的根本利益而不懈奋斗。人类又来到一个新的世纪之交和新的千年之交。在新的历史条件下，我们党如何更好地做到这‘三个代表’，是一个需要全党同志特别是党的高级干部深刻思考的重大课题。”[1]随后，江泽民在上海主持召开江苏、浙江、上海党建工作座谈会时，进一步提出坚持“三个代表”的出发点和着眼点。他说：“怎样使我们党在复杂的国内外形势下始终充满活力，带领全国各族人民推进建设有中国特色社会主义的宏伟事业，实现中华民族的伟大复兴，是我想得最多的一个问题。”“中国共产党是1921年成立的，70多年来为中华民族的独立和发展，为中国人民的解放和幸福，做出了巨大贡献。然而，如何使我们党始终保持旺盛的生命力，是我们必须认真思考的一个重大课题。今年二月，我在广东考察工作时提出坚持‘三个代表’要求，出发点和着眼点就在这里。”他还强调：“始终做到‘三个代表’，是我们党的立党之本、执政之基、力量之源。”[2]

2001年7月1日，江泽民在庆祝中国共产党成立80周年大会的讲话中，阐述和总结了“三个代表”重要思想的科学内涵和主要内容。他指出：“我们党要始终代表中国先进生产力的发展要求，就是党的理论、路线、纲领、方针、政策和各项工作，必须努力符合生产力发展的规律，体现不断推动社会生产力的解放和发展的要求，尤其要体现推动先进生产力发展的要求，通过发展生产力不断提高人民群众的生活水平。”“我们党要始终代表中国先进文化的前进方向，就是党的理论、路线、纲领、方

1　江泽民：《在新的历史条件下更好地做到“三个代表”》（2000年2月25日），《江泽民文选》（第3卷），人民出版社2006年版，第2页。

2　江泽民：《始终做到“三个代表”是我们党的立党之本、执政之基、力量之源》（2000年5月14日），《江泽民文选》（第3卷），人民出版社2006年版，第14—15页。

针、政策和各项工作，必须努力体现发展面向现代化、面向世界、面向未来的，民族的科学的大众的社会主义文化的要求，促进全民族思想道德素质和科学文化素质的不断提高，为我国经济发展和社会进步提供精神动力和智力支持。”“我们党要始终代表中国最广大人民的根本利益，就是党的理论、路线、纲领、方针、政策和各项工作，必须坚持把人民的根本利益作为出发点和归宿，充分发挥人民群众的积极性主动性创造性，在社会不断发展进步的基础上，使人民群众不断获得切实的经济、政治、文化利益。”“‘三个代表’要求，是我们党的立党之本、执政之基、力量之源，也是我们在新世纪全面推进党的建设，不断推进理论创新、制度创新和科技创新，不断夺取建设有中国特色社会主义事业新胜利的根本要求。”[1]“七一”讲话发表后，在全党全国逐渐形成了学习贯彻“三个代表”重要思想的热潮。在随后召开的中国共产党第十六次全国代表大会上，“三个代表”重要思想被写入党章，继马克思列宁主义、毛泽东思想和邓小平理论之后，成为新世纪中国共产党的新的指导思想。

（二）以科学发展观统领经济社会发展全局

党的十六大以后，以胡锦涛为总书记的党中央深刻总结和借鉴前人的发展成果，结合我国社会主义初级阶段的基本国情，借鉴和吸收西方发达国家关于发展的有益成果，针对新世纪新阶段我国现代化建设的需要和存在的突出问题、矛盾，提出了科学发展观，并逐步使科学发展观成为指导社会主义现代化建设的战略指导方针。

进入新世纪，近30年的改革开放使我国经济社会发展取得了举世瞩目的巨大成就，同时也出现了一系列发展中的问题。例如，过分追求经济发展的速度而忽视其他因素，造成贫富差距过大、资源枯竭、环境污染

1　江泽民：《在庆祝中国共产党成立八十周年大会上的讲话》(2001年7月1日)，《江泽民文选》(第3卷)，人民出版社2006年版，第272—273、276、279页。

严重等。回望这一历程，可以看到，中国的发展，是不够全面、协调、持续的发展。不仅如此，2003年后，中国开始进入人均国内生产总值1 000美元的关键时期。参照世界其他一些国家和地区的发展历程，当一个国家的人均国内生产总值突破1 000美元之后，经济社会发展就将进入关键阶段。具体到中国，这一阶段的最主要特征就是：世界上主要国家的综合国力竞争日趋激烈，各国都在抢占科技和经济的制高点；市场化经济逐渐占据主导地位；工业化和城镇化并列推进，经济结构深度调整；地区之间、行业之间发展的不平衡会有扩大的趋势；各阶层之间利益需求更加多样化，协调难度日益增大；人民群众对民主法治的认同感越来越强，民主法治建设需要加强；人们的思想观念的选择性、独立性、差异性、多变性明显增强；中国经济受外部环境的影响不断加深。总之，这是一个巨大发展潜力和动力并存又面临各种困难和风险的时期，是一个机遇与挑战并存的时期。

以胡锦涛为总书记的党中央针对我国经济社会发展的上述特征，根据所处历史时期的特点制定正确的发展规划，提出了科学发展观。

2003年7月28日，在召开全国防治非典工作会议上，胡锦涛第一次提出了“全面发展、协调发展、可持续发展”[1]的科学发展理念。随后，十六届三中全会通过了《中共中央关于完善社会主义市场经济体制若干问题的决定》，提出要“坚持以人为本，树立全面、协调、可持续的发展观，促进经济社会和人的全面发展”，[2]标志着科学发展观的初步形成。其后，十六届五中全会通过了《中共中央关于制定国民经济和社会发展第十一

1　胡锦涛：《在全国防治非典工作会议上的讲话》（2003年7月28日），《十六大以来重要文献选编》（上册），中央文献出版社2005年版，第396页。

2　《中共中央关于完善社会主义市场经济体制若干问题的决定》（2003年10月14日中国共产党第十六届中央委员会第三次全体会议通过），《十六大以来重要文献选编》（上册），中央文献出版社2005年版，第465页。

个五年规划的建议》，指出：在全面建设小康社会的关键时期，必须全面贯彻落实科学发展观，“坚持以科学发展观统领经济社会发展全局”，“把经济社会发展切实转入全面协调可持续发展的轨道”。[1]以此为标志，科学发展观成为统领我国经济社会发展的重大战略方针。

发展观是马克思主义哲学之唯物辩证法的总特征之一。唯物辩证法认为，事物的发展具有普遍性和客观性。发展的实质就是事物的前进、上升，是新事物代替旧事物的过程。发展观是关于发展的本质、目的、内涵和要求的总体看法和根本观点，决定着经济社会发展的总体战略，对经济社会发展具有根本性和全局性的影响。

科学发展观作为新世纪新阶段中国共产党的新理念，深刻回答了未来中国怎样发展、靠谁发展、为了谁发展等一系列关系中国发展方向的重大问题。科学发展观坚持把发展作为党执政兴国的第一要务，作为解决我国社会发展过程中存在问题的根本办法。科学发展观还要求以经济建设为中心，聚精会神搞建设，一心一意谋发展，全面协调地推动经济、政治、文化、社会等领域的可持续发展。科学发展观强调，在谋求发展的同时，不能忘记发展最终是为了人。因此，发展要坚持以人为本，把实现好、维护好、发展好最广大人民的根本利益作为一切工作的出发点和落脚点，做到发展为了人民，发展依靠人民，发展成果由人民共享。因此，科学发展观体现了我国经济社会全面协调可持续发展的世界观和方法论。

（三）以全面建设小康社会为阶段发展目标

1979年邓小平在会见日本首相大平正芳时说：“我们要实现的四个

1　《中共中央关于制定国民经济和社会发展第十一个五年规划的建议》（2005年10月11日中国共产党第十六届中央委员会第五次全体会议通过），《十六大以来重要文献选编》（中册），中央文献出版社2006年版，第1063页。

现代化，是中国式的四个现代化。我们的四个现代化的概念，不是像你们那样的现代化的概念，而是‘小康之家’。到本世纪末，中国的四个现代化即使达到了某种目标，我们的国民生产总值人均水平也还是很低的。要达到第三世界中比较富裕一点的国家的水平，比如国民生产总值人均一千美元，也还得付出很大的努力。就算达到那样的水平，同西方来比，也还是落后的。所以，我只能说，中国到那时也还是一个小康的状态。”[1]这次谈话，标志着中国领导层开始把“小康”和现代化建设联系起来，并表述为“中国式的现代化”。自此，具有中国传统政治理想和价值追求的小康社会被赋予了科学的内涵，成为中国特色社会主义现代化的一个阶段性目标。

1987年，邓小平在会见西班牙客人时指出：“我们原定的目标是，第一步在八十年代翻一番。以1980年为基数，当时国民生产总值人均只有250美元，翻一番，达到500美元。第二步是到本世纪末，再翻一番，人均达到1 000美元。实现这个目标意味着我们进入小康社会，把贫困的中国变成小康的中国。那时国民生产总值超过一万亿美元，虽然人均数还很低，但是国家的力量有很大增加。我们制定的目标更重要的还是第三步，在下世纪用30年到50年再翻两番，大体上达到人均4 000美元。做到这一步，中国就达到中等发达的水平。这是我们的雄心壮志。”[2]在此次讲话中，邓小平明确了小康社会是中国现代化建设的“第二步”目标。

经过努力奋斗，1997年，中国实现了人均国内生产总值比1980年翻两番的发展目标。2002年，十六大召开前夕，时任国家统计局副局长邱晓华透露：“到2000年，我国人均国内生产总值超过800美元，人民生活总

1　邓小平：《中国本世纪的目标是实现小康》（1979年12月6日），《邓小平文选》（第2卷），人民出版社1994年版，第237页。

2　邓小平：《吸引历史经验，防止错误倾向》（1987年4月30日），《邓小平文选》（第3卷），人民出版社1993年版，第226页。

体上达到小康。到2001年，人均国内生产总值超过900美元，人民生活总体上实现了由温饱到小康的历史性跨越，进入全面建设小康社会的新阶段。”[1]基于此事实，江泽民在党的十六大上庄严宣布：“经过全党和全国各族人民的共同努力，我们胜利实现了现代化建设‘三步走’战略的第一步、第二步目标，人民生活总体上达到小康水平。这是社会主义制度的伟大胜利，是中华民族发展史上一个新的里程碑。”[2]以此为基础，十六大明确提出了在新世纪头20年“全面建设惠及十几亿人口的更高水平的小康社会”的新的奋斗目标。十六大之后，中国进入了全面建设小康社会的新的历史时期。

以全面建设小康社会为目标，是由中国特色社会主义初级阶段的主要矛盾决定的。进入新世纪，中国所达到的小康还是低水平的，不全面的，发展很不平衡的，人民日益增长的物质文化需要同落后的社会生产之间的矛盾仍然是中国社会的主要矛盾。具体而言，中国的生产力和科技、教育水平依然相对落后，离真正实现工业化和现代化还有很长的路；中国地区发展之间的差距和城乡发展之间的差距还没有得到改善；经济体制改革任重而道远；民主法制建设和思想道德建设等方面还存在薄弱环节；中国虽然实现了人口自然增长率的低水平运行，但是人口总量却还在继续增长，老龄人口比重继续上升，导致就业和社会保障压力增大；生态环境恶化、自然资源缺乏和经济社会发展需要之间的矛盾日益突出；中国面临发达国家在科技经济等方面的优势压力。这些问题的存在，严重影响着中国小康社会的效果，要想实现全面协调可持续的小康，还必须持续努力。与之相对应，中国为之奋斗的全面小康是“惠及十几

1　新华社北京2002年11月6日电：《党的十五大目标如期实现》，《京华时报》2002年11月7日。

2　江泽民：《全面建设小康社会，开创中国特色社会主义事业新局面》（2002年11月8日），《江泽民文选》（第3卷），人民出版社2006年版，第542页。

亿人口的更高水平的小康社会”,“经济更加发展、民主更加健全、科教更加进步、文化更加繁荣、社会更加和谐、人民生活更加殷实”。[1]

根据变化发展了的形势及时调整完善发展目标,是中国共产党的优良传统。党的十七大报告在十六大确立的目标的基础上,又增添了新的要求:“增强发展协调性,努力实现经济又好又快发展;扩大社会主义民主,更好保障人民权益和社会公平正义;加强文化建设,明显提高全民族文明素质;加快发展社会事业,全面改善人民生活;建设生态文明,基本形成节约能源资源和保护生态环境的产业结构、增长方式、消费模式。”十七大报告还提到要建设“惠及十几亿人口的更高水平的小康社会”。“到2020年全面建设小康社会目标实现之时,我们这个历史悠久的文明古国和发展中社会主义大国,将成为工业化基本实现、综合国力显著增强、国内市场总体规模位居世界前列的国家,成为人民富裕程度普遍提高、生活质量明显改善、生态环境良好的国家,成为人民享有更加充分民主权利、具有更高文明素质和精神追求的国家,成为各方面制度更加完善、社会更加充满活力而又安定团结的国家,成为对外更加开放、更加具有亲和力、为人类文明做出更大贡献的国家。”[2]

建设惠及十几亿人口的更高水平的小康社会是中国共产党对广大人民群众的庄严承诺,也是实现中国特色社会主义现代化建设必须完成的目标。实现这一阶段性目标必将极大鼓舞全国各族人民群众朝着更大的目标前进,为最终实现中国梦增添动力。

1　江泽民:《全面建设小康社会,开创中国特色社会主义事业新局面》(2002年11月8日),《江泽民文选》(第3卷),人民出版社2006年版,第542—543页。

2　胡锦涛:《高举中国特色社会主义伟大旗帜　为夺取全面建设小康社会新胜利而奋斗——在中国共产党第十七次全国代表大会上的报告》(2007年10月15日),《中国共产党第十七次全国代表大会文件汇编》,人民出版社2007年版,第20页。

第四章

中国特色社会主义进入新时代

经过长期努力，中国特色社会主义进入了新时代，这是我国发展新的历史方位。同时，这也意味着近代以来久经磨难的中华民族经历了从站起来、富起来到强起来的伟大飞跃，迎来了实现中华民族伟大复兴的光明前景；意味着科学社会主义在21世纪的中国焕发出强大生机活力，中国特色社会主义伟大旗帜在世界上高高竖立；意味着中国特色社会主义道路、理论、制度、文化不断发展，拓展了发展中国家走向现代化的途径，给世界上那些既希望加快发展又希望保持自身独立性的国家和民族提供了全新选择，为解决人类问题贡献了中国智慧和中国方案。

一、高扬中华民族伟大复兴梦想

中华民族伟大复兴是近代以来中国矢志不渝追寻的目标，而现代化则是实现这一目标的途径与手段。在百年追梦的过程中，中华民族所选择的现代化道路经历了“效法欧美”的冲刷，“以俄为师”的洗礼与“中国特色”的超越多次转换。中国特色社会主义现代化道路是代代志士仁人在经历了种种尝试与努力之后，由历史和人民所选择的结果，反映着中国近现代历史发展的必然要求，是我们今后必须坚持和发展的正确方向。

（一）“中国梦”提出的背景

2012年11月29日，习近平总书记在参观《复兴之路》展览时指出：“每个人都有理想和追求，都有自己的梦想。现在，大家都在讨论中国梦，我以为，实现中华民族伟大复兴，就是中华民族近代以来最伟大的梦想。”[1]中国梦是党的十八大后，习近平总书记提出的一个极具创造性和感染力的新概念。中国梦不是凭空产生的，它把国家富强、民族振兴、人民幸福有机结合起来，而这正是近代以来中国历史发展的主题和主线，因此，中国梦的提出有着深刻的时代背景。

一是不断开拓的中国特色社会主义道路。

从1840年开始，长期居于世界前列的古老中华文明受到西方工业文明的强有力挑战，被动进入现代化的求索与中华民族伟大复兴的进程之中。无数先进的中国人为了国家独立、民族振兴进行了不懈的探索。早在100多年前，孙中山就喊出“振兴中华”的口号，这被认为是中华民族复兴观的开始。广大中华儿女团结在这一激动人心的口号下，为中华民族的解放和进步事业前赴后继。辛亥革命之后，这一观念继续酝酿发展，正式出现“民族复兴”一词。“九一八”事变后，日本强占中国东北，随后华北危急，平津危急，中华民族危急。抗日战争全面爆发，中华民族到了最危险的时候，全民族团结抗战，增强了凝聚力和认同感。中国共产党领导中国人民经过28年艰苦卓绝的奋斗，终于赢得了国家独立和民族解放，建立了中华人民共和国，实现了社会政治制度的根本性变革，使得中国梦的实现有了必要的前提和基础。

1 《习近平总书记深情阐述“中国梦”》,《人民日报》2012年11月30日。

十一届三中全会以后，以邓小平为代表的党的第二代领导集体开创了中国特色社会主义道路，果断将党和国家的工作重心转移到经济建设上来，重新确立了解放思想、实事求是的思想路线，彻底否定了“以阶级斗争为纲”的错误理论和实践，以巨大的政治勇气和理论勇气进行改革开放，并明确提出必须搞清楚什么是社会主义、怎样建设社会主义的重大理论和实际问题，明确了社会主义的本质就是解放生产力，发展生产力，消灭剥削，消除两极分化，最终达到共同富裕；提出走自己的路、建设有中国特色的社会主义；制定“三步走”的战略目标，明确党的基本路线一百年不动摇，把中华民族伟大复兴向前推进了一大步。

以江泽民为核心的党的第三代领导集体，在国内外形势十分复杂、世界社会主义出现严重曲折的严峻考验之际捍卫了中国特色社会主义，坚持党的基本理论、基本路线、基本方针，确立了社会主义市场经济体制的改革目标和基本框架，确立了社会主义初级阶段的基本经济制度和分配制度，创立了“三个代表”重要思想，在激烈的国际竞争中，加快改革开放的步伐，不断完善中国特色社会主义道路，成功把中国特色社会主义全面推向21世纪。

以胡锦涛为总书记的党中央，强调坚持以人为本、全面协调可持续发展，提出构建社会主义和谐社会、加快生态文明建设，形成中国特色社会主义事业总体布局，抓住重要战略机遇期，确立了全面建设小康社会的宏伟目标；积极推动社会又好又快发展，坚持走生产发展、生活富裕、生态良好的文明发展道路，不断拓展中国特色社会主义道路。

实践已经证明：我们既不能走封闭僵化的老路，也不能走改旗易帜的邪路，而要坚定不移走党和人民在长期实践中开辟出来的中国特色社会主义道路，中国特色社会主义道路是实现社会主义现代化的必由之路，是创造人民美好生活的必由之路，是实现中华民族伟大复兴的必由之路。中国特色社会主义为“中国梦”确立了根本方向和基本价值，90

余年来的中国道路又奠定了“中国梦”坚实的实践基础。正如党的十八大报告指出的那样:“九十多年来,我们党紧紧依靠人民,把马克思主义基本原理同中国实际和时代特征结合起来,独立自主走自己的路,历经千辛万苦,付出各种代价,取得革命建设改革伟大胜利,开创和发展了中国特色社会主义,从根本上改变了中国人民和中华民族的前途命运。”[1]中国的高速发展取得的种种成就都源于选择了走中国特色社会主义道路。实践充分证明,中国特色社会主义是当代中国发展进步的根本方向,只有中国特色社会主义才能发展中国。

二是不断创新的中国特色社会主义理论。

邓小平理论、“三个代表”重要思想、科学发展观以及习近平新时代中国特色社会主义思想,是在坚持和发展中国特色社会主义、实现中华民族伟大复兴的实践中形成的,是对改革开放和社会主义现代化建设实践经验的概括和总结,凝结了几代中国共产党人带领人民不懈探索奋斗的智慧和心血。这一理论体系是深深扎根于中国大地、符合中国实际的当代中国马克思主义。它有力地指导了社会主义改革开放和现代化建设。要坚定理论自信,就是要在中国特色社会主义理论体系的指导下实现中国梦。

邓小平理论是对中国特色社会主义理论体系的开创。邓小平理论是在我国改革开放和社会主义现代化建设起步和推进过程中形成并发展起来的,是在和平与发展成为时代主题的历史条件下,在总结我国社会主义建设经验教训以及借鉴其他社会主义国家兴衰成败经验教训的基础上形成和发展起来的。邓小平理论关于社会主义初级阶段论、社会主义本质论、社会主义改革开放论、社会主义市场经济论、社会主义民主

1 胡锦涛:《坚定不移沿着中国特色社会主义道路前进 为全面建成小康社会而奋斗——在中国共产党第十八次全国代表大会上的报告》(2012年11月8日),人民出版社2012年版,第10页。

政治建设论、社会主义精神文明建设论、社会主义国防和军队建设论、社会主义“一国两制”论等一系列重要思想理论观点，揭示了中国特色社会主义发展的基本规律，成为中国特色社会主义理论体系的核心内容，为这一体系的进一步发展奠定了理论基石，也为通过什么道路和步骤实现中国梦提供了科学的理论指导。

“三个代表”重要思想作为一个系统的科学理论，它在建设中国特色社会主义的思想路线、发展道路、发展阶段和发展战略、根本任务、发展动力、依靠力量、国际战略、领导力量和根本目的等重大问题上都取得了丰硕成果，它用一系列紧密联系、相互贯通的新思想、新观点、新论断，进一步回答了什么是社会主义、怎样建设社会主义的问题，创造性地回答了建设什么样的党、怎样建设党的问题。“三个代表”重要思想的提出，不仅表明中国共产党对共产党执政规律、社会主义建设规律和人类社会发展规律的认识达到了新的理论高度，而且反映了我国最广大人民的共同意愿，体现了当今世界和中国发展的时代精神，是全党全国人民在新世纪新阶段继续团结奋斗的共同思想基础。

科学发展观作为中国共产党在新世纪新阶段的新发展理念，进一步回答了实现什么样的发展、怎样发展、依靠谁发展、为了谁发展这一系列关系到中国未来前途和命运的重大问题。科学发展观要求把发展作为党执政兴国的第一要务，解决我国社会一切矛盾问题的根本办法，坚持以经济建设为中心，继续聚精会神搞建设，一心一意谋发展，推动经济、政治、文化、社会等领域的全面协调可持续发展，同时还要求坚持以人为本，把实现好、维护好、发展好最广大人民的根本利益作为党和国家一切工作的出发点和落脚点，做到发展为了人民，发展依靠人民，发展成果由人民共享。因此，科学发展观是指导我国经济社会全面协调可持续发展的世界观和方法论的集中体现。这就为怎样发展来实现中国梦提供了科学的理论指导。

三大理论创新成果围绕的共同主题就是建设和发展中国特色社会主义。邓小平理论、“三个代表”重要思想以及科学发展观等重大战略思想，都面对着共同的时代课题、共同的历史任务，都立足于社会主义初级阶段这一基本国情，都遵循着党在社会主义初级阶段的基本路线，总而言之，其着眼点、立足点都紧紧围绕建设和发展中国特色社会主义这个主题。“建设和发展中国特色社会主义，最根本的是要清醒认识和科学回答三大基本问题，这就是：什么是社会主义、怎样建设社会主义，建设什么样的党、怎样建设党，实现什么样的发展、怎样发展。”[1]对这三大基本问题，三大理论创新成果分别在改革开放的不同历史阶段进行了承前启后的积极探索和科学回答，这样就为在中国特色社会主义理论体系的指导下实现中国梦奠定了理论基础。

三是不断完善的中国特色社会主义制度。

一个国家选择什么样的社会制度，是由这个国家的历史传承、文化传统、经济社会发展水平决定的，是由这个国家的人民决定的。我国今天的社会制度，是在我国历史传承、文化传统、经济社会发展的基础上长期发展、渐渐改进、内生性演化的结果。中国走社会主义道路，建设社会主义制度体系不仅遵循着马克思、恩格斯所创立的社会主义理论体系，而且根据本国国情，创设出一系列的规则和制度，并以此来推动社会主义制度的发展。中国特色社会主义制度包括作为根本政治制度的人民代表大会制度，作为基本政治制度的中国共产党领导的多党合作和政治协商制度、民族区域自治制度，以及基层群众自治制度等政治制度；以公有制为主体、多种所有制经济共同发展的基本经济制度，以及建立在这一制度基础上的分配制度和中国特色社会主义法律制度。

1 习近平：《关于中国特色社会主义理论体系的几点学习体会和认识》，《求是》2008年第7期。

要坚定制度自信，就是要坚定地在中国特色社会主义制度框架内实现中国梦。

近年来，中国共产党不断深化和完善中国特色社会主义制度总体布局，从明确推进经济、政治、文化建设，到强调加强社会建设，再到提出生态文明建设，这深刻表明：中国共产党对社会主义现代化建设战略任务的认识在不断深化，对中国特色社会主义发展规律的认识在不断提高。通过多年的发展，中国特色社会主义政治、经济、法律、社会等制度的框架不断完善，制度功能不断完备。中国特色社会主义制度更加成熟，更加定型，中国特色社会主义制度为党和国家事业发展，为人民幸福安康，为社会和谐稳定，为国家长治久安提供了一整套更完备、更稳定、更管用的制度体系。中国共产党成功地推动了社会主义制度在中国的发展。体系和功能不断完备的中国特色社会主义制度，为实现中华民族伟大复兴的中国梦提供了制度功能支撑。

四是不断发展的中国特色社会主义文化。

一个民族、一个国家的繁荣昌盛需要以文化为支撑，中华民族的伟大复兴不仅需要强大的物质力量，更需要强大的精神力量。中国共产党一直高度重视社会主义文化建设。以毛泽东为核心的党的第一代中央领导集体确立了社会主义文化的方向。以邓小平为核心的党的第二代中央领导集体既坚持马克思主义一元指导地位和社会主义的发展方向，又承认价值取向多样化的现实存在，形成了社会主义精神文明建设的思想。以江泽民为核心的党的第三代中央领导集体和以胡锦涛为核心的党中央为应对全球化浪潮对中国文化的新挑战，以构建先进文化为核心，明确提出了提升中国文化软实力的历史任务。以习近平为核心的党中央从民族复兴的视角出发，强调在文化自信的基础上，全面建设社会主义文化强国。党的十八大报告指出，增强文化软实力是全面建成小康社会的要求之一。文化实力与竞争力“不仅关系我国在世界文化格局中的定位，而且关系我国国际地位和国际影响力，关系‘两个一百年’奋斗目标和中华民族伟大复兴中国梦的实现”。[1]因而，发挥先进文化的引领作用，极大地丰富人们的精神世界，促进物质文明与精神文明的协调发展是实现中华民族伟大复兴的题中应有之义。如何更好地增强文化实力、竞争力？党的十八届三中全会提出要建立健全现代文化市场体系，全面启动和深化包括经济体制、政治体制、文化体制、社会体制、生态文明体制在内的“五位一体”改革，加快促进文化产业快速发展、文化事业全面繁荣。

社会主义先进文化是以马克思主义为指导的文化。因此，一以贯之地坚持社会主义文化方向，巩固马克思主义在主流意识形态领域的指导地位，是新时代社会主义文化建设的内在要求，是中国特色社会主义文化的鲜明特征。社会主义核心价值观是社会主义主流意识形态领域的本质体现，内在规定着新时代中国特色社会主义文化的性质和方向，培育和践行社会主义核心价值观是提升新时代文化软实力、加强主流意识形态领域建设的必然要求。增强文化自觉、文化自信是新时代中国特色社会主义文化建设的突出特色、核心理念。从习近平总书记在2014年2月26日讲话中提出增强文化自信、价值观自信，[2]到2015年两会期间第一次将“文化自信”与道路、制度、理论“三个自信”并提，再到2016年6月在中共中央政治局第33次学习会议中明确将“增强对中国特色社会主义道路自信、理论自信、制度自信、文化自信”作为一个有机整体，进而在同年7月1日建党九十五周年讲话中提出：“文化自信，是更基础、更广

1 《习近平关于协调推进“四个全面”战略布局论述摘编》，中央文献出版社2015年版，第36页。

2 习近平：《把培育和弘扬社会主义核心价值观作为凝魂聚气强基固本的基础工程》，《人民日报》2014年2月26日。

泛、更深厚的自信”，[1]实现了对中国特色社会主义认识的重大突破，也是对科学社会主义内涵具有原创性的重大突破。在此基础上，党的十九大报告进一步明确：“没有高度的文化自信，没有文化的繁荣兴盛，就没有中华民族伟大复兴。”[2]在文化自信的基础上建设社会主义强国、实现中华民族的伟大复兴，反映了中国共产党对社会主义文化建设规律的新认识、新把握。

实现中华民族伟大复兴的中国梦，是在道路自信、理论自信、制度自信和文化自信的背景下提出来的，综观国际国内大势，我国发展仍处于可以大有作为的重要战略机遇期。这些都明确了于中国梦有利的时代背景，在这样的时代背景下，习近平总书记应时、应势地提出了中国梦。

（二）“中国梦”的内涵

“中国梦”的基本内涵是实现国家富强、民族振兴、人民幸福。这三条包含着全面建成小康社会的目标，建设社会主义现代化国家的目标，以及实现中华民族伟大复兴的目标。“中国梦”既是对百年来中华民族奋斗历史的渴望和追寻的概括，也是当下中国人对自己未来的期许；既是对中国人共同命运中凝聚的感情和力量的表达，也是普通人对个人希望和追求的表达。中国梦是国家梦、民族梦、人民梦“三位一体”的统一。国家富强是中国梦的强大基础，伟大的梦想，源于现实的土壤，实现中国梦离不开现实的深厚基础；民族复兴，是中国梦的最高境界，民族复兴之梦凝聚了几代中华儿女的共同夙愿，体现了中华民族和中国人民的整体利益；人民幸福，是中国梦的出发点和落脚点。

1　习近平：《在庆祝中国共产党成立95周年大会上的讲话》(2016年7月1日)，《人民日报》2016年7月2日。

2　习近平：《决胜全面建成小康社会　夺取新时代中国特色社会主义伟大胜利——在中国共产党第十九次全国代表大会上的报告》(2017年10月18日)，《人民日报》2017年10月28日。

中华民族拥有5 000多年连绵不断的文明历史，创造了博大精深的中华文化，为人类文明进步做出了不可磨灭的贡献。中国是世界四大文明古国之一，在人类社会发展史上曾经长期处于领先地位。但近代以来，在西方坚船利炮的侵略下，中华民族遭受了深重苦难。1840年爆发的鸦片战争，打开了中国的国门。从此，一系列的侵略战争接踵而至，中国被迫签订了一系列的不平等条约，逐步沦为半殖民地半封建社会。鸦片战争、甲午海战、八国联军侵华战争等失败后的割地赔款，丧权辱国的历史教训，使得我们比任何时代都更懂得国家富强的意义。国家富强是中华民族伟大复兴的中心任务。中国只有成为强国，才有实力和底气屹立于世界民族之林。

实现中华民族伟大复兴，是近代以来中国人民最伟大的梦想。历史告诉我们，民族孱弱，就会任人欺凌，个人的尊严就会丧失，生命财产就得不到保护。鸦片战争以后，领土被侵占，人民被蹂躏，生灵涂炭，民不聊生，一个个丧权辱国的条约，一次次大灾难，这都是民族的创伤。近代史上，多少志士仁人抛头颅洒热血，就是为了民族有尊严，国家安全有保障，人民安居乐业。因此，民族复兴是国家富强的根本标志，是人民幸福的重要保障。

人民幸福是中华民族伟大复兴的根本追求。中国梦既是国家梦，也是个人梦，归根到底是人民的梦，必须紧紧依靠人民来实现，必须不断为人民造福。对于每一个中国人来说，就是能够获得更好的教育、更稳定的工作、更满意的收入、更可靠的社会保障、更高水平的医疗卫生服务、更舒适的居住条件、更优美的环境、更均等的机会，就是能够让我们的孩子成长得更好，工作得更好，生活得更好。中国梦的实现，是由无数个体的梦汇聚而成的，离不开普通大众的支持。人民幸福，就是要让中国人民过上更加富裕、更有尊严的生活，实现每个人自由而全面的发展。

（三）实现“中国梦”的三步走战略

建设有中国特色的社会主义，要注重设立发展战略目标，凝聚改革共识，统一全党的意志。在不同历史时期和发展阶段，根据人民意愿和事业发展需要，提出具有科学性、导向性和感召力的奋斗目标，是中国共产党团结带领人民推进国家建设的一条重要经验。20世纪80年代，党的十三大提出中国社会发展的“三步走”战略。即：第一步，以10年时间，国民生产总值在1980年的基础上翻一番，或者人均国民生产总值从250到300美元提高到500美元，解决人民的温饱问题，这是现代化的起步阶段，也是为第二步战略目标打下基础和做好准备。第二步，到20世纪末，国民生产总值再翻一番，人均达到800到1 000美元，达到小康水平，这是继续推进现代化的关键阶段。第三步，到21世纪中叶，人均国民生产总值达到4 000美元，接近或达到中等发达国家水平，也就是基本上实现了社会主义现代化，开始进入现代化国家的行列。只有到了这个时候，中国才算是彻底摆脱了落后面貌，中国人民才能过上比较富裕的生活。20世纪90年代，党的十五大根据变化了的实际，提出21世纪中国社会发展的“三步走”设想。即：第一个10年，全面建设小康；第二个10年，达到富裕小康水平；第三步，到2050年，基本实现现代化。

“三步走”战略采取的是渐进型的现代化模式。中国底子落后，又是一个大国，只能采取渐进模式，不能期望来一个战略上的飞跃就能达到目的。改革开放以来，我国跃居世界第二大经济体，跨入世界中等偏上收入国家行列，成为第一大贸易出口国、第二大贸易进口国、第二大外商直接投资国，已成为世界经济发展的重要引擎和稳定器。党的十八大后，习近平总书记提出了实现国家富强、民族振兴、人民幸福的中国梦。他特别强调要在实现“两个一百年”奋斗目标中实现“中国梦”。实现

“两个一百年”奋斗目标是实现“中国梦”的基础，它为实现“中国梦”铺平了道路。这也就构成了“新三步走战略”：第一步，到建党100年的时候，即到2020年要全面建成小康社会；第二步，到建国100年的时候，即到2049年实现社会主义现代化；第三步，在“两个一百年”奋斗目标的基础上，实现中华民族伟大复兴的中国梦。至此，“新三步走战略”的框架基本形成。党的十九大进一步完善“新三步走战略”，指出：“从二〇二〇年到本世纪中叶可以分两个阶段来安排。”第一个阶段，“从二〇二〇年到二〇三五年，在全面建成小康社会的基础上，再奋斗十五年，基本实现社会主义现代化”；第二个阶段，“从二〇三五年到本世纪中叶，在基本实现现代化的基础上，再奋斗十五年，把我国建成富强民主文明和谐美丽的社会主义现代化强国”。[1]

自20世纪80年代党中央提出社会主义现代化“三步走”战略，经过40年的奋斗，今天，我们比历史上任何时期都更接近、更有信心和能力实现中华民族伟大复兴的目标。党的十八大提出2020年“全面建成小康社会”进入关键时期，党的十九大吹响“决胜全面建成小康社会”的号角。站在历史新的起点，登高望远，党中央提出了社会主义现代化的新目标。这一新目标的“新”体现为如下三点：一是分两个阶段，第一次明确提出了第二个一百年奋斗目标的具体蓝图。二是将“三步走”战略目标所设定的在2050年基本实现社会主义现代化，提前到2035年实现；由此也意味着在2050年把我国建成社会主义现代化强国时，将实现中华民族伟大复兴。三是第一次提出社会文明概念，从物质文明、政治文明、精神文明、社会文明、生态文明五个文明来构建社会主义现代化，进一步丰富了其内涵。

1 习近平：《决胜全面建成小康社会　夺取新时代中国特色社会主义伟大胜利——在中国共产党第十九次全国代表大会上的报告》（2017年10月18日），《人民日报》2017年10月28日。

二、确定“四个全面”战略布局

“四个全面”，即全面建成小康社会、全面深化改革、全面依法治国、全面从严治党。“四个全面”战略布局是以习近平总书记为核心的党中央治国理政战略思想的重要内容，闪耀着马克思主义与中国实际相结合的思想光辉，饱含马克思主义的立场、观点和方法。从时间轴来看，“四个全面”是在不同高层会议场合逐步提出的。2012年11月，十八大提出全面建成小康社会和全面深化改革开放的目标；2013年11月，十八届三中全会提出全面深化改革；2014年10月，十八届四中全会提出全面推进依法治国；2014年10月8日，党的群众路线教育实践活动总结大会上提出全面推进从严治党。“四个全面”战略布局的提出，更完整地展现出新一届中央领导集体治国理政的总体框架，使当前和今后一个时期，党和国家各项工作关键环节、重点领域、主攻方向更加清晰，内在逻辑更加严密，这为推动改革开放和社会主义现代化建设迈上新台阶提供了强力保障。

（一）全面建成小康社会

“民亦劳止，汔可小康。”“小康”源出《诗经》，是中国百姓对安定、幸福生活的恒久守望，是穿越无数苦难与辉煌岁月的执着梦想。“小康”是我国古代典籍《礼记》所描绘的在向儒家理想社会最高阶段“大同”社会迈进过程中的一个初级阶段。邓小平针对我国尚处于并将长期处于社会主义初级阶段这一基本国情，将“小康”这一概念赋予了马克思主义的科学内涵，作为中国特色社会主义现代化的阶段发展目标提了出来。

在以邓小平、江泽民为核心的中国共产党第二、三代中央领导集体的领导下，中国共产党带领全国各族人民经过不懈努力，终于在新世纪到来之前的1997年，在人口比1980年增长三亿左右的情况下，提前三年实现了人均国民生产总值比1980年翻两番的第二步现代化发展目标。2002年11月8日，江泽民在党的十六大上代表中共中央庄严宣布："经过全党和全国各族人民的共同努力，我们胜利实现了现代化建设'三步走'战略的第一步、第二步目标，人民生活总体上达到小康水平。这是社会主义制度的伟大胜利，是中华民族发展史上一个新的里程碑。"[1]在此基础上，这次大会明确提出了在新世纪头二十年"全面建设惠及十几亿人口的更高水平的小康社会"的阶段性奋斗目标，从此，我国进入了全面建设小康社会、加快推进社会主义现代化的新发展阶段。

十六大报告指出，我国正处于并将长期处于社会主义初级阶段，现在达到的小康还是低水平的、不全面的、发展很不平衡的小康，人民日益增长的物质文化需要同落后的社会生产之间的矛盾仍然是我国社会的主要矛盾。2007年党的十七大报告根据国内外形势的新变化，顺应各族人民过上更好生活的新期待，在十六大确立的全面建设小康社会目标的基础上，又提出了新的更高要求，这就是：增强发展协调性，努力实现经济又好又快发展；扩大社会主义民主，更好保障人民权益和社会公平正义；加强文化建设，明显提高全民族文明素质；加快发展社会事业，全面改善人民生活；建设生态文明，基本形成节约能源资源和保护生态环境的产业结构、增长方式、消费模式。

党的十八大报告根据我国经济社会发展实际和新的阶段性特征，在党的十六大、十七大确立的全面建设小康社会目标的基础上，提出了一些更具明确政策导向、更加针对发展难题、更好顺应人民意愿的新要求，以确保到2020年全面建成的小康社会，是发展改革成果真正惠及十几亿

1 江泽民：《全面建设小康社会，开创中国特色社会主义事业新局面》(2002年11月8日)，《江泽民文选》(第3卷)，人民出版社2006年版，第542页。

人口的小康社会，是经济、政治、文化、社会、生态文明全面发展的小康社会，是为实现社会主义现代化建设宏伟目标和中华民族伟大复兴奠定了坚实基础的小康社会。它科学把握了社会发展的趋势和规律，符合我国国情和现代化建设的实际，反映了各族人民的愿望和要求。党对“小康社会”的路径探索、理论完善和制度建设是党在执政过程中的理念发展与制度成长的最好注脚。2020年“全面建成小康社会”目标实现后所形成的理论基础和制度框架，将继续为实现第二个百年奋斗目标和中华民族伟大复兴的中国梦提供理论支撑和制度保障。

“全面建成小康社会”对五位一体的社会目标赋予了更高且更具体的要求：经济持续健康发展。转变经济发展方式取得重大进展，国内生产总值和城乡居民人均收入比2010年翻一番；人民民主不断扩大，民主制度更加完善，民主形式更加丰富，依法治国基本方略全面落实，人权得到切实尊重和保障；文化软实力显著增强；社会主义核心价值体系深入人心，公民文明素质和社会文明程度明显提高；文化产品更加丰富，公共文化服务体系基本建成；人民生活水平全面提高。基本公共服务均等化总体实现；全民受教育程度和创新人才培养水平明显提高；就业更加充分；收入分配差距缩小；社会保障全民覆盖，人人享有基本医疗卫生服务，住房保障体系基本形成，社会和谐稳定；资源节约型、环境友好型社会建设取得重大进展。

发展经济是全面建设小康社会的首要任务，对此要努力做到：第一，转变经济发展方式取得重大进展；第二，在发展平衡性、协调性、可持续性明显增强的基础上实现两个“倍增”，即国内生产总值和城乡居民人均收入比2010年翻一番；第三，通过增强创新驱动发展新动力，使科技进步对经济增长的贡献率大幅上升，进入创新型国家行列；第四，通过构建现代产业发展新体系，促进工业化、信息化、城镇化、农业现代化同步发展，使工业化基本实现，信息化水平大幅提升，城镇化质量明显提高，农业现代化和社会主义新农村建设成效显著；第五，通过继续实施区域总体发展战略，充分发挥各地区的比较优势，区域协调发展机制基本形成；第六，通过培育开放型经济发展新优势，使对外开放水平进一步提高，国际竞争力明显增强。

人民生活水平、生活质量的全面提高，是检验全面建成小康社会的重要标准。在经济发展基础上，使人民物质文化生活水平全面提高，是改革开放和社会主义现代化的根本目的，是扩大消费、促进经济发展的根本动力，也是保持社会稳定、促进社会和谐的重要保证，体现了人民群众对美好生活的新期待。第一，基本公共服务均等化总体实现，这是人民生活水平全面、普遍提高的重要标志；第二，全民受教育程度和创新人才培育水平明显提高，进入人才强国和人力资源强国行列，教育现代化基本实现，这是实现人的全面发展的基础；第三，就业更加充分，这是民生之本得到保障的具体体现；第四，收入分配差距缩小，中等收入群体持续扩大，扶贫对象大幅减少，这是发展改革成果惠及全体人民的重要体现；第五，社会保障全民覆盖，人人享有基本医疗卫生服务，住房保障体系基本形成，这是实现老有所养、住有所居、病有所医的必然要求；第六，社会和谐稳定，这是人民安居乐业的必要前提。

人民民主不断扩大是全面建成小康社会的题中应有之义。推进政治体制改革、加强政治建设，总的来说，就是要在党的领导下，发展更加广泛、更加充分、更加健全的人民民主，使民主制度更加完善，民主形式更加丰富，人民积极性、主动性、创造性进一步发挥，依法治国基本方略全面落实，法治政府基本建成，司法公信力不断提高，人权得到切实尊重和保障。

总之，全面建成小康社会是当前中国特色社会主义初级阶段的关键性目标，也是今后中国社会主义事业腾飞的新起点，对中国社会发展来说具有里程碑的意义。

（二）全面深化改革

改革就是根据社会基本矛盾运动的内在要求，对不适合生产力发展要求的生产关系和经济体制进行改革，对不适合经济基础发展要求的上层建筑及其政治和文化体制进行改革。在新的历史起点上，党的十八届三中全会站在时代的高度，做出全面深化改革的重大战略部署，为夺取中国特色社会主义新胜利进一步指明了方向。十八届三中全会通过的《中共中央关于全面深化改革若干重大问题的决定》，着眼推进中国特色社会主义"五位一体"总体布局和实现"两个一百年"奋斗目标，着力化解中国特色社会主义面临的新挑战、新矛盾、新问题，深刻阐明了在新的历史条件下全面深化改革的重要性和紧迫性、总方向和总目标、总任务和总布局，为中国特色社会主义增添了新的实践经验、政治智慧和理论财富，为在新的历史起点上推进改革与建设事业，不断增强中国特色社会主义道路自信、理论自信、制度自信、文化自信进一步指明了方向。

中华民族在长期的历史发展中，自古就形成了革故鼎新、锐意进取的精神。早在殷周之际，先哲就通过观察宇宙万物，提出了"穷则变，变则通，通则久"和"苟日新，日日新，又日新"的思想。这不仅体现了中华民族自强不息的民族精神，也成为今天激励中国人民与时俱进、改革创新的强大精神力量。

改革开放以来，全国人民锐意改革，努力奋斗，使整个国家焕发出勃勃生机，中华大地发生了历史性的巨大变化。从农村到城市，从沿海到内地，从经济到政治、文化、科技、教育以及其他领域，改革犹如滚滚春潮，波澜壮阔，极大地解放和发展了社会生产力，推动了社会的全面进步。在改革开放的伟大实践中，人们深刻认识到，一个国家、一个民族要在当今世界日趋激烈的竞争中快速发展起来，必须锐意改革。"锐意改革，就是要跟上时代潮流，勇于变革、勇于创新，坚决冲破一切妨碍发展的思想观念，坚决改变一切束缚发展的规定和做法，坚决革除一切影响发展的体制弊端，为社会发展进步提供强大动力。”[1]实践证明，改革开放40多年来的伟大成就，就是坚持解放思想、实事求是、与时俱进，在勇于变革、勇于创新的基础上取得的。

经过40多年的市场化改革，改革的方向越来越清晰。“既不走封闭僵化的老路，也不走改旗易帜的邪路”，只能走中国特色社会主义道路，也就是在中国特色社会主义制度体系的框架内改革国家治理体系，推进国家治理体系和治理能力现代化。方向决定道路。改革的方向明确以后，改革需要在摸着石头过河的基础上进行顶层的全面的整体的设计。实践永无止境，创新也永无止境。新世纪新阶段，中国的发展站在了一个新的历史起点上，机遇前所未有，挑战也前所未有，有许多新事物需要去认识，有许多新问题需要去解决，有许多新矛盾需要去处理。这就要求一方面必须坚持解放思想、更新观念，着力进行理论创新、体制创新、科技创新和各项工作的创新，坚定不移地推进各方面的改革，争取在一些关键领域和重要环节上取得突破；另一方面必须走出一条中国特色的自主创新道路，在国际经济、科技竞争中迎头赶上。

改革只有进行时，没有完成时。改革开放40多年来，我们用改革的办法解决了党和国家事业发展中的一系列问题，但还有许多深层次的矛盾和问题尚未得到根本解决。同时还要看到，旧的问题解决了，新的问题又会产生。一段时间以来，中国发展面临一系列突出矛盾和问题，如发展不平衡、不协调、不可持续问题，科技创新能力不强问题，产业结构不合理问题，资源环境约束加剧问题，城乡区域发展差距和居民收入分配差距依然较大问题，社会矛盾多发易发问题，一些领域道德失范、诚信

1 胡锦涛：《在日本早稻田大学的演讲》(2008年5月8日)，《人民日报》2008年5月9日。

缺失问题，等等。发展起来以后的问题丝毫不比不发展时少，需要我们用进一步改革来纾解。应当看到，我们现在所面临的改革，动辄牵一发而动全身，既错综复杂又脆弱敏感；我们现在所需要的改革，追求更高质量、更高水平，更加注重系统性、整体性、协同性。立足于今日中国发展现状和未来发展需求，我们必须全面深化改革，凝聚起推进改革的社会最大公约数，为中国发展赢得长久活力和竞争力。

全面深化改革从根本上说是为了使我们各方面制度更加成熟，更加定型，为了更好地坚持和发展中国特色社会主义。面对新世纪新阶段经济全球化和新科技革命带来的机遇与挑战，面对发达国家在经济科技方面长期占优势的压力，面对中国经济社会发展的现实需求，我们必须顺应时代发展的潮流，立足社会主义初级阶段的基本国情，进一步深化改革开放和推进自主创新，使改革开放和自主创新成为经济社会发展的双引擎，为我国的现代化发展提供强大的动力支持。

（三）全面推进依法治国

依法治国，是社会主义法治的核心内容，是中国共产党领导人民治理国家的基本方略。依法治国，就是把社会主义民主与社会主义法制紧密结合起来，实现民主的制度化、法律化；就是广大人民群众在党的领导下，依照宪法和法律规定，通过各种途径和形式管理国家事务，管理经济文化事业，管理社会事务，保证国家各项工作都依法进行，逐步实现社会主义民主的制度化、法律化；使这种制度和法律不因领导人的改变而改变，不因领导人看法和注意力的改变而改变。依法治国是发展社会主义市场经济的客观需要，是社会文明进步的重要标志，是建设中国特色社会主义文化的重要条件，是国家长治久安的重要保障。

改革开放以来，中国在邓小平建设有中国特色社会主义理论的指引下，经过40多年的艰苦努力，取得了举世瞩目的辉煌成就。在迈向充满希望的21世纪最初几年的关键时刻,党的十五大明确提出“依法治国,建设社会主义法治国家”这一庄严命题,并将其写入《宪法》。自党的十五大提出要在2010年形成中国特色社会主义法律体系以来,中国共产党一直在不断地推进法律体系的建设,时至今日这一目标已如期实现。虽然我们取得了很多成绩,但是也应当看到目前仍存在一些问题,有法必依、执法必严、违法必究的问题还没有完全解决。法律的实施,特别是法律准确、有效、全面、统一的实施,就成为法治建设新的主要矛盾。中国建设法治国家已进入攻坚时期,这些问题都是不容忽视的,也是必须要解决的。

全面落实依法治国基本方略,就是要求国家生活、社会生活的基本方面都纳入法律的轨道,接受法律的调控和处理。随着社会的飞速发展和进步,社会结构和社会利益关系日趋复杂化,国家和社会生活的各个领域越来越需要运用法律手段进行组织和调控。党的十八届四中全会分析了党面临的形势和任务,对全面推进依法治国做出战略部署。这是中国共产党从坚持和发展中国特色社会主义出发提出的重大战略任务,对实现两个百年奋斗目标和中华民族伟大复兴中国梦、实现党和国家的长治久安具有深远意义。全会审议通过的《中共中央关于全面推进依法治国若干重大问题的决定》,对在新形势下进一步引导和保障中国特色社会主义建设,推进国家治理体系和治理能力现代化,在法治轨道上积极稳妥地深化各种体制改革,为全面建成小康社会、实现中华民族伟大复兴中国梦提供制度化、法治化的引领、规范、促进和保障,具有十分重要的战略意义,对加强中国特色社会主义法治体系建设,全面推进依法治国,加快建设社会主义法治国家,具有十分重要的现实意义。

全面依法治国是全面建成小康社会的内在要求,法治是中国共产党治国理政的基本方式,是推进国家治理体系和治理能力现代化的必然路径。全面建设小康社会,是一项十分复杂、庞大的系统工程。它包括经济、政治、文化和党的建设等各个方面、各个领域的发展和进步。具体说来，就是要使“经济更加发展、民主更加健全、科教更加进步、文化更加繁荣、社会更加和谐、人民生活更加殷实”。全面建成小康社会内在地包含着和谐社会、法治社会的意蕴。而建设更加公平正义的和谐社会，解决发展过程中产生的不平衡、不协调、不可持续问题，解决人民群众普遍关心的教育、就业、收入分配、社会保障、医药卫生和住房等问题，都需要发挥法治的引导、推动、规范和保障作用，这也是法治中国建设的价值诉求。另外，要实现全面建成小康社会的重要目标——“依法治国基本方略全面落实，法治政府基本建成，司法公信力不断提高，人权得到切实尊重和保障”，从客观上对全面推进依法治国提出了更高的要求。因此，要全面推进科学立法、严格执法、公正司法和全民守法的进程，坚持“三个共同推进”“三个一体建设”，维护和捍卫《宪法》与法律权威。在法治框架下，营造有序、理性、平和的社会环境，建设人们向往的平安家园；协调政府、社会和个人的关系，以法治方式维护最广大人民的根本利益，让老百姓生活得有安全感，处处感觉到公平正义。

全面依法治国是全面深化改革的根本保障。十八届三中全会《中共中央关于全面深化改革若干重大问题的决定》指出：“当前，我国发展进入新阶段，改革进入攻坚期和深水区。必须以强烈的历史使命感，最大限度集中全党全社会智慧，最大限度调动一切积极因素，敢于啃硬骨头，敢于涉险滩，以更大决心冲破思想观念的束缚、突破利益固化的藩篱，推动中国特色社会主义制度自我完善和发展。”全面深化改革要啃的硬骨头主要是指渐进性改革过程中形成的不合理的利益关系，改革攻坚不可避免地面临既得利益的阻力，而且不少既得利益已经通过部门主导的政策制定和立法被文本化、制度化、法律化。一些情绪化的争论又掩盖了实际的利益关系，阻碍人们通过实践检验真理，辨明是非，形成共识，实事求是地解决问题。因此，迫切需要在《宪法》规定的基本原则和十八届三中、四中全会所作的顶层设计的指导下，运用法治思维和法治方式引领和推动改革，用法律法规来提高改革举措的权威性和可操作性，按法定程序有序推进改革。

全面推进依法治国需要同步推进依法治党、依规治党。全面从严治党必须坚持依法治国这一党领导人民治理国家和社会的基本方略、法治这一党治国理政的基本方式，坚持依宪执政、依法执政，在《宪法》和法律范围内活动，领导立法、保证执法、支持守法、带头守法。坚持把党的领导贯彻到科学立法、严格执法、公正司法、全民守法的全过程，落实到依法治国、依法执政、依法行政以及建设法治国家、法治政府、法治社会的各方面。在党坚持依法执政的实践过程中，要处理好党领导立法与立法机关科学立法的关系、党保证执法与行政机关严格执法的关系、党支持司法与司法机关公正司法的关系、党带头守法与全民守法的关系。全面从严治党，关键是要依法规治党、依制度治党，把权力关进法律和制度的笼子里。十八届四中全会提出建设中国特色社会主义法治体系，要“形成完备的法律规范体系、高效的法治实施体系、严密的法治监督体系、有力的法治保障体系，形成完善的党内法规体系”。这表明，“党内法规体系”既是国家法治体系的重要组成部分，是全面依法治国的制度安排和举措规范，也是从国家法治角度从严治党的依据和规范，是执政党治国理政行为必须遵循的圭臬。

实行依法治国方略，建设社会主义法治国家，是社会主义制度自我完善的过程。这也是一个前无古人的伟大创举，是一项艰巨复杂的系统工程，要经历一个长期的历史发展过程。

（四）全面从严治党

百年前，中国共产党诞生时，只是国内政坛众多政党中的一个小党，党员人数不足百人，且很长时间居于偏僻落后的农村和山区。中国共产党何以能够发展壮大成为一个拥有9 000多万党员的执政党？其中的宝贵经验固然很多，但最重要的一条就是从严治党。中国共产党历来十分重视从严治党。作为中国工人阶级、中国人民和中华民族的先锋队，要永远保持其先进性和纯洁性，并带领中国人民实现中华民族伟大复兴的艰巨而又光荣的历史使命，就必须全面从严治党。从严治党是中国共产党治党的重要原则，是改革开放和社会主义现代化建设条件下加强党的建设的基本方针和要求。从严治党是中国共产党为适应执政、改革开放和发展社会主义市场经济的新情况新问题而提出的加强党的建设的基本方针和根本要求。整个20世纪的中国历史充分证明，在中国这样一个多民族的发展中大国，要把全体人民的意志和力量凝聚起来共同走向民族复兴之路，关键在于中国共产党领导核心作用的发挥。

当前中国正处在社会转型的关键时期和全面深化改革的攻坚阶段，党所面临的执政考验、改革开放考验、市场经济考验、外部环境考验比以往任何时候都更加严峻。精神懈怠的危险、能力不足的危险、脱离群众的危险、消极腐败的危险也更加凸显。如果不从严治党，很容易滋长脱离群众的倾向，腐败的风气就会滋生蔓延。随着我国实行改革开放，建立社会主义市场经济体制，少数党员和领导干部经不起考验，以权谋私，损害国家和人民群众的利益，破坏党群关系，败坏党的声誉，堕落成为腐败分子。为了使党的各级组织和广大党员，特别是党员领导干部经得起执政和改革开放的考验，保持党的先进性，把党建设成为领导中国特色社会主义事业的坚强核心，必须坚持从严治党的方针。

进入20世纪90年代之后，中国共产党对执政党自身建设的认识更加深刻。为了加强和改善党的领导，使党永远保持先进性，以江泽民为核心的党的第三代中央领导集体坚持与时俱进，坚持执政为民，在世纪之交提出了“三个代表”重要思想。“三个代表”重要思想反映了当代世界和中国的发展变化对党和国家工作的新要求，成为进入新世纪以后党的全部工作的指导思想。

党的十六大提出加强党的执政能力建设和先进性建设，坚持党要管党，从严治党，围绕提高党的领导水平和执政水平，增强拒腐防变和抵御风险的能力这两大历史性课题，以改革创新精神全面推进党的建设新的伟大工程，使党始终成为立党为公、执政为民的执政党，成为科学执政、民主执政、依法执政的执政党，成为求真务实、开拓创新、勤政高效、清正廉洁的执政党。

党的十七大根据新世纪新阶段党所处的历史方位和面临的新形势新任务，进一步加强党的自身建设，深入学习贯彻中国特色社会主义理论体系，着力用马克思主义中国化最新成果武装全党；积极推进党内民主建设，着力增强党的团结统一；不断深化干部人事制度改革，着力造就高素质干部队伍和人才队伍；全面巩固和发展先进性教育活动成果，着力加强基层党的建设；切实改进党的作风，着力加强反腐倡廉建设。不断提高党的执政能力，保持和发展党的先进性，全面推进党的建设新的伟大工程，不断增强党的创造力、凝聚力、战斗力，为面向新世纪的中国特色社会主义现代化和执政党自身的现代化提供根本保障。

党的十八大以来，习近平总书记高度重视党的建设，在多个场合强调党要管党、从严治党。与此同时，一边扎牢制度篱笆，一边剑指沉疴顽疾，"老虎""苍蝇"一起打，彰显了中央从严治党的决心。习近平在江苏调研时指出，要"协调推进全面建成小康社会、全面深化改革、全面推进依法治国、全面从严治党，推动改革开放和社会主义现代化建设迈上新台阶"。[1]将"从严治党"首次提升到了"全面从严"的高度，意蕴深邃。办好中国的事情关键在党。十八届三中、四中全会对"加强和改善党对

1 《习近平在江苏调研时强调：主动把握和积极适应经济发展新常态　推动改革开放和现代化建设迈上新台阶》，《人民日报》2014年12月15日。

全面深化改革的领导”“加强和改进党对全面推进依法治国的领导”均进行了专门论述，无论是全面深化改革还是全面推进依法治国，都对从严治党提出了新要求，也都以党的领导作为实现目标的根本保证。

全面从严治党是“四个全面”协调推进的根本保证。党的十八大以来，习近平多次强调：“打铁还需自身硬。”[1]自身硬了，就能筑牢根基，凝聚力量；任凭风浪起，稳坐钓鱼船。全面从严治党，既是时代发展的必然趋势，也是伟大事业和伟大工程的必然要求。全面从严治党，锻造坚强领导核心，就能为协调推进“四个全面”提供方向指引，防止在大的问题上出现错误；就能不断加强和改善党的领导，使党始终成为全国人民的主心骨，为协调推进“四个全面”和实现“两个一百年”奋斗目标提供根本保证。

从习近平对从严治党的多次论述看，全面从严治党内涵十分丰富。第一，全面从严治党是对党的思想建设、组织建设、作风建设、反腐倡廉建设、制度建设等党的建设内容的全覆盖，“五位一体”形成合力，从而更好地保证全面从严治党各项措施的贯彻落实。第二，从全面从严治党思想上升到中央战略布局的高度看，其覆盖主体包括中央、地方、基层，通过凝聚三者的力量，确保全面从严治党从上到下，不留空白。第三，全面从严治党思想于全面建成小康社会、全面深化改革、全面依法治国后提出，表明其面临的环境是复杂的，任务是艰巨的，持续的时间是长期的。

全面从严治党关键在“严”。党要管党、从严治党是新的历史条件下党的建设遵循的基本规律，也是中国共产党长期执政必须坚持的基本原则。治国必先治党，治党务必从严。一是落实从严治党责任。这是党建思想中首次提到作为各级党委的主体责任，提出“各级党委有主体责任，

1　《习近平在十八届中央纪委六次全会上发表重要讲话强调　坚持全面从严治党依规治党　创新体制机制强化党内监督》，《人民日报》2016年1月13日。

党委书记有领导责任，党建部门有落实责任，基层组织有具体责任”。落实从严治党责任就要求，对各级各部门党组织负责人特别是党委（党组）书记的考核，首先要看党建的实效，考核其他成员领导干部工作也要加大这方面的权重。二是把从严治党纳入制度化的轨道，提出“坚持思想建党和制度治党的紧密结合”，创造性提出“制度治党”理论。即思想教育要结合落实制度规定来进行，要使加强制度治党的过程成为加强思想建党的过程，也要使加强思想建党的过程成为加强制度治党的过程；要强化制度作用，不能让党纪党规成为纸老虎、稻草人。三是严明党的纪律，强调纪律的权威性、普适性。马克思主义政党历来是纪律严明的政党，任何党员不论资历、职务、功绩如何，都必须严守党的纪律，以党的纪律为抓手，更好地解决党员在工作和生活中存在的思想、组织、作风等问题，强化党员的政治意识、大局意识，坚定正确的政治方向。

中国共产党的全面从严治党，既是党内治理体系的改善，也是党的执政体系的改革。新时期新阶段，我们要全面推进党的建设新的伟大工程，不断增强党的创造力、凝聚力、战斗力，为面向新世纪的中国特色社会主义现代化和执政党自身的现代化提供根本保障。

三、明确“五大发展理念”

发展理念是发展行动的先导。发展理念对头不对头，从根本上决定着发展的成效乃至成败。在党的十八届五中全会上，习近平系统论述了创新、协调、绿色、开放、共享“五大发展理念”，强调实现创新发展、协调发展、绿色发展、开放发展、共享发展。这是以习近平为核心的新一代领导集体治国理政新思想在发展理念上的集中体现和概括，是对中国特色社会主义建设实践的深刻总结，是对中国特色社会主义发展理论内涵的丰富和提升，牢固树立并切实贯彻这“五大发展理念”，是关系我国发展全局的一场深刻变革。

（一）创新发展

改革创新是社会发展的动力和活力的源泉，改革创新只有进行时，没有完成时。改革创新是推动社会主义社会发展的强大动力，这是科学发展必须遵循的规律性要求，创新发展理念正是这一规律性要求的集中体现和客观要求。在新常态下，我们面临的最大挑战就是跨越中等收入陷阱，要突破这一难题，根本出路在于创新发展。党的十八届五中全会提出：必须把创新摆在国家发展全局的核心位置，不断推进理论创新、制度创新、科技创新、文化创新等各方面创新，让创新贯穿党和国家一切工作，让创新在全社会蔚然成风。中国共产党把创新发展提高到事关国家和民族前途命运的高度，摆到了国家发展全局的核心位置。习近平指出："综合国力竞争说到底是创新的竞争。要深入实施创新驱动发展战略，推动科技创新、产业创新、企业创新、市场创新、产品创新、业态创新、管理创新等，加快形成以创新为主要引领和支撑的经济体系和发展模式。"[1]

世界潮流，浩浩汤汤，唯创新者强，唯创新者胜。创新是人类特有的认识能力和实践能力，创新是一个民族进步的灵魂，是一个国家兴旺发达的不竭动力，也是一个政党永葆生机的源泉。一个民族要想走在时代前列，就一刻也不能没有创新思维，一刻也不能停止各种创新。近代以来人类文明进步所取得的丰硕成果，主要得益于科学发现、技术创新和工程技术的不断进步，得益于科学技术应用于生产实践中形成的先进生产力，得益于近代启蒙运动所带来的人们思想观念的巨大解放。

1　习近平：《在华东七省市党委主要负责同志座谈会上的讲话》(2015年5月27日)，《人民日报》2015年5月29日。

从全球范围来看，新一轮科技革命和产业变革正在孕育兴起，大数据、云计算、工业革命4.0、“互联网+”，以及发达国家推进高起点的“再工业化”，每一步都在倒逼中国加快创新。从旧的发展方式到新的发展路径，从后发到先发，从跟跑到领跑，基点就在创新上。创新者生，不创新者死，创新必须成为中国“十三五”发展的主旋律。而中国经济也已经进入“新常态”，面对消除贫困、协调区域发展等艰巨任务，习近平强调，纵观人类发展历史，创新始终是推动一个国家、一个民族向前发展的重要力量，也是推动整个人类社会向前发展的重要力量。创新是多方面的，包括理论创新、体制创新、制度创新、人才创新等，但科技创新的地位和作用十分显要。我国是一个发展中大国，目前正在大力推进经济发展方式转变和经济结构调整，正在为实现“两个一百年”奋斗目标而努力，必须把创新驱动发展战略实施好。这是一个重大战略，必须在贯彻落实党的十八大和十八届三中全会精神的过程中作为一项重大工作抓紧抓好。

纵观世界上几个主要创新型国家的发展历程，每个国家的创新发展路径各具特色。中国进行自主创新不仅要学习和借鉴国外的发展经验，更要从中国实际出发，充分发挥自身优势和特色。具体言之，特别要做好以下四个方面的工作：第一，要充分发挥中国社会主义的制度优势。根据国家经济社会发展的重大需求，发挥社会主义制度集中力量办大事的政治优势，整合资源，重点突破，实现跨越式发展；同时注重发挥市场配置资源的基础性作用，使科技创新既服务于国家意志和战略目标，又能够适应社会主义市场经济规律的要求，充分激发各个创新主体的积极性和创造性。第二，要充分发挥科技人力资源大国的优势。截至2018年底，中国科技人力资源总量超过一亿人，居世界第一位；研发人员总量为419万人年，连续六年稳居世界第一；各类高等教育在学总规模达到3 833万人。这些丰富的人力资源为自主创新提供了雄厚的科研力量和人才储备，是我们走中国特色自主创新道路的最大优势。第三，要充分发挥中国比较完善的产业体系和科学技术体系优势。中国已经形成了产品门类多样、配套能力较强的产业体系，构建了世界上只有少数国家才具有的比较完整的学科布局，在基础研究、前沿技术研究、面向市场的应用开发研究、重大科学工程等方面取得了丰硕的成果，依靠科技进步推动经济社会发展的能力不断增强，为走中国特色自主创新道路奠定了坚实基础。第四，要充分发挥中国经济高速成长和市场潜力巨大的优势。中国正处于工业化、信息化、城镇化加速发展和经济快速成长时期，实现国民经济又好又快发展对科技的需求十分紧迫，科技创新成果应用潜力巨大，市场空间广阔，这是依靠创新驱动发展的重要引擎。[1]

（二）协调发展

《“十三五”规划纲要（草案）》指出，协调是持续健康发展的内在要求，是适应经济发展新常态的必然选择，是来自历史经验和教训的深刻启示。协调发展，就是要努力做到“五个统筹”，即统筹城乡发展、统筹区域发展、统筹经济社会发展、统筹人与自然和谐发展、统筹国内发展和对外开放，推进生产力和生产关系、经济基础和上层建筑相协调，推进经济、政治、文化和社会建设的各个环节、各个方面相协调。

协调是持续健康发展的内在要求，改革开放40多年来，我国经济快速增长，综合国力显著增强，人民生活水平明显提高，我国已经成为世界第二大经济体。

但是，我们也要清醒地看到，我国发展不平衡、不协调、不可持续的问题仍然突出，主要表现在：经济增长的资源环境约束强化，投资与消费

1　李学勇：《走中国特色自主创新道路》，《求是》2008年第5期。

关系失衡，收入分配差距较大，科技创新能力不强，产业结构不合理，农业基础仍然薄弱，城乡区域发展不协调，就业总量压力和结构性矛盾并存，制约科学发展的体制机制障碍依然较多；经济发展与社会发展不协调，医疗、教育、文化等社会事业发展相对滞后，"看病难""看病贵""上学难""养老难"等问题，依然没有得到根本解决；城乡区域发展不平衡，社会收入分配差距在拉大；经济发展与环境保护不协调；产业结构内部比例不协调，不少行业产能过剩问题严重；经济发展与精神文明建设不协调，公民的文明素质和社会文明程度有待提高；等等。

协调发展是适应经济发展新常态的必然选择，新常态之"新"，意味着不同以往；新常态之"常"，意味着相对稳定，主要表现为经济增长速度适宜，结构优化，社会和谐；转入新常态，意味着我国经济发展的条件和环境已经或即将发生诸多重大转变，经济增长将与过去的高速度基本告别，与传统的不平衡、不协调、不可持续的粗放增长模式基本告别。内外红利衰退，从高速增长向中高速增长换挡；人口红利衰退，储蓄率出现拐点，潜在增速下滑，劳动力比较优势丧失；全球化红利衰退，全球经济从失衡到再平衡，外需和外资从涨潮到退潮，从结构失衡到优化再平衡，从工业大国向服务业强国转变；等等。

协调发展理念来自对历史经验和教训的科学总结，协调与失衡相对立。历史上，失衡的发展、失衡的体制使一些国家落入"陷阱"。我们必须推动重工业和轻工业互补发展，推动区域协同、城乡一体、物质文明和精神文明协调发展。在协调发展中拓宽发展的空间，在加强薄弱领域中增强发展的后劲。

社会全面协调发展是社会主义建设必须遵循的规律性要求，也是实现科学发展的规律性要求。社会全面协调发展是唯物史观所揭示的社会有机体的基本规律的具体体现和根本要求，即生产关系与生产力、上层建筑与经济基础必须相互适应，经济、政治、文化相互作用、相互制约、相互促进的基本规律的具体体现。[1]协调发展理念，是认识把握协调发展规律提出来的，是总结中外经济社会发展经验教训提出来的，是正视我国发展存在的不平衡问题提出来的，目的在于促进我国经济社会行稳致远。[2]树立协调发展理念，坚持协调发展，是我国跨越“中等收入陷阱”的一大法宝。协调发展符合马克思主义哲学思想，是发展两点论和重点论的统一，是发展平衡和不平衡的统一，是发展短板和潜力的统一。协调发展就要处理好经济与社会、城乡区域、人与自然、国内国外、政治经济文化、政府与市场、经济建设与国防建设等重大关系，把这些关系处理好了，就可以补短板、强整体、破制约，增强发展的平衡性、包容性、可持续性，促进各区域各领域各方面协同配合、均衡一体发展，为实现“两个一百年”奋斗目标和中华民族伟大复兴的中国梦铺路架桥。

（三）绿色发展

绿色发展其实质是坚持绿色价值取向，牢固树立保护生态环境就是保护生产力、改善生态环境就是发展生产力的理念，理顺发展与保护的关系，实现发展与保护共赢。坚持绿色发展是全面推进生态文明建设的必然选择和生态动力。党的十八届五中全会把坚持绿色发展作为当代中国社会发展的一个基本理念在国家决策的层面上固定下来，不仅具有重大的理论意义，而且具有重要的实践价值。习近平指出：“如果仍是粗放发展，即使实现了国内生产总值翻一番的目标，那污染又会是一种什么情况？届时资源环境恐怕完全承载不了。经济上去了，老百姓的幸福感大打折扣，甚至强烈的不满情绪上来了，那是什么形势？所以，我们不能把加强生态文明建设、加强生态环境保护、提倡绿色低碳生活方式等

1　张新：《五大发展理念是党对科学发展原则和规律的新认识》，《思想理论教育导刊》2016年第1期。

2　任理轩：《坚持协调发展》，《人民日报》2015年12月21日。

仅仅作为经济问题。这里面有很大的政治。”[1]

改革开放以来，我国经济虽然取得快速发展，但资源环境承载力也逼近极限，高投入、高消耗、高污染的传统发展方式已不可持续。习近平强调，单纯依靠刺激政策和政府对经济大规模直接干预的增长，只治标，不治本，而建立在大量资源消耗、环境污染基础上的增长则更难以持久。粗放型发展方式不但使我国能源、资源不堪重负，而且造成大范围雾霾、水体污染、土壤重金属超标等突出环境问题。绿色发展不仅仅是中国面临的问题，也是全人类面临的问题，是全人类共同的挑战。例如能源问题，现在人类所依赖的化石能源不仅造成了地球升温等全球性的生态灾难，而且这种社会经济运行方式本身也难以为继。科学家预测，到2030年左右，全世界的化石燃料将消耗殆尽。改变能源结构，寻找新能源已成为全人类必须面对的首要环境课题。全球环境问题具体说可概括为以下几个方面：(1) 人口增加对环境造成的巨大压力；(2) 伴随人类的生产、生活活动产生的环境污染；(3) 人类在开发建设活动中造成的生态破坏等不良变化；(4) 人类的社会活动，如军事活动、旅游活动等，造成的人文遗迹、风景名胜区、自然保护区的破坏，珍稀物种的灭绝以及海洋等自然和社会环境的破坏与污染。应对随之而来的前所未有的资源环境约束和现实发展困境，建设生态文明和实施绿色发展战略已成为全球共识。因此，实施绿色发展战略是中国经济社会可持续发展的内在要求和必然选择。

绿色发展是在传统发展基础上的一种模式创新，是建立在生态环境容量和资源承载力的约束条件下，将环境保护作为实现可持续发展重要支柱的一种新型发展模式。生态文明建设涉及经济、政治、文化、社会建

1　习近平：《在十八届中央政治局常委会会议上关于第一季度经济形势的讲话》(2013年4月25日)，中共中央文献研究室编：《习近平关于全面深化改革论述摘编》，中央文献出版社2014年版，第103页。

设方方面面，并与生产力布局、空间格局、产业结构、生产方式、生活方式以及价值理念、制度体制紧密相关，是一场全方位、系统性的绿色变革。唯有将绿色生产、绿色生活和绿色生态有机统一起来，多措并举，真正落实，才能使绿色发展的成果由全体人民共享。具体来说，包括以下几个要点：一是要将环境资源作为社会经济发展的内在要素；二是要把实现经济、社会和环境的可持续发展作为绿色发展的目标；三是要把经济活动过程和结果的“绿色化”“生态化”作为绿色发展的主要内容和途径。十八大以后，生态文明理念上升为生态文明战略，并纳入“五位一体”总布局。这种调整，源于对人类历史命运的理性思考、对现实国情的深刻把握和对未来人民福祉的责任担当。

在经济新常态下，转变资源利用方式，推动低碳循环发展是保护生态环境与保持经济稳中向好的双赢之策。这就要求我们，促进经济发展方式加速转变，积极培育以低碳排放为特征的新的经济增长点，关注调整改造传统产业和发展新能源、节能环保等新兴产业，注重推动生产、流通、分配、消费和建设等环节的节能增效，加强保护生态环境。必须积极寻求高效利用资源的发展模式，大幅降低能源、水、土地的消耗强度；大力发展循环经济，促进生产、流通、消费过程的资源优化。建立和完善有利于绿色发展的体制机制，积极研究绿色投资政策，促进重点产业的绿色化生产，从再生产全过程制定环境经济政策，推动资源性产品的价格改革，建立相应的统计、跟踪和评价机制，科学预测绿色发展趋势，为更好地制定绿色发展相关政策提供有效支持。

（四）开放发展

世界经济发展历史证明，开放发展是一个国家或地区繁荣发展的必由之路。开放发展水平越高，经济社会综合发展越好。党的十一届三中全会以后，改革从农村到城市、从经济领域到其他各个领域全面展开；与此同时，从沿海到沿江沿边，从东部到中西部，对外开放的大门不断地打开。“这场历史上从未有过的大改革大开放，极大地调动了亿万人民的积极性，使中国成功实现了从高度集中的计划经济体制到充满活力的社会主义市场经济体制、从封闭半封闭到全方位开放的伟大历史转折。”[1]

进入21世纪以来，中国发展的环境已经发生深刻变化，中国已成为第二大世界经济体并已深度融入世界经济，中国经济已成为影响世界经济增长的重大变量，中国经济与世界经济进入相互依存、相互影响的新阶段。2009年中国成为世界货物出口第一大国。2012年中国对外投资达到878亿美元，首次成为世界三大对外投资国之一。2013年，中国货物进出口总额首次突破4万亿美元大关，达到4.16万亿美元，成为全球货物贸易第一大国，服务贸易总额达到5 396亿美元，仅次于美国和德国，位居世界第三。2014年，中国利用外资规模达1 196亿美元，首次超过美国跃居世界第一；对外直接投资首次突破千亿美元，达到1 029亿美元，稳居世界第三位。从质量和结构方面看，中国开放型经济也已经出现明显的优化升级势头。在出口产品结构方面，机电产品和高新技术产品的比重持续升高。2012年，中国高新技术产品占出口总值的28.9%。2013年，中国机电产品出口1.27万亿美元，占出口总值的比重为57.3%。2015年，中国机电产品出口8.15万亿元，占出口总值的57.7%。中国自主品牌、自主知识产权产品逐渐成为出口产品主流，逐渐实现由“中国组装”向“中国制造”转型。[2]

在我国经济实行战略转型的背景下，2015年9月，中共中央、国务院印发了《关于构建开放型经济新体制的若干意见》（以下简称《意见》），

1　胡锦涛：《高举中国特色社会主义伟大旗帜　为夺取全面建设小康社会新胜利而奋斗——在中国共产党第十七次全国代表大会上的报告》（2007年10月15日），人民出版社2007年版，第8—9页。

2　杨玉成：《开放发展理念与对外开放转型升级》，《湖南社会科学》2016年第2期。

该《意见》共11章50条，从构建开放型经济新体制的总体要求，创新外商投资管理体制，建立促进走出去战略的新体制，构建外贸可持续发展新机制，优化对外开放区域布局，加快推进“一带一路”倡议，拓展国际经济合作新空间，构建开放安全的金融体系，建设稳定、公平、透明、可预期的营商环境，加强支持保障机制建设，建立健全开放型经济安全保障体系等方面，全面提出了新时期构建开放型经济新体制的目标任务和重大举措。

党的十八届五中全会在总结历史经验的基础上，提出“开放发展”的理念，标志着中国共产党对开放和发展之间内在联系的认识进一步升华。习近平指出，中国将在更大范围、更宽领域、更深层次上提高开放型经济水平。站在新的历史起点上，习近平把开放发展作为引领中国未来五年乃至更长时期发展的五大发展理念之一，向世界表明中国开放的大门永远不会关上，中国经济发展将继续为世界带来巨大的投资机会和正面外溢效应。

十八届五中全会明确提出了我国新一轮对外开放的目标，包括如何奉行互利共赢的开放战略，发展更高层次的开放型经济，如何完善对外开放的战略布局，以及如何形成对外开放的新体制。坚持开放发展新理念，就是在总体上要建立更高层次、更高水平的开放型经济。所谓更高层次和更高水平的开放型经济，就是逐步转变传统的强调单一的市场开放、招商引资、扩大出口、加工贸易、低附加值等对外开放发展方式，构建多层次、多维度、多种方式的对外开放新战略。不仅如此，我国还应努力构建全方位对外开放新格局，提高开放纵深。随着“一带一路”倡议的推进和长江经济带发展战略的实施，国家正式确定了内陆和沿海并重的新的区域战略，西部内陆地区已经不再是边远地区，而是联通世界，辐射中亚、西亚、南亚和东南亚的中心。总之，我们必须树立开放发展的理念，力争以开放的主动赢得经济发展的主动，赢得国际经济竞争的主动，赢得破解改革发展难题的主动。

（五）共享发展

习近平指出："共享是中国特色社会主义的本质要求。必须坚持发展为了人民、发展依靠人民、发展成果由人民共享，作出更有效的制度安排，使全体人民在共建共享发展中有更多获得感，增强发展动力，增进人民团结，朝着共同富裕方向稳步前进。"[1]共享发展是党的十八届五中全会提出的五大发展理念之一。在《"十三五"规划纲要（草案）》中，共享发展涉及公共服务、脱贫攻坚、教育发展、就业创业、收入分配、社会保障、健康中国、人口发展等方方面面。"共享"，作为五大发展理念的重要组成部分，思想深刻，内涵丰富。共享发展体现着人民主体、公平正义、共同富裕等社会主义本质特征和要求。共享发展的前提是共同建设。践行共享发展理念，就要按照人人参与、人人尽力、人人享有的要求，坚守底线，突出重点，完善制度，引导预期。共享发展，就要使全体人民在共建共享发展中有更多获得感，增强发展动力，增进人民团结，朝着共同富裕的方向稳步前进。

共享发展是全面建成小康的必然要求。习近平指出："中国梦归根到底是人民的梦，必须紧紧依靠人民来实现，必须不断为人民造福。"[2]全面建设小康社会是我国改革开放以来就提出的发展目标，党一直为建设小康社会的目标奋斗，其出发点就是要改善人民生活，实现人民幸福，经过多年努力，这一目标已顺利实现。

共享发展是社会主义制度优越性的集中体现，改善民生，让人民共享发展成果，坚定不移走共同富裕的道路，是社会主义的本质要求，是社

---

1 《中共中央关于制定国民经济和社会发展第十三个五年规划的建议》(2015年10月29日)，《人民日报》2015年11月4日。

2 习近平：《在第十二届全国人民代表大会第一次会议上的讲话》(2013年3月17日)，《人民日报》2017年3月18日。

会主义制度优越性的集中体现，也是中国共产党坚持全心全意为人民服务根本宗旨的必然选择。

如果人与人享有的差距悬殊，出现两极分化，那么这既不符合社会主义原则，又会带来社会不稳、经济发展受损等严重问题。全民共享，就要把贫富差距控制在合理的区间。这就必须坚持和完善社会主义基本经济制度和分配制度，深化收入分配制度改革和社会保障制度改革，加大再分配调节力度，在做大“蛋糕”的同时分好“蛋糕”，努力缩小城乡、区域、行业收入差距，让全体人民都能享受到改革发展成果，朝着共同富裕的方向稳步前进。

共享发展是推动持续发展的不竭动力。实现共享发展，将实现经济、社会发展的“双丰收”，当前，增加义务教育、就业服务、社会保障、基本医疗、公共卫生、公共文化、环境保护等基本公共服务的总供给，是人们最关心、最直接、最现实的共享发展需求。要按照普惠性、保基本、均等化、可持续、全覆盖的原则，强化政府职责，不断完善公共服务体系。创新公共服务的提供、管理、评价方式，鼓励、支持、引导社会资本参与公共服务建设，建立系统完备、科学规范、运行有效的公共服务管理和评价体系，切实提高公共服务的共建能力和共享水平。共享发展必须坚持底线思维，在政策的制定和制度的完善上，做出最有利于贫困人口、社会弱势群体的安排，明显增加低收入劳动者收入，提高低收入群众生活水平和质量，不断缩小社会贫富差距。这既有助于公平正义的实现，也为未来经济发展提供了更加充沛的动力。当前，全面深化改革正处于攻坚克难的关键期，只有把发展与民生改善更紧密地结合起来，才能获得最广大人民群众对改革的认同与支持。

最后，共建共享必须从真抓实干做起。面向未来，全面建成小康社会要靠实干，基本实现现代化要靠实干，实现中华民族伟大复兴要靠实干。世界上的事情都是干出来的，不干，再多的期盼都会落空，再美好的梦想也不可能成真。奋斗成就伟业，实干开创未来。我们的国家，我们的民族，从积弱积贫、落后挨打到一步步走到今天的繁荣富强，靠的就是一代又一代人的顽强拼搏，靠的就是中华民族自强不息的奋斗精神。我们每一个人既要胸怀理想又要脚踏实地，真抓实干，埋头苦干，把自己的事情做实做好，把改革发展稳定的任务落实好，一步步朝着共建共享的目标前进。

五大发展理念是马克思主义中国化的重大理论创新，发展是一个不断变化的过程，发展环境、发展条件不会一成不变，发展理念自然也不会一成不变。五大发展理念集中体现了以习近平为核心的中央领导集体对共产党执政规律、社会主义建设规律和人类社会发展规律的认识达到了新高度、新境界，是对马克思主义发展观的丰富和拓展，是马克思主义中国化的理论创新、观念创新、战略创新，是关系我国发展全局的一场深刻思想变革。

五大发展理念是有机统一的系统，体现了生产力与生产关系统一、发展目的与发展手段统一、自然环境与人类社会统一、当前利益与长远利益统一、发展速度与发展动力统一。它是中国共产党对经济社会发展规律认识的深化与升华，是中国共产党为顺应时代发展潮流所做出的战略抉择，是马克思主义中国化的新篇章。[1]五大发展理念体现了以人民为主体的价值理念。就五大理念的关系而言，创新是其中的核心内涵，任何经济发展和社会进步都离不开理论创新、制度创新、科技创新、文化创新等各方面创新，协调、绿色和开放是经济社会全面均衡发展的客观必然，共享是前四大理念的目的和归宿，五大发展理念是一个相互贯通、相互联系的有机整体。

1　谷亚光、谷牧青：《论“五大发展理念”的思想创新、理论内涵与贯彻重点》，《经济问题》2016年第3期。

五大发展理念为中国今后一段时间的发展指明了方向。五大发展理念的具体内容体现了中国当下乃至今后更长时期的发展方向和发展重点。创新发展、协调发展、绿色发展、开放发展、共享发展是根据中国当前发展环境的基本特征概括出来的，体现了当代中国发展的基本要求，从发展动力、发展方式、发展环境、发展布局、发展目的等方面为当代中国的发展指明了方向。

总之，五大发展理念是中国共产党发展理论的又一次重要升华，对推进“四个全面”战略布局、实现“两个一百年”奋斗目标和中华民族伟大复兴的中国梦具有重大战略指导意义。

四、开辟广阔前景

进入中国特色社会主义新时代，以习近平为核心的党中央面对世界经济复苏乏力、局部冲突和动荡频发、全球性问题加剧的外部环境，面对我国经济发展进入新常态等一系列深刻变化，坚持稳中求进的工作总基调，统筹推进经济建设、政治建设、文化建设、社会建设、生态文明建设“五位一体”总体布局，提出一系列新理念新思想新战略；并就加强国防和军队建设、“一国两制”和祖国统一、外交工作提出一系列重要思想观点，引领中国特色社会主义各项事业蓬勃向前发展，取得了改革开放和社会主义现代化建设极不平凡的成就。

（一）取得不凡成就[1]

第一，经济建设取得重大成就。坚定不移贯彻新发展理念，坚决端

1　习近平：《决胜全面建成小康社会　夺取新时代中国特色社会主义伟大胜利——在中国共产党第十九次全国代表大会上的报告》（2017年10月18日），《人民日报》2017年10月28日。

正发展观念、转变发展方式，发展质量和效益不断提升。经济保持中高速增长，在世界主要国家中名列前茅，国内生产总值从2012年的54万亿元增长到2017年的82.7万亿元，稳居世界第二，年均增长7.1%，占世界经济比重从11.4%提高到15%左右，对世界经济增长贡献率超过30%。供给侧结构性改革深入推进，经济结构不断优化，消费贡献率由2012年的54.9%提高到2017年的58.8%，服务业比重从2012年的45.3%上升到2017年的51.6%，成为经济增长主动力。数字经济等新兴产业蓬勃发展，高技术制造业年均增长11.7%。高铁、公路、桥梁、港口、机场等基础设施建设快速推进。农业现代化稳步推进，粮食生产能力达到1.2万亿斤。城镇化率从2012年的52.6%提高到2017年的58.5%，年均提高1.2个百分点，8 000多万农业转移人口成为城镇居民。区域发展协调性增强，"一带一路"建设、京津冀协同发展、长江经济带发展成效显著。创新驱动发展战略大力实施，创新型国家建设成果丰硕。全社会研发投入年均增长11%，规模跃居世界第二位。科技进步贡献率由2012年的52.2%提高到2017年的57.5%。天宫、蛟龙、天眼、悟空、墨子、大飞机等重大科技成果相继问世；载人航天、深海探测、量子通信等重大创新成果不断涌现；高铁网络、电子商务、移动支付、共享经济等引领世界潮流；"互联网+"广泛融入各行各业。大众创业、万众创新蓬勃发展，日均新设企业由5 000多户增加到1.6万多户。快速崛起的新动能，正在重塑经济增长格局，深刻改变生产生活方式，成为中国创新发展的新标志。开放型经济新体制逐步健全，对外贸易、对外投资、外汇储备稳居世界前列。

第二，全面深化改革取得重大突破。稳步推进全面深化改革，坚决破除各方面体制机制弊端。改革全面发力，多点突破，纵深推进，着力增强改革的系统性、整体性、协同性，压茬拓展改革的广度和深度，推出1 500多项改革举措，重要领域和关键环节的改革取得突破性进展，主要领域改革主体框架基本确立。中国特色社会主义制度更加完善，国家治理体系和治理能力现代化水平明显提高，全社会发展活力和创新活力明显增强。

第三，民主法治建设迈出重大步伐。积极发展社会主义民主政治，推进全面依法治国，党的领导、人民当家做主、依法治国有机统一的制度建设全面加强，党的领导体制机制不断完善，社会主义民主不断发展，党内民主更加广泛，社会主义协商民主全面展开，爱国统一战线巩固发展，民族宗教工作创新推进。科学立法、严格执法、公正司法、全民守法深入推进，法治国家、法治政府、法治社会建设相互促进，中国特色社会主义法治体系日益完善，全社会法治观念明显增强。国家监察体制改革试点取得实效，行政体制改革、司法体制改革、权力运行制约和监督体系建设有效实施。

第四，思想文化建设取得重大进展。加强党对意识形态工作的领导，党的理论创新全面推进，马克思主义在意识形态领域的指导地位更加鲜明，中国特色社会主义和中国梦深入人心。社会主义核心价值观和中华优秀传统文化广泛弘扬，群众性精神文明创建活动扎实开展。公共文化服务水平不断提高，文艺创作持续繁荣，文化事业和文化产业蓬勃发展，互联网建设管理运用不断完善，全民健身和竞技体育全面发展。主旋律更加响亮，正能量更加强劲，文化自信得到彰显，国家文化软实力和中华文化影响力大幅提升，全党全社会思想上的团结统一更加巩固。

第五，人民生活不断改善。深入贯彻以人民为中心的发展思想，一大批惠民举措落地实施，人民获得感显著增强。脱贫攻坚战取得决定性进展，到2017年，贫困人口减少6 800多万，易地扶贫搬迁830万人，贫困发生率由2012年的10.2%下降到2017年的3.1%。教育事业全面发展，中西部和农村教育明显加强。就业状况持续改善，从2012年至2017年城镇新增就业年均1 300万人以上，城乡居民收入年均增长7.4%，超过经济增速，形成世界上人口最多的中等收入群体。社会养老保险覆盖9亿多人，基本医疗保险覆盖13.5亿人,织就了世界上最大的社会保障网。人民健康和医疗卫生水平大幅提高,人均预期寿命达到76.7岁。保障性住房建设稳步推进,从2012年到2017年棚户区住房改造2 600多万套,农村危房改造1 700多万户,上亿人喜迁新居。社会治理体系更加完善,社会大局保持稳定,国家安全全面加强。

第六,生态文明建设成效显著。大力度推进生态文明建设,全党全国贯彻绿色发展理念的自觉性和主动性显著增强,生态环境状况逐步好转。制定实施大气、水、土壤污染防治三个“十条”,并取得扎实成效。从2012年到2017年单位国内生产总值能耗、水耗均下降20%以上,主要污染物排放量持续下降,重点城市重污染天数减少一半,森林面积增加1.63亿亩,沙化土地面积年均缩减近2 000平方公里,绿色发展呈现可喜局面。

第七,强军兴军开创新局面。着眼于实现中国梦强军梦,制定新形势下军事战略方针,全力推进国防和军队现代化。召开古田全军政治工作会议,恢复和发扬中国共产党、人民军队的光荣传统和优良作风,人民军队政治生态得到有效治理。国防和军队改革取得历史性突破,形成“军委管总、战区主战、军种主建”新格局,人民军队组织架构和力量体系实现革命性重塑。加强练兵备战,有效遂行海上维权、反恐维稳、抢险救灾、国际维和、亚丁湾护航、人道主义救援等重大任务,基本完成裁减军队员额30万任务,武器装备加快发展,军事斗争准备取得重大进展。人民军队在中国特色强军之路上迈出坚定步伐。

第八,港澳台工作取得新进展。全面准确贯彻“一国两制”方针,牢牢掌握宪法和基本法赋予的中央对香港、澳门全面管治权,深化内地和港澳地区交流合作,保持香港、澳门繁荣稳定。坚持一个中国原则和“九二共识”,推动两岸关系和平发展,加强两岸经济文化交流合作,实现两岸领导人历史性会晤。妥善应对台湾局势变化,坚决反对和遏制“台独”分裂势力,有力维护台海和平稳定。

第九，全方位外交布局深入展开。全面推进中国特色大国外交，形成全方位、多层次、立体化的外交布局，为我国发展营造了良好外部条件。提出共建“一带一路”倡议，发起创办亚洲基础设施投资银行，设立丝路基金，举办首届“一带一路”国际合作高峰论坛、亚太经合组织领导人非正式会议、二十国集团领导人杭州峰会、金砖国家领导人厦门会晤、亚信峰会。倡导构建人类命运共同体，促进全球治理体系变革。我国国际影响力、感召力、塑造力进一步提高，为世界和平与发展做出新的重大贡献。

第十，全面从严治党成效卓著。全面加强党的领导和党的建设，坚决改变管党治党宽松软状况。推动全党尊崇党章，增强政治意识、大局意识、核心意识、看齐意识，坚决维护党中央权威和集中统一领导，严明党的政治纪律和政治规矩，层层落实管党治党政治责任。坚持照镜子、正衣冠、洗洗澡、治治病的要求，开展党的群众路线教育实践活动和“三严三实”专题教育，推进“两学一做”学习教育常态化制度化，全党理想信念更加坚定、党性更加坚强。贯彻新时期好干部标准，选人用人状况和风气明显好转。党的建设制度改革深入推进，党内法规制度体系不断完善。把纪律挺在前面，着力解决人民群众反映最强烈、对党的执政基础威胁最大的突出问题。出台中央“八项规定”，严厉整治形式主义、官僚主义、享乐主义和奢靡之风，坚决反对特权。巡视利剑作用彰显，实现中央和省级党委巡视全覆盖。坚持反腐败无禁区、全覆盖、零容忍，坚定不移“打虎”“拍蝇”“猎狐”，不敢腐的目标初步实现，不能腐的笼子越扎越牢，不想腐的堤坝正在构筑，反腐败斗争压倒性态势已经形成并巩固发展。

这些成就是全方位的，开创性的，变革是深层次的，根本性的。党中央统筹推进改革发展稳定、内政外交国防、治党治国治军，提出了一系列新理念新思想新战略，出台了一系列重大方针政策，推出了一系列重大举措，推进了一系列重大工作，解决了许多长期想解决而没有解决的难题，办成了许多过去想办而没有办成的大事。以习近平为核心的党中央勇于面对党面临的重大风险考验和党内存在的突出问题，以顽强意志品质正风肃纪、反腐惩恶，消除了党和国家内部存在的严重隐患，党内政治生活气象更新，党内政治生态明显好转，党的创造力、凝聚力、战斗力显著增强，党的团结统一更加巩固，党群关系明显改善，党在革命性锻造中更加坚强，焕发出新的强大生机活力。中国特色社会主义进入新时代以来，党和国家事业发生历史性变革。变革力度之大，范围之广，效果之显著，影响之深远，世所罕见，成为中国共产党历史和中华人民共和国历史上的重要里程碑，对于党和国家事业的长远发展，对于实现“两个一百年”奋斗目标、实现中华民族伟大复兴的中国梦，具有重大而深远的影响。党和国家事业取得的历史性成就，发生的历史性变革，是以习近平为核心的党中央坚强领导的结果，更是全党全国各族人民共同奋斗的结果；以习近平为核心的党中央举旗定向，运筹帷幄，不忘初心，牢记使命，砥砺奋进，以巨大的政治勇气，有效应对国际国内诸多风险和挑战。党中央的坚强领导是党和国家事业发生历史性变革的根本政治保障。经过长期努力，中国经济实力、科技实力、国防实力、综合国力进入世界前列，中国国际地位实现前所未有的提升，党的面貌、国家的面貌、人民的面貌、军队的面貌、中华民族的面貌发生了前所未有的变化，中华民族正以崭新姿态屹立于世界的东方。

（二）描绘宏伟蓝图[1]

面向未来，党的十九大深刻总结中国特色社会主义新时代中国的社

1 习近平：《决胜全面建成小康社会　夺取新时代中国特色社会主义伟大胜利——在中国共产党第十九次全国代表大会上的报告》（2017年10月18日），《人民日报》2017年10月28日。

会主要矛盾，指出：我国社会的主要矛盾，已经转化为人民日益增长的美好生活需要和不平衡不充分的发展之间的矛盾。这是关系全局的历史性变化，对党和国家工作提出了许多新要求，要在继续推动发展的基础上，着力解决好发展不平衡不充分问题，大力提升发展质量和效益，更好满足人民在经济、政治、文化、社会、生态等方面日益增长的需要，更好推动人的全面发展、社会全面进步。同时，中国社会主要矛盾的变化，没有改变我们对中国社会主义所处历史阶段的判断，中国仍处于并将长期处于社会主义初级阶段的基本国情没有变，中国是世界最大发展中国家的国际地位没有变。

基于对新时代中国社会主要矛盾的准确判断，党的十九大确定决胜全面建成小康社会、开启全面建设社会主义现代化国家新征程的目标，这就是：到2020年，全党全国人民要按照全面建成小康社会各项要求，紧扣中国社会主要矛盾变化，突出抓重点、补短板、强弱项，特别是要坚决打好防范化解重大风险、精准脱贫、污染防治的攻坚战，使全面建成小康社会得到人民认可、经得起历史检验。报告强调，从十九大到二十大，是“两个一百年”奋斗目标的历史交会期。我们既要全面建成小康社会、实现第一个百年奋斗目标，又要乘势而上开启全面建设社会主义现代化国家新征程，向第二个百年奋斗目标进军。从全面建成小康社会到基本实现现代化，再到全面建成社会主义现代化强国，是新时代中国特色社会主义发展的战略安排。

党的十九大对新时代推进中国特色社会主义伟大事业和党的建设伟大工程作出全面部署，强调：实现伟大梦想，必须进行伟大斗争；要充分认识这场伟大斗争的长期性、复杂性、艰巨性，发扬斗争精神，提高斗争本领，不断夺取伟大斗争新胜利。实现伟大梦想，必须建设伟大工程，这个伟大工程就是中国共产党正在深入推进的党的建设新的伟大工程。实现伟大梦想，必须推进伟大事业。中国特色社会主义是改革开放以来党的全部理论和实践的主题，是党和人民历尽千辛万苦、付出巨大代价取得的根本成就；要更加自觉地增强道路自信、理论自信、制度自信、文化自信，既不走封闭僵化的老路，也不走改旗易帜的邪路，保持政治定力，坚持实干兴邦，始终坚持和发展中国特色社会主义。

在经济建设上，要贯彻新发展理念，建设现代化经济体系。坚持和完善中国社会主义基本经济制度和分配制度，毫不动摇巩固和发展公有制经济，毫不动摇鼓励、支持、引导非公有制经济发展。以供给侧结构性改革为主线，推动经济发展质量变革、效率变革、动力变革，不断增强中国经济创新力和竞争力。深化供给侧结构性改革，加快建设创新型国家，实施乡村振兴战略，实施区域协调发展战略，加快完善社会主义市场经济体制，推动形成全面开放新格局，努力实现更高质量、更有效率、更加公平、更可持续的发展。在政治建设上，要坚持党的领导、人民当家作主、依法治国有机统一，健全人民当家做主制度体系，发展社会主义民主政治，推进社会主义民主政治制度化、规范化、程序化。在文化建设上，要坚定文化自信，推动社会主义文化繁荣兴盛，牢牢掌握意识形态工作领导权，培育和践行社会主义核心价值观，加强思想道德建设，繁荣发展社会主义文艺，推动文化事业和文化产业发展。在社会建设上，要保障和改善民生水平，加强和创新社会治理，不断满足人民日益增长的美好生活需要，在幼有所育、学有所教、劳有所得、病有所医、老有所养、住有所居、弱有所扶上不断取得新进展，深入开展脱贫攻坚，保证全体人民在共建共享发展中有更多获得感，不断促进人的全面发展、全体人民共同富裕。在生态文明建设上，要践行绿水青山就是金山银山的理念，加快生态文明体制改革，形成节约资源和保护环境的空间格局、产业结构、生产方式、生活方式，建设美丽中国。在国防和军队建设上，必须坚持走中国特色强军之路，全面贯彻习近平强军思想，贯彻新形势下军事战略方针，把人民军队建设成为世界一流军队。在港澳台工作上，要保持香港、澳门长期繁荣稳定，全面准确贯彻“一国两制”、“港人治港”、“澳人治澳”、高度自治的方针，严格依照宪法和基本法办事；必须继续坚持“和平统一、一国两制”方针，推动两岸关系和平发展，推进祖国和平统一进程，绝不允许任何人、任何组织、任何政党、在任何时候、以任何形式、把任何一块中国领土从中国分裂出去。在外交工作上，坚持和平发展道路，坚定不移在和平共处五项原则基础上发展同各国的友好合作，积极促进“一带一路”国际合作，继续积极参与全球治理体系改革和建设，推动建设相互尊重、公平正义、合作共赢的新型国际关系，推动构建人类命运共同体，同世界各国人民一道建设持久和平、普遍安全、共同繁荣、开放包容、清洁美丽的世界。

党的十九大报告强调，中国特色社会主义进入新时代，中国共产党一定要有新气象新作为。新时代党的建设总要求是：要坚持和加强党的全面领导，坚持党要管党、全面从严治党，以加强党的长期执政能力建设、先进性和纯洁性建设为主线，以党的政治建设为统领，以坚定理想信念宗旨为根基，以调动全党积极性、主动性、创造性为着力点，全面推进党的政治建设、思想建设、组织建设、作风建设、纪律建设，把制度建设贯穿其中，深入推进反腐败斗争，不断提高党的建设质量，把党建设成为始终走在时代前列、人民衷心拥护、勇于自我革命、经得起各种风浪考验、朝气蓬勃的马克思主义执政党。

习近平强调，新时代要有新气象，更要有新作为。历史是人民书写的，一切成就归功于人民。只要我们深深扎根人民、紧紧依靠人民，就可以获得无穷的力量，风雨无阻，奋勇向前。

（三）推进国家治理体系与治理能力现代化

国家治理体系是在党领导下管理国家的制度体系，国家治理能力则是运用国家制度管理社会各方面事务的能力。[1]中国共产党十八届三中全会后，以习近平为核心的党中央将推进国家治理体系和治理能力现代化作为建成中国特色社会主义现代化、实现中华民族伟大复兴的重大理论与现实问题，予以高度重视。2019年11月，中共十九届四中全会召开，通过了《中共中央关于坚持和完善中国特色社会主义制度　推进国家治理体系和治理能力现代化若干重大问题的决定》(以下简称《决定》)，将国家治理体系和治理能力现代化建设推向了新的阶段。《决定》全面回答了如下重大政治问题，即：中国国家制度和国家治理体系应该坚持和巩固什么，应该完善和发展什么。《决定》指出："中国特色社会主义制度和国家治理体系是以马克思主义为指导、植根中国大地、具有深厚中华文化根基、深得人民拥护的制度和治理体系，是具有强大生命力和巨大优越性的制度和治理体系，是能够持续推动拥有近十四亿人口大国进步和发展、确保拥有五千多年文明史的中华民族实现'两个一百年'奋斗目标进而实现伟大复兴的制度和治理体系。"[2]《决定》进一步明确提出，中国国家治理一切工作和活动都依照中国特色社会主义制度展开，中国国家治理体系和治理能力是中国特色社会主义制度及其执行能力的集中体现。这段话第一次阐明了中国特色社会主义制度与国家治理体系和治理能力之间的内在关系，具有重要的理论意义和实践意义。

《决定》系统总结了中国国家制度和国家治理体系具有的13个显著优势：一是坚持党的集中统一领导，坚持党的科学理论，保持政治稳定，

1　习近平：《切实把思想统一到党的十八届三中全会精神上来》，《人民日报》2014年1月1日。

2　《中共中央关于坚持和完善中国特色社会主义制度　推进国家治理体系和治理能力现代化若干重大问题的决定》(2019年10月31日)，《人民日报》2019年11月6日。

确保国家始终沿着社会主义方向前进；二是坚持人民当家做主，发展人民民主，密切联系群众，紧紧依靠人民推动国家发展；三是坚持全面依法治国，建设社会主义法治国家，切实保障社会公平正义和人民权利；四是坚持全国一盘棋，调动各方面积极性，集中力量办大事；五是坚持各民族一律平等，铸牢中华民族共同体意识，实现共同团结奋斗、共同繁荣发展；六是坚持公有制为主体、多种所有制经济共同发展和按劳分配为主体、多种分配方式并存，把社会主义制度和市场经济有机结合起来，不断解放和发展社会生产力；七是坚持共同的理想信念、价值理念、道德观念，弘扬中华优秀传统文化、革命文化、社会主义先进文化，促进全体人民在思想上精神上紧紧团结在一起；八是坚持以人民为中心的发展思想，不断保障和改善民生、增进人民福祉，走共同富裕道路；九是坚持改革创新、与时俱进，善于自我完善、自我发展，使社会始终充满生机活力；十是坚持德才兼备、选贤任能，聚天下英才而用之，培养造就更多更优秀人才；十一是坚持党指挥枪，确保人民军队绝对忠诚于党和人民，有力保障国家主权、安全、发展利益；十二是坚持"一国两制"，保持香港、澳门长期繁荣稳定，促进祖国和平统一；十三是坚持独立自主和对外开放相统一，积极参与全球治理，为构建人类命运共同体不断做出贡献。

《决定》概括的13个显著优势，是用"八个能否"来衡量中国特色社会主义实践得出的科学结论。2014年，习近平在庆祝全国人民代表大会成立60周年大会上的讲话中指出："评价一个国家政治制度是不是民主的、有效的，主要看国家领导层能否依法有序更替，全体人民能否依法管理国家事务和社会事务、管理经济和文化事业，人民群众能否畅通表达利益要求，社会各方面能否有效参与国家政治生活，国家决策能否实现科学化、民主化，各方面人才能否通过公平竞争进入国家领导和管理体系，执政党能否依照宪法法律规定实现对国家事务的领导，权力运用能否得到有效制约和监督。”[1]

《决定》第一次从13个方面系统概括了中国特色社会主义制度和国家治理体系的基本组成部分，把中国特色社会主义制度中起四梁八柱作用的制度明确为根本制度、基本制度、重要制度。所谓根本制度，是指那些反映中国特色社会主义制度本质内容和根本性特征、体现中国特色社会主义质的规定性的制度，是立国的根本，如党的领导制度、人民代表大会制度、马克思主义在意识形态领域指导地位的根本制度、党对人民军队的绝对领导制度等。所谓基本制度，是指那些体现我国社会主义性质，框定国家基本形态、规范国家政治关系和经济关系的制度，如中国共产党领导的多党合作和政治协商制度、民族区域自治制度、基层群众自治制度、社会主义基本经济制度等。所谓重要制度，是指那些由根本制度、基本制度派生的国家治理各领域各方面的主体性制度，如经济、政治、文化、社会、生态文明、军事、外事等领域的主体性制度。这是对党和国家各方面事业作出的重要制度安排，标志着我国国家制度和国家治理体系更加系统化、整体化、规范化。

具体来说，一是明确了党的领导制度在我国国家制度和国家治理体系中的统领地位。

党的十八大以来，习近平提出：“中国特色社会主义最本质的特征是中国共产党领导，中国特色社会主义制度的最大优势是中国共产党领导，党是最高政治领导力量。”这一重大论断以全新的视野深化了对共产党执政规律的认识。《决定》提出“党的领导制度体系”这个重大概念，把坚持和完善党的领导制度体系，提高党科学执政、民主执政、依法执政水平放在坚持和完善中国特色社会主义制度、推进国家治理体系和治理

1 习近平：《在庆祝全国人民代表大会成立60周年大会上的讲话》（2014年9月5日），《人民日报》2014年9月6日。

能力现代化的首要位置，突出了党的领导制度在国家制度和国家治理体系中的统领地位。

二是首次从六个方面阐述了坚持和完善党的领导制度体系的基本要素，从指导思想到重大观点到具体措施都体现了坚持和加强党的领导、做到“两个维护”的要求。这些新概括新规定抓住了国家制度建设和国家治理的关键和根本，使党的领导制度化、具体化、规范化，确保把党的领导落实到国家治理的各领域各环节各方面。

三是首次把马克思主义在意识形态领域的指导地位明确为一项根本制度，是从国家制度和国家治理层面牢牢掌握意识形态工作领导权、管理权、话语权的重大举措，反映了以习近平为核心的党中央对新时代意识形态工作和意识形态安全的高度重视。

四是首次明确了党和国家监督体系在中国特色社会主义制度和国家治理体系中的重要定位。如何跳出“其兴也勃焉、其亡也忽焉”的历史周期律，是中国共产党始终不懈探索的重大理论和实践问题。在党全面领导、长期执政条件下，不断增强自我净化能力，保证干部清正、政府清廉、政治清明，要求中国共产党既要完善自我监督，又要加强对国家机关的监督。党的十八大以来，以习近平为核心的党中央着眼于党和国家长治久安，从政治和全局高度推进监督制度改革，初步形成党和国家监督体系总体框架。党的十九大深刻总结十八大以来中国共产党全面从严治党的经验，明确提出“构建党统一指挥、全面覆盖、权威高效的监督体系”这一战略任务。《决定》着眼于增强监督的严肃性、协同性、有效性，形成决策科学、执行坚决、监督有力的权力运行机制，确保党和人民赋予的权力始终用来为人民谋幸福，实现对所有行使公权力的公职人员监督全覆盖，从健全党和国家监督制度、完善权力配置和运行制约机制、构建一体推进不敢腐不能腐不想腐体制机制这三个方面提出了明确要求和举措，具有很强的针对性和操作性。

进一步推进国家治理体系和治理能力现代化，是着眼于当今世界正经历百年未有之大变局、中国正处于实现中华民族伟大复兴关键时期而采取的重大战略举措，意在坚持和完善支撑中国特色社会主义制度的根本制度、基本制度、重要制度，构建系统完备、科学规范、运行有效的制度体系，加强系统治理、依法治理、综合治理、源头治理，从而把中国制度优势更好转化为国家治理效能，为实现“两个一百年”奋斗目标、实现中华民族伟大复兴的中国梦提供有力保证。

第五章

中国特色社会主义发展道路的基本经验

在历史与现实、中国与世界两个维度，将中国特色社会主义放在近现代中国历史发展的背景中进行考察，我们可以看到，中国特色社会主义是中华民族为完成民族独立和人民解放、国家繁荣富强和人民共同富裕这两大历史任务，由数代仁人志士不断求索而找到的适合中国国情的民族发展与振兴之路。从因遭遇“三千年未有之变局”而被迫“虚心忍辱”以“师夷”雪“国耻”的最初尝试，到十月革命给中国送来马克思主义，中国的先进分子在“以俄为师”中掌握了“伟大的认识工具”，引发了中华文明深刻变革，再到中国共产党人将马克思主义与中国具体实际和中华民族优秀传统文化相结合，不断开拓马克思主义中国化新境界，开辟了中国特色社会主义的新篇章。这一历史进程蕴含着中西文明的碰撞与交融，体现着马克思主义的不断创新与发展，揭示了中国特色社会主义站在社会进步、时代发展的前沿，不断吸收、借鉴人类文明的一切优秀成果的本质属性，彰显了中国特色社会主义开放自信的根本特征。这是中国革命、建设、改革开放不断取得胜利的动力源泉，也是当今的中国站在历史新的起点，继续发展21世纪马克思主义，面向世界与未来，贡献中国智慧与中国方案的自信之源。

一、科学对待马克思主义

坚持马克思主义，发展马克思主义，是中国共产党庄严的历史责任，也是全党在新世纪新阶段领导人民实现中华民族伟大复兴的中国梦的精神动力和思想保证。马克思主义是科学的世界观和方法论，不懂得马克思主义基本理论，就谈不上掌握其科学体系及其精神实质，也无从掌握马克思主义的立场、观点、方法。此外，要将理论与实践紧密结合起来，在实践中坚持和发展马克思主义。

（一）科学的世界观和方法论

马克思主义作为科学的世界观和方法论，是人们认识世界和改造世界的伟大工具和锐利的思想武器。世界观是人们对客观世界的总的观点和看法，用这种观点和看法指导人们的认识活动，就形成了方法论。从这个意义上说，世界观和方法论是统一的。马克思主义经典作家历来重视世界观和方法论的实践指导作用，列宁曾指出，他们的整个学说，"不是死的教条，不是什么一成不变的学说，而是活的行动指南，所以它就不能不反映社会生活条件的异常剧烈的变化"。[1]习近平指出："马克思主义深刻揭示了自然界、人类社会、人类思维发展的普遍规律，为人类社会发展进步指明了方向；马克思主义坚持实现人民解放、维护人民利益的立场，以实现人的自由而全面的发展和全人类解放为己任，反映了人类对理想社会的美好憧憬；马克思主义揭示了事物的本质、内在联系及发展规律，是'伟大的认识工具'，是人们观察世界、分析问题的有力思想

1 《列宁选集》(第2卷)，人民出版社2012年版，第281页。

武器；马克思主义具有鲜明的实践品格，不仅致力于科学‘解释世界’，而且致力于积极‘改变世界’。在人类思想史上，还没有一种理论像马克思主义那样对人类文明进步产生了如此广泛而巨大的影响。”[1]

马克思主义由哲学、政治经济学、科学社会主义三个部分组成。它之所以被称为科学真理，是因为它超越了资产阶级的哲学、政治经济学和空想社会主义，“马克思的全部天才正在于他回答了人类先进思想已经提出的种种问题。他的学说的产生正是哲学、政治经济学和社会主义极伟大的代表人物的学说的直接继续”。[2]马克思主义的产生，对于哲学、政治经济学以及其他社会学说来说是伟大的革命。马克思、恩格斯首先创立了辩证唯物主义，并把这一哲学的基本原理应用于人类社会生活，从而创立了历史唯物主义。辩证唯物主义和历史唯物主义是无产阶级政党的世界观，是马克思主义的理论基础，也是政治经济学的理论基础。马克思就是运用辩证唯物主义和历史唯物主义的基本观点，分析和研究了资本主义的生产关系，在批判中建立自己的理论体系，并亲自参加了无产阶级反对资产阶级的斗争实践，从而创立了马克思主义的政治经济学。马克思主义政治经济学的创立又进一步充实和丰富了马克思主义哲学的内容，使辩证唯物主义和历史唯物主义得到科学的证明，并在最大程度上得到运用。早在1845年春，马克思对唯物主义历史观就做出了明确的表述。但是，这在当时仍然是一种假设，还没有得到具体的证明。政治经济学，特别是《资本论》的问世，弄清了资本主义的矛盾运动及其发展规律之后，唯物主义历史观才得到了科学的论证。可以这样说，是马克思主义政治经济学推动了唯物主义历史观的形成和发展。列宁曾经指出：“自从《资本论》问世以来，唯物主义历史观已经不是假设，而是

1　习近平：《在哲学社会科学工作座谈会上的讲话》（2016年5月17日），《人民日报》2016年5月19日。

2　《列宁选集》（第2卷），人民出版社2012年版，第309页。

科学地证明了的原理。”[1]可见，政治经济学是辩证唯物主义和历史唯物主义的证实和应用。哲学的历史唯物主义和政治经济学的剩余价值理论，同时又为科学社会主义奠定了基础，使社会主义从空想变为科学。恩格斯在《反杜林论》中曾经指出，关于剩余价值来源，“这个问题的解决是马克思著作的划时代的功绩。它使明亮的阳光照进了经济学领域，而在这个领域中，从前社会主义者像资产阶级经济学家一样曾在深沉的黑暗中探索。科学社会主义就是以此为起点，以此为中心发展起来的”。[2]

马克思主义哲学，就是辩证唯物主义和历史唯物主义。它是研究自然界、人类社会和思维发展的最一般的规律，是整个马克思主义学说的重要组成部分和理论基础，是无产阶级及其政党的世界观和方法论，是对人类以往科学和哲学思想发展的新超越。马克思和恩格斯是辩证唯物主义和历史唯物主义的创始人。马克思主义哲学产生于19世纪40年代，无产阶级是其坚实的阶级基础；自然科学的跨越式发展促进了马克思主义哲学的产生；全部哲学史中唯物主义和辩证法的传统，还有近代古典经济学家、历史学家以及空想社会主义者等对社会历史动因所作的有益探索，为马克思主义哲学的产生作了思想上的准备；而德国古典哲学——主要是黑格尔的唯心主义的辩证法和费尔巴哈的形而上学唯物主义，则成为马克思主义哲学的直接理论来源。列宁指出：“他用德国古典哲学的成果，特别是用黑格尔体系（它又导致了费尔巴哈的唯物主义）的成果丰富了哲学。这些成果中主要的就是辩证法，即最完备最深刻最无片面性的关于发展的学说，这种学说认为反映永恒发展的物质的人类知识是相对的。”[3]马克思主义哲学的产生，是人类思想史、哲学史上的伟

1 《列宁选集》（第1卷），人民出版社2012年版，第10页。

2 中共中央马克思恩格斯列宁斯大林著作编译局编：《马克思恩格斯选集》（第3卷），人民出版社2012年版，第584页。

3 《列宁选集》（第2卷），人民出版社2012年版，第310页。

大革命性变革。马克思主义哲学，在内容、对象和使命等方面，都具有根本上不同于以往旧哲学的新特点，从而成为指导无产阶级和劳动人民群众推动历史向更高阶段发展的科学的世界观和方法论。

马克思主义政治经济学研究社会生产关系，阐明了人类社会各个发展阶段经济运动的规律，在马克思主义思想理论宝库中占有很重要的地位。恩格斯说过，无产阶级政党的“全部理论内容来自对政治经济学的研究”。[1]列宁在论述马克思的经济学说时曾经指出，马克思的经济学说是马克思主义的主要内容，“使马克思的理论得到最深刻、最全面、最详尽的证明和运用的是他的经济学说”。[2]政治经济学反映了马克思主义理论的实质，对于人们正确地认识世界和改造世界有着极其重要的意义。马克思花费40年心血写成的伟大著作《资本论》，是马克思主义的百科全书，是马克思主义三个组成部分的有机结合和辩证统一。《资本论》不仅科学地总结并建立了政治经济学，而且探讨了哲学和科学社会主义，是一部集大成的理论巨著。

科学社会主义是研究无产阶级革命和无产阶级专政理论与策略的学说，阐明了社会主义和共产主义必然胜利的条件、实现的途径和无产阶级伟大的历史使命。马克思、恩格斯批判地继承、吸收了德国古典哲学、英国古典政治经济学和法国、英国空想社会主义的合理成分，创立了唯物主义历史观和剩余价值学说，揭露了资本主义剥削的秘密，阐明了资本主义必然被社会主义代替的客观规律，论证了无产阶级的历史使命和推翻资产阶级统治的必由之路，从而使社会主义由空想变成了科学。列宁认为，空想社会主义没有能够指出真正的出路。“它既不会阐明资本主义制度下雇佣奴隶制的本质，又不会发现资本主义发展的规律，也不

1　中共中央马克思恩格斯列宁斯大林著作编译局编：《马克思恩格斯选集》(第2卷)，人民出版社2012年版，第8页。

2　《列宁选集》(第2卷)，人民出版社2012年版，第428页。

会找到能够成为新社会的创造者的社会力量……马克思的天才就在于他最先从这里得出了全世界历史所提示的结论，并且彻底地贯彻了这个结论。这个结论就是阶级斗争学说。”[1]科学社会主义自创立之后，经过马克思、恩格斯的继续充实和完善，又经过列宁、斯大林在领导俄国社会主义革命和建设实践过程中的丰富与发展，从理论逐步变为现实，并形成了一系列基本原则。科学社会主义发展到今天，尽管历经曲折，但发展势头不减，尤其是中国伟大的社会主义实践，在当今世界的共产主义运动中起到了领军作用。

（二）理论与实际紧密结合

理论与实际相结合是马克思主义的根本原则，也是无产阶级政党的根本理论立场。具体到中国来说，就是马克思主义基本原理和中国具体实际相结合，这是中国共产党在指导思想上和实际工作中必须坚持的基本原则。理论与实际相结合有着丰富的内涵。

理论与实际相结合是马克思主义的理论核心和精髓。马克思主义博大精深，内容广泛，但贯穿其中的主线和精髓只有一个，就是实事求是。在马克思主义经典著作中，实事求是是本本主义、教条主义的对立面，也与夸大经验事实作用的实证主义、经验主义不相容。毛泽东把实事求是定义为认识客观规律并指导实践，邓小平则明确指出：“毛泽东思想的基本点就是实事求是，就是把马列主义的普遍真理同中国革命的具体实践相结合。”[2]因此，从根本上说，讲实事求是是马克思主义的核心与精髓，与说理论与实际相结合是马克思主义的核心与精髓是一回事。

理论与实际相结合是对待马克思主义的科学态度。在中国共产党

1 《列宁选集》（第2卷），人民出版社2012年版，第313—314页。

2 《邓小平文选》（第2卷），人民出版社1994年版，第126页。

的历史上，存在两种不同的对待马克思主义的态度。一是主观主义的态度，也就是理论与实际相脱离的态度。这就是脱离实际，把马克思主义经典作家的言论和某些国家建设社会主义的经验作为解决中国革命和建设问题的答案。中国共产党历史上的本本主义、教条主义、经验主义、“两个凡是”等错误思想，都是主观主义的具体表现。二是实事求是的态度，也就是理论与实际相结合的态度。这就是应用马克思主义理论和方法去调查研究，去分析和解决中国革命和建设中的重大实际问题。这是对待马克思主义的唯一科学的态度。毛泽东提出学理论要“有的放矢”、邓小平强调学马列要“管用”，都是这种实事求是、理论与实际相结合态度的具体体现。

理论与实际相结合体现了无产阶级政党的理论水平和领导水平。在理论与实际相结合的问题上，不仅存在如何对待理论，要不要把理论与实际相结合的态度问题，也存在善不善于把理论与实际相结合的能力问题。有些人懂得理论与实际相结合的重要性，并力图在学习和工作中加以贯彻，但由于水平不高，经验不足，能力不强，总是使理论与实际的结合出现偏差：不是变成用理论裁剪实际，就是用实例的某一方面来以偏概全，或者用片面的实际修正理论。只有在坚持理论学习并反复在实践中磨炼，逐步提高理论素养和与实际相结合的能力和水平，才能科学地掌握理论，切实地解决问题，实现实践基础上的理论创新。

新中国成立以来，中国共产党对理论和实际相结合问题的认识与实践，经历了一个曲折的发展过程。以毛泽东为主要代表的中国共产党人在领导全党全国人民完成新民主主义革命任务，进行社会主义建设和社会主义改造的过程中，继承了经典作家和他国先驱的经验，进一步论述了理论和实际相结合的问题。毛泽东指出，在学习马克思主义理论问题上，“我们要学的是属于普遍真理的东西，并且学习一定要与中国实际相结合。如果每句话，包括马克思的话，都要照搬，那就不得了。我们的理论，是马克思列宁主义的普遍真理同中国革命的具体实践相结合”。[1]他还说:“把马克思列宁主义的理论和中国革命的实践密切地联系起来，这是我们党的一贯的思想原则。”[2]刘少奇指出，我们学习马列主义理论，“就可以运用掌握了的马列主义理论去观察、解释、处理实际问题，这就是目的”。[3]他还指出:“基本理论宣传教育要联系实际，不要搞得空空洞洞。我们在实际工作的宣传上要联系基本理论，同时基本理论的宣传也要联系实际工作，两者要相互联系，而且要联系得好。理论同实际分离是错误的，机械地、生硬地联系也是错误的。”[4]但是1957年以后，由于客观上和主观上一些因素的影响，毛泽东对我国社会主义时期一定范围存在的阶级斗争做了夸大的估计，并且产生了经济建设急于求成、生产关系变革急于过渡到共产主义的错误倾向。1960年夏，毛泽东对这些错误倾向有了一定程度的认识，初步地总结了我国社会主义建设的教训，并提出加强调查研究的问题。1961年1月，毛泽东号召全党“大兴调查研究之风，一切从实际出发”。他说:“我们党是有实事求是传统的，就是把马列主义的普遍真理同中国的实际相结合。”[5]在1962年1月召开的扩大的中央工作会议上，毛泽东说，在社会主义建设问题上，我们还有很大的盲目性，还有许多未被认识的必然王国，因此必须“积累经验，努力学习，在实践中间逐步地加深对它的认识”。[6]“我们必须把马克思列宁主义的普遍真理同中国社会主义建设的具体实际，并且同今后世界革命的具体实际，尽可能好一些地结合起来，从实践中一步一步地认识斗争的客观

1 《毛泽东选集》(第5卷)，人民出版社1977年版，第286页。
2 《毛泽东文集》(第7卷)，人民出版社1993年版，第116页。
3 《刘少奇选集》(下卷)，人民出版社1985年版，第49页。
4 同上注，第88页。
5 《毛泽东文集》(第8卷)，人民出版社1993年版，第237页。
6 同上注，第303页。

规律。"[1]在这次会议上,刘少奇、周恩来、邓小平在报告或讲话中都强调要恢复党的实事求是的传统和作风。这表明,毛泽东和党中央在指导思想和实际工作上又开始回归马克思主义理论和中国实际相结合的正确轨道。然而,在1962年9月召开的中共八届十中全会上,毛泽东在讲话中对我国的阶级斗争又做出了估计,断言在整个社会主义阶段中资产阶级都将存在,资本主义复辟的危险都将存在。此后,政治领域和思想文化领域的阶级斗争扩大化错误日益蔓延,最终导致了长达十年之久的"文化大革命"。"文化大革命"结束后,由于当时中央主要负责人坚持"两个凡是"的错误方针,党和国家在指导思想和实际工作上仍然处于徘徊时期,没有真正回到马克思主义理论和中国实际相结合的正确轨道上来。

党的十一届三中全会以后,以邓小平为主要代表的中国共产党人在总结新中国成立以来正反两方面的经验,领导全国人民进行改革开放和社会主义现代化建设的新的伟大实践中,深化了对理论和实际相结合问题的认识。一是批判了"两个凡是"的错误方针,指出要正确地对待马克思主义理论。十一届三中全会批判了"两个凡是"的错误方针,充分肯定了必须完整地、准确地掌握毛泽东思想的科学体系。邓小平指出:"马列主义、毛泽东思想的基本原则,我们任何时候都不能违背……但是,一定要和实际相结合,要分析研究实际情况,解决实际问题。"[2]"只有结合中国实际的马克思主义,才是我们所需要的真正的马克思主义。"[3]二是强调了解放思想的重要性。只有解放思想,才能真正把马克思主义的基本原理同中国实际结合起来,不断推进我国的改革开放和社会主义现代化建设。邓小平强调:"只有思想解放了,我们才能正确地以马列主义、毛泽东思想为指导,解决过去遗留的问题,解决新出现的一系列问题,正

1　《毛泽东文集》(第8卷),人民出版社1993年版,第302页。
2　《邓小平文选》(第2卷),人民出版社1994年版,第114页。
3　《邓小平文选》(第3卷),人民出版社1993年版,第213页。

确地改革同生产力迅速发展不相适应的生产关系和上层建筑，根据我国的实际情况，确定实现四个现代化的具体道路、方针、方法和措施。”[1]三是明确概括了党的思想路线，使理论和实际相结合的原则更加具体化。明确地概括党的思想路线，是邓小平对理论和实际相结合原则的重大贡献。1982年9月召开的中国共产党第十二次全国代表大会，把邓小平概括的党的思想路线写进了党章，这就是：“一切从实际出发，理论联系实际，实事求是，在实践中检验真理和发展真理。”四是提出了建设有中国特色社会主义的科学论断。这是对马克思主义基本原理同中国社会主义建设的实际相结合的精辟表述，集中体现了马克思主义基本原理同中国社会主义建设的实际相结合的要求。

党的十三届四中全会之后，以江泽民为主要代表的中国共产党人在领导全国人民建设中国特色社会主义的实践中，进一步深化了对理论和实际相结合问题的认识。江泽民明确提出马克思主义要同时代特征相结合，中国的发展离不开世界，不能离开世界的基本状况孤立地研究中国；同样，世界的发展也离不开中国，中国的发展要为世界的发展做出贡献。江泽民在十五大报告中谈到邓小平理论时指出：“世界变化很大很快，特别是日新月异的科学技术进步深刻地改变了并将继续改变当代经济社会生活和世界面貌……邓小平理论正是根据这种形势，确定我们党的路线和国际战略，要求我们用新的观点来认识、继承和发展马克思主义，强调只有这样才是真正的马克思主义，墨守成规只能导致落后甚至失败。”[2]此外，在对待马克思主义的问题上，江泽民指出：“一是必须坚持马克思主义的立场、观点和方法，坚持马克思主义的基本原理。这一点，要坚定不移，不能含糊。二是一定要贯彻解放思想、实事求是的思想路

1 《邓小平文选》(第2卷)，人民出版社1994年版，第141页。

2 《江泽民文选》(第2卷)，人民出版社2006年版，第10—11页。

线，坚持勇于追求真理和探索真理的革命精神。这一点，也要坚定不移，不能含糊。”[1]2001年7月，江泽民在中国共产党成立八十周年大会上总结马克思主义基本原理同中国具体实际相结合的历史经验时指出：“八十年的实践启示我们，必须始终坚持马克思主义基本原理同中国具体实际相结合，坚持科学理论的指导，坚定不移地走自己的路。这是总结我们党的历史得出的最基本的经验。”[2]

党的第十六次全国代表大会之后，以胡锦涛为主要代表的中国共产党人在领导全党和全国人民全面建设小康社会、开创中国特色社会主义事业新局面的过程中，继续深化了对理论和实际相结合问题的认识。党的思想路线的基本精神，就是按照正确的思想原则去认识世界和改造世界。一切从实际出发，理论联系实际，实事求是，在实践中检验真理和发展真理。理论和实际相结合的过程，就是一个求真务实的过程。2007年10月，在党的第十七次全国代表大会上的报告中，胡锦涛进一步指出：“《共产党宣言》发表以来近一百六十年的实践证明，马克思主义只有与本国国情相结合、与时代发展同进步、与人民群众共命运，才能焕发强大的生命力、创造力、感召力。”[3]

进入中国特色社会主义新时代，以习近平为主要代表的中国共产党人把马克思主义基本原理同新时代中国具体实际结合起来，团结带领人民进行伟大斗争，建设伟大工程，推进伟大事业，实现伟大梦想，推动党和国家事业取得全方位、开创性历史成就，发生深层次、根本性历史变革，中华民族迎来了从富起来到强起来的伟大飞跃。总结历史，习近平指出：“实践证明，马克思主义的命运早已同中国共产党的命运、中国人

1　《江泽民文选》(第3卷)，人民出版社2006年版，第335页。

2　同上注，第270页。

3　胡锦涛：《高举中国特色社会主义伟大旗帜　为夺取全面建设小康社会新胜利而奋斗》(2007年10月15日)，《人民日报》2007年10月25日。

民的命运、中华民族的命运紧紧连在一起，它的科学性和真理性在中国得到了充分检验，它的人民性和实践性在中国得到了充分贯彻，它的开放性和时代性在中国得到了充分彰显！实践还证明，马克思主义为中国革命、建设、改革提供了强大思想武器，使中国这个古老的东方大国创造了人类历史上前所未有的发展奇迹。历史和人民选择马克思主义是完全正确的，中国共产党把马克思主义写在自己的旗帜上是完全正确的，坚持马克思主义基本原理同中国具体实际相结合、不断推进马克思主义中国化时代化是完全正确的！”[1]

（三）秉持与时俱进的理论品格

习近平指出：“理论的生命力在于不断创新，推动马克思主义不断发展是中国共产党人的神圣职责。我们要坚持用马克思主义观察时代、解读时代、引领时代，用鲜活丰富的当代中国实践来推动马克思主义发展，用宽广视野吸收人类创造的一切优秀文明成果，坚持在改革中守正出新、不断超越自己，在开放中博采众长、不断完善自己，不断深化对共产党执政规律、社会主义建设规律、人类社会发展规律的认识，不断开辟当代中国马克思主义、21世纪马克思主义新境界！”[2]

中国共产党的历史就是把马克思主义基本原理与中国具体实际和时代要求相结合，不断进行理论创新、制度创新、科技创新、文化创新的历史。进入中国特色社会主义新时代，改革发展稳定任务之重、矛盾风险挑战之多、治国理政考验之大都是前所未有的。习近平指出：“我们要赢得优势、赢得主动、赢得未来，必须不断提高运用马克思主义分析和解决实际问题的能力，不断提高运用科学理论指导我们应对重大挑战、抵

1　习近平：《在纪念马克思诞辰200周年大会上的讲话》（2018年5月4日），《人民日报》2018年5月5日。

2　同上。

御重大风险、克服重大阻力、化解重大矛盾、解决重大问题的能力，以更宽广的视野、更长远的眼光来思考把握未来发展面临的一系列重大问题，不断坚定马克思主义信仰和共产主义理想。”[1]

秉持与时俱进的马克思主义理论品格，首先要坚持马克思主义指导。马克思主义诞生以来，人类社会发生了翻天覆地的变化，但马克思主义所阐述的一般原理在整体上和一般性上仍然是完全正确的。因此，要坚持和运用辩证唯物主义和历史唯物主义的世界观和方法论，坚持和运用马克思主义立场、观点、方法，坚持和运用马克思主义关于世界的物质性及其发展规律，关于人类社会发展的自然性、历史性及其相关规律，关于人的解放和自由全面发展的规律，关于认识的本质及其发展规律等原理，坚持和运用马克思主义的实践观、群众观、阶级观、发展观、矛盾观，真正把马克思主义学精悟透用好。

秉持与时俱进的马克思主义理论品格，要结合中国历史，特别是中国共产党历史和新中国史，带着问题，联系实际系统学习毛泽东思想、邓小平理论、“三个代表”重要思想、科学发展观、新时代中国特色社会主义思想，把科学思想理论转化为认识世界、改造世界的强大物质力量，以此涵养正气，淬炼思想，升华境界，指导实践。

秉持与时俱进的马克思主义理论品格，要以科学的态度对待科学的理论。习近平指出：“科学社会主义基本原则不能丢，丢了就不是社会主义。同时，科学社会主义也绝不是一成不变的教条。”[2]他强调：“当代中国的伟大社会变革，不是简单延续我国历史文化的母版，不是简单套用马克思主义经典作家设想的模板，不是其他国家社会主义实践的再版，也不是国外现代化发展的翻版。社会主义并没有定于一尊、一成不变

1　习近平：《在纪念马克思诞辰200周年大会上的讲话》(2018年5月4日)，《人民日报》2018年5月5日。

2　同上。

的套路，只有把科学社会主义基本原则同本国具体实际、历史文化传统、时代要求紧密结合起来，在实践中不断探索总结，才能把蓝图变为美好现实。”[1]

二、批判继承民族传统文化

中华民族具有悠久的文明史，创造了灿烂而厚重的历史文化。西方列强的入侵使得中国传统文化受到冲击，从而开启了究竟是以传统为重，还是将其全盘推翻的争论。马克思主义传入中国，带来了不同于以往的科学的经验和真理，使中国的有识之士走上了马克思主义的道路。对于中华民族的传统文化，究竟如何运用马克思主义的科学的分析方法加以分析和扬弃，成为摆在中国有识之士面前的艰巨历史任务。

（一）创造马克思主义的民族形式

创造马克思主义民族形式的基本问题，就是把马克思主义与本民族存在与发展的实践有机地结合起来，将马克思主义的普遍性内容或普遍原则内化、发展为适应时代发展和民族特点的理论体系、实践形式和具体策略。这是马克思主义基本理论与本民族形式内在的历史性统一，而不是简单的外在叠加、强制的生硬捆绑或拿来主义的包装；这主要是通过各民族实践创造出来的，而不是仅仅靠理论的逻辑推演或诠释就可形成的。此外，任何一种特定民族形式的马克思主义都不能自封为马克思主义的“正宗”、“正统”、“嫡传”或“标准模式”，而限制、排斥和否认其他特定民族形式的马克思主义。马克思主义民族化包含着以多种

1 习近平：《在纪念马克思诞辰200周年大会上的讲话》（2018年5月4日），《人民日报》2018年5月5日。

多样的民族形式表达、贯彻和发展马克思主义基本原理的巨大理论空间和迫切的实践需要，它要求厘清其普遍原则及其民族表现形式的区别与联系，尊重包含普遍性的特殊性，倡导普遍原则的灵活运用，而不是形成“嫡系单传”、“定于一尊”和“固守教条”的僵化局面。就中国革命和建设来说，将马克思列宁主义、俄国革命的经验、共产国际的决议和苏联建设社会主义的模式神圣化的教条主义倾向曾经给中国造成很大的损失。因此，将倡导和确立的目标定位于中国的马克思主义者根据本民族的实际情况和实践任务，独立自主地坚持和发展中国化的马克思主义，才具有合理性和正当性。发展中国的马克思主义政党即中国共产党，使其能够不受他国干涉、独立平等地指导中国的社会主义现代化建设，才具有合法性。

中国的历史发展特点和经济文化发展水平，在世界历史格局中与众不同的地位和影响，以及中华民族实践发生的历史性变化，必然使得以马克思主义为指导的民族实践具有特定的表现形态，包括内容、形式、重点和特点等，因而中国的马克思主义民族化必然具有中国的特色。正如毛泽东所说，其表现为具体的活的马克思主义，而不是抽象的死的马克思主义，以及与他国相比程度不同的马克思主义。列宁指出：“只要各个民族之间、各个国家之间的民族差别和国家差别还存在（这些差别即便是在无产阶级专政在全世界范围内实现以后，也还要保持很久很久），各国共产主义工人运动国际策略的统一，就不是要求消除多样性，消灭民族差别（这在目前是荒唐的幻想），而是要求运用共产党人的基本原则（苏维埃政权和无产阶级专政）时，把这些原则在某些细节上正确地加以改变，使之正确地适应于民族的和民族国家的差别，针对这些差别正确地加以运用。在每个国家通过具体的途径来完成统一的国际任务，战胜工人运动内部的机会主义和左倾学理主义，推翻资产阶级，建立苏维埃共和国和无产阶级专政的时候，都必须查明、弄清、找到、揣摩出和把握住民族的特点和特征，这就是一切先进国家（而且不仅是先进国家）在目前历史时期的主要任务。争取工人阶级的先锋队，使它转向苏维埃政权而反对议会制度，转向无产阶级专政而反对资产阶级民主，在这方面主要的（当然这还远远不是一切，然而是主要的）事情已经做到了。现在要把一切力量、一切注意力都集中在下一个步骤上，也就是说，要找到转向或走向无产阶级革命的形式；这个步骤看来似乎比较次要，并且从某种观点上说，也的确比较次要，但是在实践上却更接近于实际完成任务。”[1]从实践上说，中国的马克思主义民族化的要求更为强烈，因为中国的马克思主义者所面临的现实情况和实践任务与马克思主义据以形成的欧洲的社会现实和实践任务极为不同。欧洲马克思主义者的任务是批判和改造资本主义社会，而中国的马克思主义者的首要任务是批判和改造半殖民地半封建社会，由此出发，探索中华民族通向共产主义理想的正确道路。不同的现实情况和实践任务，必然要求中国的马克思主义者采取不同的实践形式和理论表达，形成具有中华民族特色的马克思主义。

马克思主义普遍真理只是提供了分析问题的立场、观点和方法，而不可能提供解决问题的现成答案。中国马克思主义民族化的根本任务，就是把马克思主义基本原理与中华民族的实际有机地结合起来，从中华民族实际情况出发，探索通向共产主义理想的发展道路，包括具有中华民族特色的革命道路、建设道路、改革道路及其相应的战略、策略、政策、方式、方法和途径等，使马克思主义获得指导中华民族实践的时代内容和具体形式。列宁指出：“一切民族都将走向社会主义，这是不可避免的，但是一切民族的走法却不会完全一样，在民主的这种或那种形式上，在无产阶级专政的这种或那种形态上，在社会生活各方面的社会主义改

1 《列宁选集》(第4卷)，人民出版社2012年版，第200页。

造的速度上，每个民族都会有自己的特点。再没有比‘为了历史唯物主义’而一律用浅灰色给自己描绘这方面的未来，在理论上更贫乏，在实践上更可笑的了：这不过是苏兹达利城的拙劣绘画而已。”[1]正是这种中国特色的民族形式，为坚持和发展马克思主义提供了广阔的活动舞台、丰富的实践经验以及得以不断拓展的选择空间，不断滋养马克思主义的生命力，扩大其感召力和影响力，防止马克思主义走上封闭和僵化的道路。

中国马克思主义的民族形式不仅具有区别于其他民族的不同特色，而且随着时代的发展而发展，没有一成不变的表现形式。如果仅仅将中国马克思主义的民族化定位在区别于他国的地域差异上，就难以理解和容纳中国马克思主义民族化与时俱进的发展性。中国马克思主义民族化，意味着马克思主义必须结合当今中国发展所面临的时代特征和中华民族的特点，根据具体情况，灵活采取各种形式，才能不断坚持、丰富和发展中国化的马克思主义，逐步扩大和推进共产主义事业的发展。这种做法绝不是分割马克思主义，或将马克思主义碎片化，或将马克思主义局限于某一范围内，固定在某种形式上，用中国发展马克思主义的模式生搬硬套到其他国家。列宁指出：“右倾学理主义固执地只承认旧形式，而不顾新内容，结果彻底破产了。左倾学理主义则固执地绝对否定某些旧形式，看不见新内容正在通过各种各样的形式为自己开辟道路，不知道我们共产党人的责任，就是要掌握一切形式，学会以最快的速度用一种形式去补充另一种形式，用一种形式去代替另一种形式，使我们的策略适应并非由我们的阶级或我们的努力所引起的任何一种形式的更替。”[2]

人类社会历史不是一本已经完成写作的书，人类社会发展规律是不可完全预知的，只能在理论与实践交互影响中不断摸索。马克思不可能

1　《列宁选集》(第2卷)，人民出版社2012年版，第777页。

2　《列宁选集》(第4卷)，人民出版社2012年版，第211页。

穷尽自己创立的“马克思主义”,各民族的马克思主义者都有坚持和发展具有本民族特色的马克思主义的历史使命。只有不断为马克思主义理论宝库增添新的理论内容和实践形式,马克思主义才能不断保持和壮大自身的生命力。对于当今世界上唯一走社会主义道路的大国中国来说,更是如此,马克思主义必须随着时代的发展而发展,如果一成不变,就丧失了生命力。中国马克思主义的民族化必须顺应时代潮流,将民族性与时代性有机地结合起来,才能坚持和发展马克思主义。此外,中国马克思主义民族化不是以中华民族的特点来裁剪或曲解马克思主义,而是通过中国特色的民族形式来坚持和发展中国的马克思主义,因而,这一命题不仅肯定了马克思主义具有中华民族形式的合理性和正当性,而且本身就是充分体现其适应中国所处的时代发展潮流的真理。

(二)批判地继承中国历史文化遗产

正确处理传统与现代的关系,是中国特色社会主义发展道路必须回答的重大理论问题,也是实现社会主义现代化的必要条件之一。文化是民族的血脉,是人民的精神家园。中国共产党是中华优秀传统文化的忠实传承者,是中国先进文化的积极倡导者和发展者。改革开放以来,党始终坚持解放思想、实事求是、与时俱进、求真务实,不断推进马克思主义中国化、时代化、大众化,形成和发展了作为中国特色社会主义理论形态、实践形态和制度形态的中国特色社会主义道路、理论体系和制度。中国特色社会主义,既坚持了科学社会主义的基本原则,又具有鲜明的中国特色和时代特色。其理论思想来源,既要从马克思列宁主义毛泽东思想,从当代中国丰富多彩的社会实践,从当代世界的深刻变化等方面进行深入研究和思考,也要考察其与中国传统文化的关系。中国的发展深受传统文化的影响,中华优秀的传统文化对于当今社会主义现代化建设,对于实现中华民族伟大复兴的中国梦都起到重要的作用。发出中国声音，讲好中国故事，关键在于处理好传统与现代的关系，既吸取传统当中优秀的合理的成分，又避免糟粕的侵蚀。

纵观历史，在带领中国人民进行革命、建设、改革的长期实践中，中国共产党始终是中国优秀传统文化的忠实继承者和弘扬者。毛泽东善于运用马克思主义去解读中国传统文化，并为中国革命和建设事业服务。古代经典，特别是历史上的哲学、政治、经济、文化、军事和伦理等思想，都在他的著作中打上了深刻烙印。他用马克思主义解读中国传统文化的目的，不是对中国旧传统的复归，而是要创造中华民族的新文化。这个新文化是民族的、科学的、大众的文化。作为民族的文化，就是既要有革命的内容，也要有民族的形式。创造这个民族形式的一个重要方面，就是通过批判地继承中国传统文化而获得。这个民族形式应当是"新鲜活泼的、为中国老百姓所喜闻乐见的中国作风和中国气派"。毛泽东的许多著作在创造民族形式，形成中国特性、中国作风、中国气派方面，为中国共产党开创新文风树立了榜样。毛泽东所说的"马克思主义的中国化""具体化""民族化""中国老百姓喜闻乐见的形式"等，都强调了马克思主义的理论要与中国的传统文化相结合。马克思主义作为一种外来文化和意识形态，要想在中国生根发芽并对社会实践发挥指导作用，离开中国的民族形式即中国作风和中国气派，就寸步难行。毛泽东的这些著作使马克思主义与中国优秀传统文化的结合达到了水乳交融的地步。不仅如此，事实上，我们至今常用的许多话语都源于毛泽东的科学著作，我们现在的许多观念和认知方式也源于作为文化形态的毛泽东思想。毛泽东思想是中国共产党创造的民族的、科学的、大众的新文化的高度发展。

作为毛泽东思想的继承和发展，邓小平理论与其是一脉相承的。在把马克思主义理论与我们固有的民族文化、民族精神深入结合的过程中，邓小平是继毛泽东之后的又一光辉典范。邓小平一再强调的"实事求是”，反映了中国人的一种价值观念和科学精神，尤其是儒家，把“实事求是”作为做学问的一种基本态度。邓小平把“实事求是”提到了一个前所未有的纲领性的高度，指出实事求是“是无产阶级世界观的基础”，“是一个马克思主义的根本观点和根本方法”，“是毛泽东思想的精髓和灵魂”，“是中国共产党的思想路线”……把“实事求是”作为马克思主义的“精髓”和“灵魂”，作为党的思想路线，在邓小平之前是没有的。而“共同富裕”的目标，是古代“大同”理想的现代化、科学化的发展。孔子提出了与“天下为家”的小康社会相对的“天下为公”的大同理想。康有为借“公羊三世”说把大同和小康分别看作“太平世”和“升平世”（此前还有个“据乱世”）。从孔夫子到孙中山，精英和大众一直在追求“大同”理想的实现，但均未能如愿。邓小平不仅提出了“共同富裕”的目标，而且找到了实现目标的正确途径。通过改革开放，解放生产力，发展生产力，消灭剥削，消除两极分化，逐步达到共同富裕。可见，邓小平理论既是马克思主义的，又是中国的，它同中国传统文化之间存在着扬弃、综合、发展、创新的渊源关系。

（三）赋予马克思主义鲜明的民族特色

中国特色社会主义理论体系是改革开放40多年来中国共产党人推进马克思主义民族化、赋予马克思主义鲜明民族特色的重要理论成果。它既不同于传统马克思主义与苏联的社会主义模式，也区别于西方资本主义模式，而是在坚持马克思主义基本原理指导的基础之上，走出了一条结合中国具体国情、具有中国特色的社会主义道路，充分彰显了马克思主义鲜明的民族特色。中国特色社会主义理论体系坚持了马克思主义的世界观和方法论，坚持了实事求是的思想路线和群众路线。就本质而言，其坚持马克思主义的主体性不动摇，与马克思主义理论一脉相承。与此同时，中国特色社会主义理论体系坚持在马克思主义的指导下，从中国具体国情出发，坚持与民族特征相结合，批判地吸收中华民族传统文化的精华，不断赋予当代中国马克思主义鲜明的民族特色，进一步推动马克思主义在当代中国的丰富和发展。

中华民族有着光辉而悠久的历史，中国传统文化博大精深，孕育着一代又一代中华儿女，并赋予其崇尚艰苦奋斗的优秀的民族品格。毛泽东早在20世纪30年代就曾强调，中国共产党不能割断历史，应珍视"从孔夫子到孙中山"的历史。邓小平恢复了实事求是的思想路线，提出正确对待历史文化传统，推动了马克思主义民族特色的进一步发展。邓小平十分注重中国的历史文化传统，认为"要懂得些中国历史，这是中国发展的一个精神动力"。邓小平在马克思主义民族特色问题上最大的贡献就是提出必须从本国实际出发，实事求是，建设有中国特色的社会主义。他在吸取毛泽东时代社会主义建设和"苏联模式"经验教训的基础上，指出"马克思主义必须是同中国实际相结合的马克思主义，社会主义必须是切合中国实际的有中国特色社会主义"。[1]邓小平在建设社会主义问题上，十分注重从民族传统中吸取文化养料，丰富社会主义内涵，使社会主义的内容解读起来更加生动，让社会主义以"喜闻乐见"的形式为老百姓所接受。例如，"大同小康"是中华民族传统文化的重要组成部分，也是中国人民为之不断努力与奋斗的理想目标，对国人具有强大的思想凝聚力。邓小平吸收了中国传统文化中"小康"理论的思想精华，将其与社会主义初级阶段奋斗目标相结合，赋予社会主义以人民群众便于理解、易于接受的形式，提出建设小康社会，实现共同富裕的目标，从而赋予社会主义以鲜明的中国风格和中国气派。

世纪之交，面对世情、国情和党情的深刻变化，以江泽民为代表的中国共产党人将党的建设提升到关系国家生死存亡的"新的伟大工程"，注

1　《邓小平文选》(第3卷)，人民出版社1993年版，第63页。

重从传统民族文化中汲取养分，丰富和完善治党治国经验。江泽民十分注重培育和发扬民族精神，认为这是一个民族赖以生存的精神支柱。“一个民族，没有振奋的民族精神，没有高尚的民族品格，没有坚定的民族志向，不可能自立于世界先进民族之林。”[1]在此基础之上，他将社会主义文化的定义拓展为“面向现代化、面向世界、面向未来”，“民族的、科学的、大众的”等方面，其中“民族的”是不可或缺的关键一环。在民族文化理论体系中，爱国主义精神无疑是中华民族文化的重要组成部分，也是推动中华民族自强不息、不断发展壮大的精神支柱。江泽民将爱国主义与马克思主义相结合，实现了爱国主义与社会主义的统一与契合。他认为，“在当代中国，爱国主义和社会主义本质上是统一的……今天，全体社会主义劳动者、拥护社会主义的爱国者都越来越自觉地认识到，只有社会主义能够救中国，只有社会主义能够发展中国”。[2]针对党内存在的贪污腐化等不良现象，江泽民明确提出“讲学习、讲政治、讲正气”的“三讲”理论。其中，在论述“讲学习”和“讲正气”时，他十分注重从传统文化中吸收相关理论精华。“重视学习，讲究学问之道”是中华民族的优良传统，历史上的仁人志士无一不是注重学习的典范。讲正气既是马克思主义政党的优良传统，也是中华民族传统文化的精华。古人有云“养浩然正气”，还有《正气歌》等激情高昂的正气之歌。“我们党的宗旨是全心全意为人民服务，这就是全党同志首先是各级领导干部必须坚持树立和发扬的最大的正气。”[3]

进入新时期、新阶段，在机遇与挑战并存的复杂局面下，发展，尤其是科学发展的问题逐渐被提上日程。以胡锦涛为代表的中国共产党人，密切把握时代变化趋势，应时应运地提出科学发展观的重大战略。科学

1 《江泽民文选》(第3卷)，人民出版社2006年版，第400页。

2 《江泽民文选》(第1卷)，人民出版社2006年版，第68页。

3 同上注，第485页。

发展观不仅是对马克思主义理论的科学表述，而且是对我国传统文化中“天人合一”、人与自然和谐相处等思想的科学凝练与提升。将以人为本提升到科学发展观的核心地位，这是对我国传统文化中“民本”思想的科学提升与延续。也就是说，以人为本是在马克思主义理论体系的指导之下建构的，它既延续了传统“民本”思想中“保民爱民”的内容，又打破了其封建等级制度的桎梏，坚持人民当家做主的原则，赋予“民本”思想以马克思主义意义和当代科学形式。在科学发展观的指引之下，党将建设社会主义和谐社会提升到国家发展的战略高度，充实和完善了社会主义建设事业的整体性布局。和谐在中国传统文化体系中占据重要理论地位，其关于人与自然、人与人之间的和谐、中庸等理论和价值取向流淌在中华民族的千年文脉之中。以胡锦涛为核心的共产党人提出构建社会主义和谐社会的思想，无疑在很大程度上吸收了中国传统文化中“和而不同”“天人合一”等关于和谐的思想理论，同时赋予传统思想在当代的新形式与新内容。社会主义核心价值体系是建设社会主义和谐社会的重要思想保证。在社会主义核心价值体系的逻辑构架中，马克思主义的指导思想和中国特色社会主义共同理想是其质的规定性，占据决定性作用。以爱国主义为核心的民族精神和以改革创新为核心的时代精神，以及以“八荣八耻”为主要内容的社会主义荣辱观无不彰显出鲜明的民族特色。

中国特色社会主义进入新时代，以习近平为核心的中国共产党人高度重视和积极弘扬中华优秀传统文化，并将其作为治国理政的重要思想文化资源。当选为中共中央总书记后，习近平在第一次会见中外记者时就强调中华民族是伟大的民族，在五千多年的文明发展历程中，为人类的文明进步做出了不可磨灭的贡献。随后，他就提出了实现中华民族伟大复兴中国梦的思想。在十二届人大一次会议当选为国家主席后，习近平发表讲话指出：实现中华民族伟大复兴的中国梦，创造全体人民更加美好的生活，任重而道远。“功崇惟志，业广惟勤”，需要我们每一个人继续付出辛勤劳动和艰苦努力。2013年8月，习近平在全国宣传思想工作会议上指出：中华文化积淀着中华民族最深沉的精神追求，是中华民族生生不息、发展壮大的丰厚滋养。在担任国家主席后首次出国访问期间，习近平在回答新闻媒体如何治国理政时说：中国这样一个大国，这样多的人民，这么复杂的国情，领导者要深入了解国情，了解人民所思所盼，要有“如履薄冰，如临深渊”的自觉，要有“治大国如烹小鲜”的态度，丝毫不敢懈怠，丝毫不敢马虎，必须夙夜在公、勤勉工作。这些讲话开启了党和国家最高领导人运用丰富的传统文化资源展现治国理政情怀的新篇章。

三、发挥党和人民的创造力

以马克思主义唯物史观为理论基石的中国共产党既是工人阶级先锋队，也是中国人民和中华民族的先锋队。全心全意为人民服务是中国共产党的根本宗旨。这是中国共产党的立党之本、本质特征、政治品格和政治优势。中国共产党的性质决定了无论在什么时候，也不论环境条件、形势和任务如何变化，永远站在人民群众的立场上，为人民群众谋利益这一根本原则是始终不变的。中国共产党近百年来之所以得到人民的拥护和支持，从根本上说，就是因为能始终代表中国最广大人民根本利益，坚持群众是真正的英雄，尊重人民首创精神，最广泛地动员和组织人民投身到党领导的伟大事业中来。

（一）坚持党的领导

十月革命之后，中国先进分子从马克思列宁主义的科学真理中，看到了解决中国问题的出路。在中国人民反抗封建统治和外来侵略的激烈斗争中，在马克思列宁主义同中国工人运动的结合过程中，中国共产党在1921年应运而生。中国共产党一经成立，就义无反顾地肩负起实现中华民族伟大复兴的历史使命，团结带领中国人民进行了艰苦卓绝的斗争，谱写了气吞山河的壮丽史诗。经过新民主主义革命，建立了中华人民共和国，彻底结束了半殖民地半封建社会的历史，实现了中国从几千年封建专制政治向人民民主的伟大飞跃。随后经过社会主义革命，建立了社会主义基本制度，奠定了中华民族复兴的根本政治前提和制度基础，实现了中华民族由近代不断衰落到根本扭转命运、持续走向繁荣富强的伟大飞跃。改革开放这场全新的伟大革命及由此所开辟的中国特色社会主义道路，极大地激发了中国人民的创造力和社会发展活力，使中国大踏步赶上时代。中国这个世界上最大的发展中国家，迅速摆脱贫困并跃升为世界第二大经济体，人民生活明显改善，综合国力显著增强，国际地位空前提高，中华民族以崭新的姿态屹立于世界的东方，实现了从站起来、富起来到强起来的伟大飞跃。特别是中共十八大以来，中国特色社会主义进入全面建设社会主义现代化强国、逐步实现全体人民共同富裕的新时代，迎来了实现中华民族伟大复兴的光明前景。这些翻天覆地的变化，深刻改变了近代以来中华民族发展的方向和进程，深刻改变了中国人民的前途和命运，深刻改变了世界发展的格局和趋势。

从近代以来中国波澜起伏的历史进程中可以看出，不触动帝国主义、封建主义统治根基的改良主义失败了，中国人民才选择了革命的道路；来自西方的各种建国方案都行不通，中国人民才选择了经过新民主主义走向社会主义的道路；其他各种政治力量都无力领导中国人民实现救亡图存和民族复兴，中国共产党才义不容辞地肩负起了这一历史使命。中国共产党紧紧依靠人民，通过新民主主义革命，实现了民族独立和人民解放；经由社会主义革命，确立了社会主义根本制度并取得了社会主义建设的巨大成就；经由改革开放，完善和发展了中国特色社会主义。这三件大事，从根本上改变了中国人民和中华民族的前途命运，开启了沿着社会主义道路走向世界、实现民族伟大复兴的新的历史征程，向世人彰显和证明了"没有共产党就没有新中国"和"只有社会主义才能救中国和发展中国"的历史真理。

站在新的历史起点，中共十九大深入分析国际国内形势发展变化，全面总结过去五年的工作和历史性变革，作出了中国特色社会主义已经进入新时代的重大政治论断，阐述了新时代中国共产党的历史使命。习近平在十九届中共中央政治局常委同中外记者见面时指出："中国共产党是世界上最大的政党。大就要有大的样子。实践充分证明，中国共产党能够带领人民进行伟大的社会革命，也能够进行伟大的自我革命。我们要永葆蓬勃朝气，永远做人民公仆、时代先锋、民族脊梁。"[1]面对人民的重托、历史的重任，中国共产党在新时代中国特色社会主义的伟大实践中，深入推进党的建设新的伟大工程，继续推进中国特色社会主义伟大事业，以党的坚强领导和顽强奋斗，在世界形势深刻变化的历史进程中始终走在时代前列，在应对国内外各种风险和考验的历史进程中始终成为全国人民的主心骨，在坚持和发展中国特色社会主义的历史进程中始终成为坚强领导核心。

（二）以人民为中心

习近平总书记主持通过的《中共中央关于制定国民经济和社会发展第十三个五年规划的建议》明确提出：如期实现全面建设小康社会的奋斗目标，推动经济社会持续健康发展的首要原则是坚持人民主体地位，坚持以人民为中心的发展思想。该建议强调："人民是推动发展的根本力量，实现好、维护好、发展好最广大人民根本利益是发展的根本目的。

1 《人民日报》2017年10月26日。

必须坚持以人民为中心的发展思想，把增进人民福祉，促进人的全面发展作为发展的出发点和落脚点，发展人民民主，维护社会公平正义，保障人民平等参与、平等发展权利，充分调动人民积极性、主动性、创造性。”[1]上述文字表述具有重要的理论价值和实践价值，是对马克思主义发展观的创造性发展，进一步丰富了马克思主义发展观的丰富内涵，将马克思主义发展观提升到新的境界，是习近平治国理政思想的本质与核心。坚持以人民为中心的发展思想，进一步明确了我国社会主义发展的根本动力、发展的根本目的、发展的依靠主体、发展的价值取向和发展的具体目标，标志着中国共产党对社会主义发展规律和党的执政规律的认识到达了新的境界。

坚持以人民为中心的发展思想，具有科学的理论自觉、顺应时代潮流的历史自觉和明确的问题导向，对于开拓中国特色社会主义广阔未来，实现全面建成小康社会奋斗目标具有重要的理论与现实意义。

首先，坚持以人民为中心的发展思想，具有科学的理论自觉。

马克思、恩格斯在伟大的《共产党宣言》中庄严宣告：“过去的一切运动都是少数人的或者为少数人谋利益的运动。无产阶级的运动是绝大多数人的、为绝大多数人谋利益的独立的运动。”以唯物史观为理论基石的中国共产党，从诞生之日起，就把人民立场作为自己的根本政治立场，与人民风雨同舟、生死与共，始终保持血肉联系，从根本上保证了党战胜一切困难和风险，不断从胜利走向胜利。坚持以人民为中心的发展思想，是马克思主义的根本立场，体现着马克思主义唯物史观把人民群众看作社会生产、社会生活和社会历史的主体的基本观点，继承和发扬了党全心全意为人民服务的优良传统，具有科学的理论自觉。在纪念

1　《中共中央关于制定国民经济和社会发展第十三个五年规划的建议》(2015年10月29日)，《人民日报》2015年11月4日。

马克思诞辰200周年大会上的讲话中，习近平深刻指出："马克思主义是人民的理论，第一次创立了人民实现自身解放的思想体系。马克思主义博大精深，归纳为一句话就是，为人类求解放。在马克思之前，社会上占统治地位的理论都是为统治阶级服务的。马克思主义第一次站在人民的立场探求人类自由解放的道路，以科学的理论为最终建立一个没有压迫、没有剥削、人人平等、人人自由的理想社会指明了方向。马克思主义之所以具有跨越国度、跨越时代的影响力，就是因为它植根于人民之中，指明了依靠人民推动历史前进的人间正道。"[1]

植根于马克思主义唯物史观和中国共产党的优良传统，习近平系统总结了中国人民"四个伟大"特质与禀赋，进一步丰富了马克思主义人民观。他指出："中国人民的特质、禀赋不仅铸就了绵延几千年发展至今的中华文明，而且深刻影响着当代中国发展进步，深刻影响着当代中国人的精神世界。中国人民在长期奋斗中培育、继承、发展起来的伟大民族精神，为中国发展和人类文明进步提供了强大精神动力。"[2]

第一，中国人民是具有伟大创造精神的人民。中国人民始终辛勤劳作、发明创造，我国产生了老子、孔子、庄子、孟子、墨子、孙子、韩非子等闻名于世的思想巨人，创造了造纸术、火药、印刷术、指南针等深刻影响人类文明进程的伟大科技成果，创作了诗经、楚辞、汉赋、唐诗、宋词、元曲、明清小说等伟大文艺作品，传承了格萨尔王、玛纳斯、江格尔等震撼人心的伟大史诗，建设了万里长城、都江堰、大运河、故宫、布达拉宫等气势恢宏的伟大工程。今天，中国人民的创造精神正在前所未有地迸发出来，推动我国日新月异向前发展，大踏步走在世界前列。在中国特色社会主

1 习近平：《在纪念马克思诞辰200周年大会上的讲话》(2018年5月4日)，《人民日报》2018年5月5日。

2 习近平：《在第十三届全国人民代表大会第一次会议上的讲话》(2018年3月20日)，《人民日报》2018年3月21日。

义新时代，只要全体中国人民始终发扬这种伟大创造精神，一定能够创造出一个又一个人间奇迹。

第二，中国人民是具有伟大奋斗精神的人民。中国人民始终革故鼎新，自强不息，开发和建设祖国辽阔秀丽的大好河山，开拓波涛万顷的辽阔海疆，开垦物产丰富的广袤粮田，治理桀骜不驯的千百条大江大河，战胜不可胜数的自然灾害，建设星罗棋布的城镇乡村，发展门类齐全的产业，创造多姿多彩的生活。中国人民自古就明白，世界上没有坐享其成的好事，要幸福就要奋斗。今天，中国人民拥有的一切，凝聚着中国人的聪明才智，浸透着中国人的辛勤汗水，蕴涵着中国人的巨大牺牲。只要全体中国人民始终发扬这种伟大奋斗精神，我们就一定能够达到为人民创造更加美好生活的宏伟目标！

第三，中国人民是具有伟大团结精神的人民。中国人民始终团结一心，同舟共济，建立了统一的多民族国家，发展了56个民族多元一体、交织交融的民族关系，形成了守望相助的中华民族大家庭。特别是近代以来，中国人民英勇奋斗，浴血奋战，打败了一切侵略者，捍卫了民族独立和自由，共同书写了中华民族保卫祖国、抵御外侮的壮丽史诗。今天，中国取得的令世人瞩目的发展成就，更是全国各族人民同心同德、同心同向努力的结果。中国人民从亲身经历中深刻认识到，团结就是力量，团结才能前进，一个四分五裂的国家不可能发展进步。只要全体中国人民始终发扬这种伟大团结精神，就一定能够形成勇往直前、无坚不摧的强大力量！

第四，中国人民是具有伟大梦想精神的人民。中国人民始终心怀梦想，不懈追求，不仅形成了小康生活的理念，而且秉持天下为公的情怀，盘古开天、女娲补天、伏羲画卦、神农尝草、夸父追日、精卫填海、愚公移山等中国古代神话深刻反映了中国人民勇于追求和实现梦想的执着精神。中国人民相信，山再高，往上攀，总能登顶；路再长，走下去，定能到达。近代以来，实现中华民族伟大复兴成为中华民族最伟大的梦想，中国人民百折不挠，坚忍不拔，以同敌人血战到底的气概、在自力更生的基础上光复旧物的决心、自立于世界民族之林的能力，为实现这个伟大梦想进行了170多年的持续奋斗。今天，中国人民比历史上任何时期都更接近、更有信心和能力实现中华民族伟大复兴。

其次，坚持以人民为中心的发展思想，吸收借鉴了古今中外治国理政的经验教训，敏锐把握时代发展潮流，具有以强烈的使命感面向未来，开拓中国特色社会主义事业光明前景的历史自觉。

所谓历史自觉，就是建立在对历史发展潮流的深刻认识基础上形成的强烈的历史使命感和对自身的历史定位。

以习近平总书记为核心的党中央高度重视历史的作用与价值，多次表示：历史是最好的老师，也是最好的教科书和营养剂，在忠实记录下每一个国家走过的足迹的同时，为其未来发展提供启示。他在讲话中反复强调传统文化中的民惟邦本、以民为本、安民富民乐民的思想，指出中国优秀传统文化理念，“可以为人们认识和改造世界提供有益启迪，可以为治国理政提供有益启示，也可以为道德建设提供有益启发”。[1]

基于对古今中外治国理政兴衰成败的深刻考察和对时代潮流的准确把握，习近平明确指出：“人民是历史的创造者，人民是真正的英雄。波澜壮阔的中华民族发展史是中国人民书写的！博大精深的中华文明是中国人民创造的！历久弥新的中华民族精神是中国人民培育的！中华民族迎来了从站起来、富起来到强起来的伟大飞跃是中国人民奋斗出来的！”[2]他特别强调：“一切国家机关工作人员，无论身居多高的职位，都必

1　习近平：《在纪念孔子诞辰2565周年国际学术研讨会暨国际儒学联合会第五届会员大会开幕式上的讲话》（2014年9月24日），《人民日报》2014年9月25日。

2　习近平：《在第十三届全国人民代表大会第一次会议上的讲话》（2018年3月20日），《人民日报》2018年3月21日。

须牢记我们的共和国是中华人民共和国，始终要把人民放在心中最高的位置，始终全心全意为人民服务，始终为人民利益和幸福而努力工作。”[1]拥有这样的时代意识与历史自觉，必将开拓出中国特色社会主义广阔的发展前景。

（三）体现中国共产党的初心使命

为人民谋幸福贯穿于中国共产党领导中国人民追求民族复兴的全过程，推动着中华民族不断发生历史性变革，迎来实现中华民族伟大复兴的光明前景。在中国特色社会主义新时代，满足人民日益增长的对美好生活的需要，使人民享有更加幸福安康的生活，是时代赋予的根本历史任务，贯穿于“四个伟大”之中，为党领导全国人民进行伟大斗争、建设伟大工程、推进伟大事业、实现伟大梦想提供了不竭的动力源泉。

实现中华民族复兴这一伟大梦想，将民族独立、国家富强与人民幸福紧密联结在一起，体现了中华民族和中国人民整体利益与每一个炎黄子孙福祉的和谐共生。中国共产党人的初心和使命，就是为中国人民谋幸福，为中华民族谋复兴。一百年来，伟大梦想一直与人民幸福相互携行，共同开创民富国强的美好未来。党的十九大明确指出：全党同志一定要永远与人民同呼吸、共命运、心连心，永远把人民对美好生活的向往作为奋斗目标，以永不懈怠的精神状态和一往无前的奋斗姿态，继续朝着实现中华民族伟大复兴的宏伟目标奋勇前进。这种以人民为中心的真挚情怀，使国家富强之梦与人民幸福之梦交融在一起，必能有力激发全社会的创造力和发展活力，不断创造彪炳史册的人间奇迹，顺利实现全面建成小康社会奋斗目标，进而把我国建成富强民主文明和谐美丽

1　习近平：《在第十三届全国人民代表大会第一次会议上的讲话》（2018年3月20日），《人民日报》2018年3月21日。

的社会主义现代化强国，让中华民族以更加昂扬的姿态屹立于世界民族之林。

伟大梦想的实现，是通过伟大事业干出来的。中国特色社会主义伟大事业的形成与发展，贯穿着一条主线：为人民谋幸福，以实现人民对美好生活的向往。我们党是为人民谋幸福、为民族谋复兴而创立的，永远站在人民群众的立场上。改革开放之初，着眼于提高广大人民群众的生活水平，我们党制定了“20世纪80年代末解决人民温饱问题”、“20世纪末达到小康水平”以及“21世纪中叶达到中等发达国家水平”的国家发展“三步走”战略，开启了中国特色社会主义伟大事业新篇章。经过40多年的伟大实践，探索出实现社会主义现代化、创造人民美好生活的中国特色社会主义必由之路。当前，中国特色社会主义进入新时代，以习近平为核心的中央领导集体牢固树立“以人民为中心”的执政理念和发展逻辑，坚持人民主体地位，把党的群众路线贯彻到治国理政全部活动之中，依靠人民创造历史伟业，为确保党和国家事业始终沿着正确方向胜利前进，顺利实现全面建成小康社会奋斗目标，进而建成富强民主文明和谐美丽的社会主义现代化强国奠定了坚实的基础。

通向美好梦想的彼岸，往往面临艰难险阻，充满严峻挑战。随着改革进入攻坚期和深水区，进入中国特色社会主义新时代的当代中国，正在经历我国历史上最为广泛而深刻的社会变革，面临的风险和挑战前所未有，必须进行具有许多新的历史特点的伟大斗争，坚决破除阻碍国家和民族发展的一切障碍，才能迎来实现伟大梦想的光明未来。习近平明确指出：一个政党，一个政权，其前途命运取决于人心向背。他要求全党必须坚持人民主体地位，践行全心全意为人民服务的根本宗旨，依靠人民创造历史伟业，更加自觉地维护人民利益，坚决反对一切损害人民利益、脱离群众的行为。正是从为人民谋幸福的根本目标出发，以习近平为核心的党中央面对反腐败斗争的严峻形势，以刮骨疗毒、壮士断腕的勇气，“老虎”“苍蝇”一起打，党风廉政建设和反腐败斗争不断取得新成效，赢得了党心民心，厚植了党执政的政治基础。显然，为了人民、相信人民、依靠人民，为我们党有效应对重大挑战、抵御重大风险、克服重大阻力、解决重大矛盾提供了坚不可摧的根本保障，在新时代必然能够战胜一切在政治、经济、文化、社会等领域和自然界出现的困难与挑战，不断取得伟大斗争的新胜利。

实现伟大梦想，关键在于党的领导坚强有力。以全心全意为人民服务为根本宗旨的中国共产党，从人民是历史创造者的唯物史观出发，坚信人民是党和国家前途命运的决定力量。中国特色社会主义进入新时代，面对复杂的执政环境，以习近平为核心的党中央将全面从严治党作为党的建设新的伟大工程，紧紧围绕维护人民根本利益，毫不动摇坚持和完善党的领导，毫不动摇把党建设得更加坚强有力。一方面，坚持和完善党的领导，是党和国家的根本所在、命脉所在，也是人民的利益和幸福所在。习近平反复强调：我们共产党人的最高利益和核心价值是全心全意为人民服务、诚心诚意为人民谋利益。另一方面，我们党来自人民，植根人民，服务人民，紧密联系群众、为人民谋幸福也是党永葆生命力的关键所在。习近平明确指出：只要我们党把自身建设好、建设强，确保党始终同人民想在一起、干在一起，就一定能够把党建设成为始终走在时代前列、人民衷心拥护、勇于自我革命、经得起各种风浪考验、朝气蓬勃的马克思主义执政党，引领承载着中国人民伟大梦想的航船破浪前进，胜利驶向光辉的彼岸。

第六章
中国特色社会主义的世界意义

实现现代化对中国意味着什么？一个现代化的中国对世界又意味着什么？从现代化的视角来探讨中国特色社会主义发展道路的意义，这是学术界与理论界需要解决的重大理论与现实课题。从政治意义上看，中国特色社会主义发展道路凝结了中国共产党对人类社会发展规律、经济社会发展规律、共产党执政规律的深刻认识，指明了中国未来发展的方向和路径，是中国经济社会发展必须长期坚持的重要遵循；从理论意义上看，中国特色社会主义发展道路创造性地回答了关于发展的一系列重大问题，是中国共产党关于发展理论的一次重大升华，是对马克思主义发展理论的丰富和拓展；从实践意义上看，中国特色社会主义发展道路适应了时代发展和实践深化对党和国家工作的新要求，是关系中国发展全局的一场深刻变革，是破解发展难题、增强发展动力、厚植发展优势的行动指南；从世界意义上看，中国特色社会主义发展道路把准了当今世界发展的主脉，体现了鲜明的中国特色，为世界发展贡献了中国智慧和中国方案。因此，可以说，中国特色社会主义发展道路既是中国的，也是世界的。

一、面向世界的中国特色社会主义发展道路

历史和现实已经证明，中国特色社会主义道路完全是符合中国国情的社会主义发展道路，是实现社会主义现代化的必由之路。而实现现代化的中国不仅意味着中国特色社会主义道路是引领中国发展的唯一正确的道路，有着非凡的中国意义；同时，也为世界提供了可资借鉴的中国道路与中国模式，有着深刻的世界意义。中国特色社会主义发展道路既立足中国，又面向世界。中国特色社会主义所蕴含的思想、观念以及与世界各国愈发紧密的政治、经济、文化、社会联系，在实际上对人类社会的文明进程产生着直接的影响。面向世界，中国特色社会主义肩负着展示悠久灿烂的中华文化、揭示中华文明复兴与共建和谐世界的内在联系、为世界和平与人类进步做出更大贡献的重要使命。

（一）坚持中国特色的基本原则

何为中国特色社会主义道路？在党的十七大报告基础上，党的十八大对中国特色社会主义道路做了新的明确界定："中国特色社会主义道路，就是在中国共产党领导下，立足基本国情，以经济建设为中心，坚持四项基本原则，坚持改革开放，解放和发展社会生产力，建设社会主义市场经济、社会主义民主政治、社会主义先进文化、社会主义和谐社会、社会主义生态文明，促进人的全面发展，逐步实现全体人民共同富裕，建设富强民主文明和谐的社会主义现代化国家。"[1]这一科学界定勾画出中国特色社会主义道路的基本轮廓，即：中国特色社会主义道路是中国特色社会主义现代化发展之路，其目标是建成经济发展、政治民主、文化繁

1 胡锦涛：《坚定不移沿着中国特色社会主义道路前进，为全面建成小康社会而奋斗》，《十八大以来重要文献选编》（上），中央文献出版社2014年版，第9—10页。

荣、社会和谐、生态良好、实现人的全面发展的全方位的社会主义现代化国家。

作为经济文化落后的东方大国从传统社会走向现代社会的路径选择，现代化是数代中国人不懈努力的结果。而中国特色社会主义现代化发展道路的确立，反映了中国共产党人对世界现代化潮流的自觉认识，是对历史经验的科学总结，以及对当代中国国情的准确把握。因此，中国现代化之路作为世界现代化进程一部分，既反映了世界现代化的一般规律和特征，同时也具有深刻的中国特色。胡锦涛在党的十七大报告中指出："中国特色社会主义道路之所以完全正确、之所以能够引领中国发展进步，关键在于我们既坚持了科学社会主义的基本原则，又根据我国实际和时代特征赋予其鲜明的中国特色。"[1]那么，在推进中国特色社会主义实践中，必须坚持哪些基本原则呢？

科学社会主义的基本原则是中国特色社会主义道路的灵魂。因此，在探讨中国特色社会主义道路的基本原则问题时，必须回到马克思主义理论体系中，必须遵循科学社会主义的基本原则，即：必须坚持共产党的领导，必须坚持社会主义性质和发展方向，必须坚持社会主义的方法论，必须坚持社会主义本质，必须坚持社会主义价值，必须坚持人民的主体地位。

一是必须始终坚持中国共产党的领导。中国共产党是社会主义事业的领导核心，坚持中国共产党的领导是现代化进程中一切行动的前提与保证。中国共产党作为中国工人阶级的先锋队，代表了新的现代化方向，依靠现代化的最基本的力量即广大劳动人民，建立起从中央到地方各级人民政权，为中国现代化提供了强有力的政治保证。考察中国共产

1　胡锦涛：《高举中国特色社会主义伟大旗帜，为夺取全面建设小康社会新胜利而奋斗》，《十七大以来重要文献选编》（上），中央文献出版社2009年版，第9页。

党成立以来为中国现代化而探索和奋斗的历史，中国共产党从成立之日起，就不断推进自身的现代化，而党自身的现代化也推进了中国现代化的进程。可以说，中国共产党是中国现代化的启动者、组织者、动员者和领导者。所以，中国共产党能够领导人民成功地启动并发展了中国的社会主义现代化。

二是必须始终坚持社会主义性质和发展方向。中国现代化与社会主义是内在一致、相辅相成的。社会主义从本质上规定了中国现代化的性质和发展方向，能为现代化的发展提供正确的价值导向和强有力的制度保证，从而更快、更有效地推进中国现代化进程；中国现代化是社会主义性质的现代化，是社会主义的本质要求，现代化的发展就是社会主义在中国的发展。改革开放以来，中国共产党基于对社会主义初级阶段国情的科学判断，确立了社会主义初级阶段的基本路线，明确了建设中国特色社会主义的基本方向，成功开辟了中国特色社会主义道路。党的十八大以来，以习近平同志为总书记的党中央在深刻洞悉发展新阶段的基本特征、科学把握中国特色社会主义的本质要求和发展方向、不断深化对经济社会发展规律认识的基础上，提出创新、协调、绿色、开放、共享的新发展理念，指明了“十三五”乃至更长时期我国的发展思路、发展方向和发展着力点，揭示了我国实现更高质量、更有效率、更加公平、更可持续发展的科学路径，回答了关系我国社会主义现代化建设的一系列重大理论和实践问题。

三是必须始终坚持社会主义的方法论原则。科学性和实践性的统一是科学社会主义的基本特性。恩格斯指出：“要使社会主义变为科学，就必须首先把它置于现实基础上。”[1]《共产党宣言》1872年德文版序言中

1　中共中央马克思恩格斯列宁斯大林著作编译局编：《马克思恩格斯选集》（第3卷），人民出版社1995年版，第416页。

强调:“这些基本原理的实际运用……随时随地都要以当时的历史条件为转移。”这些都体现了科学社会主义的这种基本特性。其实质,就是必须坚持实事求是的思想路线,坚持一切从实际出发的方法论原则。党的十八大报告明确指出:“建设中国特色社会主义,总依据是社会主义初级阶段。”也就是说,必须立足于长期处于社会主义初级阶段这个最大国情,坚持发展仍是解决所有问题的关键。以经济建设为中心,发挥经济体制改革的牵引作用,推动生产关系同生产力、上层建筑同经济基础相适应。

四是必须始终坚持社会主义的本质原则。社会主义本质是社会主义社会的根本属性即内在规定性,是社会主义社会区别于其他社会的根本标志,贯穿于社会主义社会发展全过程,决定着社会主义社会的基本特征和发展方向。马克思、恩格斯指出:“代替那存在着阶级和阶级对立的资产阶级旧社会的,将是这样一个联合体,在那里,每个人的自由发展是一切人的自由发展的条件。”[1]在马克思、恩格斯看来,未来共产主义社会是“以每个人的全面而自由的发展为基本原则的社会形式”。[2]党的十一届三中全会以后,邓小平把社会主义本质概括为“解放生产力,发展生产力,消灭剥削,消除两极分化,最终达到共同富裕”。[3]这是对社会主义本质的一个崭新概括,对于推动思想解放和推进改革开放实践发挥了巨大的作用。此后的历届中央领导集体都坚持和发展了这个本质论,并把社会主义本质进一步概括为实现人的全面发展。因此,科学社会主义关于社会主义的本质规定就是实现人的自由全面发展。坚持社会主义

1 中共中央马克思恩格斯列宁斯大林著作编译局编:《马克思恩格斯选集》(第1卷),人民出版社1995年版,第294页。

2 中共中央马克思恩格斯列宁斯大林著作编译局编:《马克思恩格斯全集》(第23卷),人民出版社1964年版,第649页。

3 《邓小平文选》(第3卷),人民出版社1993年版,第373页。

本质规定,就是要坚持社会主义建设的长远目标和正确方向,也就是要根据人的自由全面发展的根本要求和基本国情推进中国特色社会主义经济、政治、文化、社会和生态建设。

五是必须始终坚持社会主义价值原则。社会主义价值是人类价值目标追求的延续和发展。马克思、恩格斯批判地继承了14世纪文艺复兴运动以后的各种人道主义思潮和19世纪空想社会主义的价值取向,科学地分析了资产阶级鼓吹的"自由、平等、博爱"的两面性,并且揭示了未来社会的基本价值。恩格斯引用人类学家摩尔根《古代社会》中的一段预言:"管理上的民主,社会中的博爱,权利的平等,普及的教育,将揭开社会的下一个更高的阶段,经验、理智和科学正在不断向这个阶段努力。这将是古代氏族的自由、平等和博爱的复活,但却是在更高级形式上的复活。"[1]这表明,社会主义社会是一个真正公正、民主、自由、平等、博爱的社会。改革开放以来,在总结社会主义实践深刻教训的基础上,中国逐步提出以人为本的价值取向,并形成了"富强、民主、文明、和谐,自由、平等、公正、法治,爱国、敬业、诚信、友善"的社会主义核心价值观,体现了人类社会发展趋势和社会主义本质规定,反映了中国最广大人民群众的愿望和人类的共同社会理想。

六是必须坚持人民的主体地位。人民本位是中国特色社会主义制度的本质属性,保障了中国特色社会主义制度具有鲜明中国特色、明显制度优势、强大自我完善能力。首先,中国特色社会主义道路是历史和人民选择的结果,体现着鲜明的中国特色。近代以来,为争取民族独立、人民解放和实现国家富强、人民富裕,中国人民推翻了封建专制主义制度,经过实践检验抛弃了资本主义制度,在各种社会思潮中选择了马克

1 中共中央马克思恩格斯列宁斯大林著作编译局编:《马克思恩格斯全集》(第36卷),人民出版社1974年版,第113页。

思主义作为指导。在中国共产党的领导下，继承中国优秀传统文化，借鉴人类文明的优秀成果，结合中国革命、建设和改革开放的具体实践，建立并不断完善和发展了中国特色社会主义制度。其次，中国特色社会主义道路以维护人民的根本利益为归宿，有着明显的制度优势。历史和人民选择中国特色社会主义道路，源于马克思主义将人民作为历史创造者、社会变革推动者的根本立场，植根于中国共产党一切为了人民、一切相信人民、一切依靠人民的宗旨，使中国特色社会主义制度从源头上有效保证了人民享有更加广泛、更加充实的权利和自由，保证人民广泛参加国家治理和社会治理，具有明显的制度优势。最后，人民主体地位的保障，为中国特色社会主义不断自我完善提供了强大的动力。从全心全意为人民谋利益出发，中国特色社会主义制度坚持党的领导、人民当家做主和依法治国有机统一，既最大限度地激发人民的创造活力，又能够集中力量办大事，使中国特色社会主义制度具有很强的自我变革和完善能力。

坚持共产党的领导、社会主义性质和发展方向、社会主义方法论、社会主义本质、社会主义价值和人民的主体地位是具有内在逻辑联系的科学社会主义基本原则。其中，坚持共产党的领导是最根本的前提，而社会主义本质规定是科学社会主义的最高命题，是从最深层次上回答什么是社会主义的基本原理和基本原则。坚持科学社会主义基本原则，必须坚持由社会主义方法论、社会主义本质规定、社会主义价值组成的具有内在逻辑联系的整体。中国特色社会主义道路坚持了科学社会主义的基本原则，代表了中国先进生产力和整个社会的发展方向，体现了中国最广大人民群众的价值追求。因此，坚持科学社会主义的基本原则就是要坚持科学社会主义的方法论，把社会主义置于现实基础上，既从实际出发建设社会主义，又坚持社会主义的本质规定和基本价值取向。[1]

1　贾建芳：《什么是科学社会主义基本原则》，《学习时报》2008年1月28日。

总之，中国特色社会主义发展道路，讲它是中国特色之路，是因为它具有中国的历史特点、民族特点、文化特点。习近平强调："中国特色社会主义，是科学社会主义理论逻辑和中国社会发展历史逻辑的辩证统一，是根植于中国大地、反映中国人民意愿、适应中国和时代发展进步的科学社会主义。"[1]这充分表明，中国特色社会主义发展道路符合科学社会主义基本原则，符合中国实际，符合最广大人民的根本利益和共同愿望，是理论逻辑、历史逻辑和现实逻辑的高度统一。科学社会主义基本原则是中国特色社会主义的"根"和"源"，规定了中国道路的根本方向，坚持其基本原则就坚持了道路的正确方向，正是因为具有这"三个符合"，中国特色社会主义才有旺盛的生机活力，才有无比壮丽的发展前景，才能承载起在中国共产党领导下实现中华民族伟大复兴中国梦的历史重任。习近平在庆祝中国共产党成立95周年大会上的讲话中强调："中国共产党领导中国人民开辟的中国特色社会主义道路是正确的，必须长期坚持、永不动摇。"[2]中国特色社会主义道路之所以正确，关键就在于坚持了科学社会主义的基本原则。在当代中国，坚持和发展中国特色社会主义，就是真正坚持科学社会主义。这是中国共产党近百年来最重要的历史结论。

（二）充分吸取人类文明一切合理的成果

在5 000多年文明发展历程中，各族人民以自己的勤劳智慧，创造了璀璨的中华文明，缔造了统一的多民族国家。中华文明具有独特的延续性、包容性、开放性。在长期对外交往中，中华民族努力学习借鉴其他民

1　习近平：《关于坚持和发展中国特色社会主义的几个问题》，《十八大以来重要文献选编》（上），中央文献出版社2014年版，第118页。

2　习近平：《在庆祝中国共产党成立95周年大会上的讲话》（2016年7月1日），《人民日报》2016年7月2日。

族的长处，自强不息，为人类文明进步做出了重大贡献。

但是，鸦片战争后，随着列强入侵和国门被打开，中国逐步成为半殖民地半封建国家，西方思想文化和科学知识随之涌入。自那以后，中华民族经历了刻骨铭心的惨痛历史，中华传统思想文化经历了剧烈变革的阵痛。面对世界发展浩浩荡荡的潮流、面对内外交困的危局，中华文明亟须实现现代化。为了寻求救亡图存之策，中国开始被动地进行早期现代化追求。刚刚睁眼看世界的中国，很自然地“效法欧美”。以“师夷之长技以制夷”为开端，经器物层面的洋务运动、制度层面的戊戌变法、清末新政和辛亥革命，到文化层面的新文化运动，中国对西方的学习不断深入。但是，各种救国方案最终都没有成功的历史证明，中华文明现代化既不是割断历史的文明再造，也不是“中学为体、西学为用”的文明修补，而是在继承与创新、吸收与借鉴的辩证统一中实现文明复兴。

可以讲，马克思列宁主义是中国人民吸取人类文明最大的成果。在马克思列宁主义同中国工人运动相结合的进程中，诞生了中国共产党。中国共产党成立后，坚持立足中国国情，以马克思主义为思想武器，开启了波澜壮阔的中华文明复兴征程，而这一历史进程，也是充分吸取人类文明的过程。自此，近代以后中华民族发展的方向和进程、中国人民和中华民族的前途和命运发生了根本的转变，世界发展的趋势和格局发生了根本的转变。中国共产党之所以能够完成近代以来各种政治力量不可能完成的艰巨任务，是因为始终把马克思主义这一科学理论作为自己的行动指南，并坚持在实践中不断丰富和发展马克思主义，形成了中国特色社会主义道路。在这一伟大历史进程中，正确处理传统与现代、中华文明与人类文明的关系，是中国人民必须回答的重大理论问题，也是实现现代化的必要条件之一。

在马克思主义经典著作中，人类社会文明都是历史的产物，人们只有借助于此前历史创造的生产力，才有可能去实现比以往的历史更进步的社会制度，才会使全人类最终实现消灭阶级差别，获得真正的人的自由的政治理想。马克思主义反对那种把无产阶级文化、社会主义社会同整个人类文明和整个人类史对立起来、割裂开来的观点。马克思公开申明，马克思主义理论和无产阶级文化，是适应人类社会历史发展的需要，在吸收人类社会发展过程中创造的一切积极文明成果的基础上，在无产阶级的革命和建设实践中创造出来的。正如马克思、恩格斯所指出的："历史不外是各个世代的依次更替。每一代都利用以前各代遗留下来的材料、资金和生产力；由于这个缘故，每一代一方面在完全改变了的条件下继续从事先辈的活动，另一方面又通过完全改变了的活动来改变旧的条件。"[1]不仅以前社会的更替是如此，从资本主义社会过渡到社会主义社会，也是建立在充分吸取资本主义文明成果的基础之上。

列宁不仅明确提出了如果不向资本主义学习就不能建成社会主义的思想，而且付诸实践，对于巩固新生的苏维埃政权和发展社会主义经济起到了巨大的历史作用。列宁在十月社会主义革命时期，也多次谈到继承和利用资本主义的问题。列宁指出："没有资本主义文化的遗产，我们建不成社会主义。除了用资本主义遗留给我们的东西以外，没有别的东西可以用来建设共产主义。"[2]"要进行社会主义建设，必须充分利用科学、技术和资本主义俄国给我们留下来的一切东西。"[3]

纵观历史，在带领中国人民进行革命、建设、改革的长期实践中，中国共产党始终是中国优秀传统文明的忠实继承者和弘扬者，同时又充分吸取人类文明的一切合理成果，在经历"以俄为师"的转折和对"苏联模式"的超越后逐步形成了中国特色社会主义发展道路。马克思主义进入

1　中共中央马克思恩格斯列宁斯大林著作编译局编：《马克思恩格斯全集》（第3卷），人民出版社1960年版，第51页。

2　《列宁全集》（第36卷），人民出版社1985年版，第129页。

3　同上注，第6页。

中国，既引发了中华文明的深刻变革，也走过了一个逐步中国化的过程。在革命、建设、改革各个历史时期，中国共产党坚持马克思主义基本原理同中国具体实际相结合，运用马克思主义立场、观点、方法研究解决各种重大理论和实践问题，不断推进马克思主义中国化，产生了毛泽东思想、邓小平理论、"三个代表"重要思想、科学发展观等重大成果，指导党和人民取得了新民主主义革命、社会主义革命和社会主义建设、改革开放的伟大成就。

早在1940年，毛泽东就在《新民主主义论》一文中明确指出："中国应该大量吸收外国的进步文化"，"还有外国的古代文化，例如各资本主义国家启蒙时代的文化，凡属我们今天用得着的东西，都应该吸收"。[1]1956年，毛泽东在《论十大关系》中则更明确指出：我们的方针是，"一切民族、一切国家的长处都要学，政治、经济、科学、技术、文学、艺术的一切真正好的东西都要学"。[2]因此不难看出，吸收、利用人类一切文明成果来发展社会主义，是从马克思主义创始人到实践社会主义的革命家一以贯之的思想。

进入改革开放新时期，邓小平明确提出了要吸收人类文明一切成果来建设社会主义的观点。1978年3月18日，邓小平在全国科学大会开幕式上指出："任何一个民族、一个国家，都需要学习别的民族、别的国家的长处，学习人家的先进科学技术。我们不仅因为今天科学技术落后，需要努力向外国学习，即使我们的科学技术赶上了世界先进水平，也还要学习人家的长处。"[3]此后，在一系列谈话中，邓小平又多次强调这一点。1983年7月8日，邓小平在同几位中央负责同志谈话时指出，"要利用外国智力，请一些外国人来参加我们的重点建设以及各方面的建设"，"要

1 《毛泽东选集》(第2卷)，人民出版社1991年版，第706—707页。
2 《毛泽东文集》(第7卷)，人民出版社1999年版，第41页。
3 《邓小平文选》(第2卷)，人民出版社1994年版，第91页。

扩大对外开放”。[1]1984年10月，邓小平在会见中外经济合作问题讨论会全体代表时指出：“在坚持自力更生的基础上，还需要对外开放，吸收外国的资金和技术来帮助我们发展。”[2]1985年10月，邓小平在会见美国高级企业家代表团时指出：“我们吸收资本主义中一些有用的方法来发展生产力。”[3]1986年9月28日，邓小平在党的十二届六中全会上指出：“我们实行开放政策，吸收资本主义社会的一些有益的东西，是作为发展社会主义社会生产力的一个补充。”[4]1991年，邓小平在视察上海时指出，“闭关自守不行”，“发展经济，不开放是很难搞起来的。世界各国的经济发展都要搞开放，西方国家在资金和技术上就是互相融合、交流的”。[5]1992年初，邓小平在南方谈话中更加明确地指出：“社会主义要赢得与资本主义相比较的优势，就必须大胆吸收和借鉴人类社会创造的一切文明成果，吸收和借鉴当今世界各国包括资本主义发达国家的一切反映现代社会化生产规律的先进经营方式、管理方法。”[6]党的十四大充分肯定了邓小平关于吸收、借鉴“两个一切文明成果”发展社会主义的思想，并将其写进了党的历史文献。这既是对社会主义建设几十年实践经验教训的科学总结，也是对马克思列宁主义、毛泽东思想的继承和发展，对于中国的现代化建设事业具有重要的意义。此后，在这一思想的指导下，中国建立起社会主义市场经济制度，体现了中国向资本主义学习，吸收其一切有利于社会主义建设的人类成果的决心，以此加快现代化建设的步伐，把中国特色社会主义道路推向21世纪，并取得了举世瞩目的伟大成就。

在21世纪的今天，人类几千年来积累的一切理性知识和实践经验依

1 《邓小平文选》(第3卷)，人民出版社1993年版，第32页。
2 同上注，第78—79页。
3 同上注，第149页。
4 同上注，第181页。
5 同上注，第367页。
6 同上注，第373页。

然是人类创造性前进的重要基础。包容文化差异，辩证取舍外来文化，是中华文明的鲜明品格，也是中华民族文化自信的从容气度。建设中国特色社会主义发展道路，需要坚持尊重差异、平等交流、取长补短、择善而从，“在比较、对照、批判、吸收、升华的基础上，使民族性更加符合当代中国和当今世界的发展要求”，在不断汲取各种文明养分中发展中国特色社会主义。

党的十八大以来，习近平强调：“只有不断发掘和利用人类创造的一切优秀思想文化和丰富知识，我们才能更好认识世界、认识社会、认识自己，才能更好开创人类社会的未来。”[1]“要坚持古为今用、洋为中用，融通各种资源，不断推进知识创新、理论创新、方法创新。”“要坚持不忘本来、吸收外来、面向未来，既向内看、深入研究关系国计民生的重大课题，又向外看、积极探索关系人类前途命运的重大问题；既向前看、准确判断中国特色社会主义发展趋势，又向后看、善于继承和弘扬中华优秀传统文化精华。”[2]这为在新的历史起点上，通过吸取人类文明成果以坚持和发展中国特色社会主义道路指明了新的方向。

总之，考察人类文明史，没有一种文明是在完全封闭的环境中发展起来的，文明的产生和发展过程就是一个与其他文明碰撞、交流、融合的过程。第二次世界大战结束以来，西方资本主义文明在制度、文化等方面所取得的进步离不开对社会主义文明的学习和借鉴。中华人民共和国成立70多年特别是改革开放40多年来所取得的巨大成就，正是学习借鉴全世界各种文明包括资本主义文明有益成果的结果。习近平强调：“文明因交流而多彩，文明因互鉴而丰富。文明交流互鉴，是推动人类文

1 习近平：《在纪念孔子诞辰2565周年国际学术研讨会暨国际儒学联合会第五届会员大会开幕式上的讲话》(2014年9月24日)，《人民日报》2014年9月25日。

2 习近平：《在哲学社会科学工作座谈会上的讲话》(2016年5月17日)，《人民日报》2016年5月19日。

明进步和世界和平发展的重要动力。”[1]世界上不同文明不仅需要各个国家和民族代代相传，需要平等交流，而且需要相互学习和借鉴，推动人类文明不断发展。在时代飞速发展的今天，任何国家和民族都不能夜郎自大、闭关锁国，而要坚持不同文明相互学习和借鉴。但在学习和借鉴的过程中，又必须结合各自国家和民族的特点，坚持趋利避害的原则，做到有所取舍，而绝不能照抄照搬，否则就会从根本上危及自身文明的生存。回顾中国共产党近百年来的历史，正是基于对人类先进文明的充分吸取利用，中国共产党领导中国人民取得了伟大的胜利，使中华民族全面迈向现代化，让中华文明在现代化进程中焕发出新的蓬勃生机。

（三）创造性转化为人类共享文明成果

如前所述，中华民族有着深厚的文化传统，形成了富有特色的思想体系，体现了中国人几千年来积累的知识智慧和理性思辨。这是中国的独特优势。中华文明延续着中华民族的精神血脉，既需要薪火相传、代代守护，也需要与时俱进、推陈出新。因此，要加强对中华优秀传统文化的挖掘和阐发，使中华民族最基本的文化基因与当代文化相适应，与现代社会相协调，把跨越时空、超越国界、富有永恒魅力、具有当代价值的文化精神弘扬起来。实现中国共产党提出的“为人类不断做出新的更大的贡献”的庄严承诺，就必须既要学习世界民族的优秀文化，又要把中国实践总结好，为世界性问题提供解决思路和办法；就必须立足本国国情，继承和发扬中华优秀传统文化，推动中华文明创造性转化和创新性发展，激活其生命力，让中华文明同各国人民创造的多彩文明一道，为人类提供正确的精神指引，使全体人类共享文明成果。

1　习近平：《文明因交流而多彩，文明因互鉴而丰富》，《习近平谈治国理政》，外文出版社2014年版，第258页。

那么,中国特色社会主义为人类文明贡献了什么样的成果呢?中国特色社会主义对世界的贡献是全方位的,既有增进民生福祉、推动人类发展进步事业的贡献,也有对世界社会主义的贡献,还有对世界经济增长的贡献。

社会主义的本质是解放生产力,发展生产力,消灭剥削,消除两极分化,最终达到共同富裕。以更快速度和更高质量发展起来,让人民共享发展成果,是中国特色社会主义的巨大优势。改革开放40多年,中国走完了发达国家几百年走过的发展历程,用短短几十年时间推动最大发展中国家创造经济总量位列世界第二的奇迹,给世界注入强大正能量,开辟国家富强、民族振兴、自身幸福的光明前景,也给世界人民带来和平发展的新希望。与此同时,中国在增进民生福祉方面也创造了人类历史上的奇迹:7亿多贫困人口摆脱贫困,对全球减贫的贡献率超过70%,被国际社会誉为“人类历史上前所未有的伟大成就”;人均国民总收入从190美元连续翻番达到7 880美元,从低收入国家跨入中等偏上收入国家行列,14亿中国人民的生活水平实现了质的飞跃。党的十八届五中全会确定了里程碑式的目标:到2020年我国现行标准下农村贫困人口实现脱贫,贫困县全部摘帽。中国人均国民总收入将接近高收入国家水平。这意味着世界上生活在高收入经济体的人口将翻一番。对人类发展进步事业来说,这是前所未有的伟大成就!正如习近平所指出的:“中国一心一意办好自己的事情,既是对自己负责,也是为世界作贡献。”

中国特色社会主义为人类对更好社会制度的探索提供了中国智慧、中国价值和中国方案。中国特色社会主义道路不仅仅是实现民族复兴、国家富强、人民幸福之路,也是人类实现和平发展与共同发展之路。中国通过和平的方式,实现跨越式发展,既改写了战争是大国崛起的必要条件这一历史惯例,也改写了国强必霸的陈旧逻辑,实现了对资本主义现代化模式的成功超越,为其他国家探索和坚持符合自身国情的发展道路提供了有益借鉴。以尊重人民主体地位为根本追求的中国特色社会主义制度不仅为人类对更好社会制度的探索提供了中国方案，也在积极参与全球治理体系的建设中，为完善全球治理贡献着中国智慧。中国特色社会主义在发展进程中，进一步坚持和发展了中国崇尚和平、尊重文明差异的价值观，提出了人类命运共同体思想，主张各文明的多样性与差异性是人类社会的基本特征，也是人类文明进步的动力，强调各文明、社会制度和发展模式相互交流和相互借鉴，在竞争比较中取长补短，在求同存异中共同发展。人类命运共同体思想，是对中外优秀思想文化和智慧的融会贯通，既具有鲜明的中国特色与中国智慧，又蕴含着全人类的共同价值。

二、中国特色社会主义发展道路的世界意义

在经济全球化、政治多极化、文化多样化、社会信息化的背景下，面对复杂多变的国际形势和突出严峻的全球性问题，如何洞察人类前途命运和时代发展趋势，如何准确把握中国与世界关系的战略走向，是中国共产党面临的重大理论与现实问题。基于对历史、现实与未来的客观判断，基于人类前途与自身道路的战略选择，中国共产党探索出中国特色社会主义发展道路，回答了当今时代人类的共同关切，与人类社会发展进步潮流高度契合，为人类未来发展提供了中国道路、中国方案与中国智慧，是中国共产党关于当今国际关系和未来世界发展大势的价值取向，集中体现出中国共产党人对人类未来发展的终极关照，使中国特色社会主义的世界意义更加凸显。

（一）有助于科学社会主义事业不断发展

社会主义主张起源于欧洲，与资本主义相伴而生。因为资本主义在

带来巨大物质财富的同时，也带来了阶级剥削和两极分化等弊端，空想社会主义就是力图用更理想的社会制度取代资本主义制度。到19世纪中叶，经马克思、恩格斯的不懈努力，空想变成科学，科学社会主义诞生。再到1917年，俄国爆发的十月革命使社会主义由理论变成了现实。第二次世界大战后，世界上建立起一系列新的社会主义国家，形成了强大的社会主义阵营。但与资本主义相比，社会主义实践的历史并不长，需要进一步的探索与实践。考察人类发展历史，人类社会制度的发展是曲折与前进的统一体，作为一种全新的社会制度，社会主义制度的完善要经历一个长期的过程，中间发生波折是不可避免的。20世纪90年代，不少人对社会主义的前途命运产生怀疑。中国共产党用事实证明，历史不会因此终结，人类探索理想社会制度的脚步不会停歇。中国共产党探索出适合本国国情的社会主义道路，用成功实践诠释什么是社会主义，怎样坚持和发展社会主义。中国特色社会主义以巨大发展成就有力证明：社会主义代表人类进步方向，社会主义优越于资本主义；在当代中国，坚持和发展中国特色社会主义就是真正坚持科学社会主义。

中国特色社会主义对世界的贡献使得世界对社会主义的信心更足。中国改革开放和现代化建设所取得的伟大成就举世瞩目，在世界社会主义运动史上是没有先例的。它使社会主义从一度的低谷中进入“柳暗花明又一村”的境界，使人们从社会主义在中国的“跨越式”发展中看到了世界社会主义事业振兴的璀璨曙光，充分展示了社会主义的勃勃生机和强大活力，开辟了世界社会主义运动复兴的前进方向，一方面为世界社会主义运动逐步走出低谷注入了强大动力。另一方面重新认识和校正了社会主义与资本主义的关系，使人们认识到，社会主义和资本主义两种制度长期共存是当代世界一个不争的事实，短时间内改变不了，但改革开放取得的成就，却已从发展的趋势和速度上为社会主义是必由之路、社会主义优于资本主义提供了有力的证明，令世界对科学社会主义的生命力刮目相看。

社会主义优于资本主义，最根本的是社会主义的性质和目的在于以人为本，以实现最广大人民的利益为根本宗旨，以实现人的自由全面发展为最终目标。作为以马克思主义为指导、以中国共产党领导为最本质特征和最大优势的中国特色社会主义，以人民立场为根本政治立场，坚持以人民为中心的发展思想，把改革发展成果更多更公平惠及全体人民作为出发点和落脚点。坚持和发展中国特色社会主义，在短时间里把一个人口比现有西方发达国家人口总和还多的国家带进现代化，在劳动生产率提高的速度、人民物质文化生活改善的幅度、共同富裕的进度、核心价值观的高度、民族凝聚力的强度、集中力量办大事的力度等方面，显示出相对于资本主义的优势。

习近平指出，中国共产党领导中国人民取得的伟大胜利，使具有500多年历史的社会主义主张在世界上人口最多的国家成功开辟出具有高度现实性和可行性的正确道路，让科学社会主义在21世纪焕发出新的蓬勃生机。[1]历史的发展充分证明，中国共产党之所以能完成近代以来其他各种政治力量不可能完成的艰巨任务，是因为有了科学社会主义；科学社会主义之所以能在21世纪焕发出新的蓬勃生机，正是因为中国共产党开辟出中国特色社会主义道路。

中国为什么能使科学社会主义在21世纪焕发出新的蓬勃生机？一方面，中国特色社会主义立足新的实际，坚持科学社会主义的基本原则，同时又根据时代条件赋予其鲜明的中国特色，从而保证它既牢牢坚持社会主义的性质，又能有效解决今天中国面临的问题，使中国以罕见的速度发展起来。社会主义必须随着时代发展而自我调整，自我革新，自我

1　习近平：《在庆祝中国共产党成立95周年大会上的讲话》(2016年7月1日)，《人民日报》2016年7月2日。

完善。从马克思、恩格斯阐述科学社会主义原理到现在，人类生产方式、生活方式、交往方式等都发生了巨大变化。因此，社会主义的具体模式不应该也不可能固守马克思主义经典作家的设想，不能固守苏联模式，而必须跟上时代前进的步伐。中国特色社会主义，正是建立在对共产党执政规律、社会主义建设规律、人类社会发展规律认识不断升华的基础上，从而保证它始终沿着人类文明进步方向，沿着解放和发展生产力、造福人民的道路披荆斩棘、砥砺前行，不断取得新的认识成果和发展成就。改革开放以来，社会主义市场经济、社会主义民主政治、社会主义先进文化、社会主义和谐社会、社会主义生态文明等的建构与发展，无不是科学社会主义基本原则同中国实际和时代特征有机结合的成果。另一方面，中国特色社会主义赋予科学社会主义鲜明的民族性。科学社会主义的基本原则具有普遍性，但其实现途径与具体表现形式不可能千篇一律，还需要考虑和适应不同国家的特点，尤其是历史与文化特点。中国特色社会主义立足当代中国国情，根植中国土壤，属于中国，具有中国的个性，而社会主义的共性即其基本原则和基本性质，则寓于这个个性之中，具有普遍的思想价值。它是历史演进的新长河中共性和个性相结合的产物，代表了对科学社会主义认识和实践的新水平。

总之，中国特色社会主义发展道路既坚持科学社会主义的基本原则，又坚持与时俱进，根据时代的变化和实践的发展不断创新，推进了科学社会主义的新发展。中国特色社会主义继承和发展了马克思主义、毛泽东思想，它自身也经历了从邓小平理论到“三个代表”重要思想、科学发展观，再到习近平系列重要讲话的一脉相承的历史过程，形成了一个系统完整的科学理论体系。这一理论体系，是历史逻辑、理论逻辑、实践逻辑以及未来逻辑的融会贯通，是马克思主义中国化的最新发展。坚持和发展中国特色社会主义，使科学社会主义在21世纪焕发出新的蓬勃生机，在世界面前展现了它的强大生命力和无穷创造力，为人类探索更美好的社会制度提供了中国方案。

（二）有助于世界各国共同发展

中国特色社会主义发展道路，既是现代化之路，要从低收入到中等收入进而到高收入，基本实现工业化、城市化和现代化的目标和任务；同时也是社会主义之路，不仅要使人民富裕起来，还要逐步使全体人民共同富裕起来。但中国道路不仅仅惠及中国人民，也为世界各国共同发展做出积极贡献。中国特色社会主义发展道路，是在深刻总结国内外发展经验教训的基础上，准确研判国内外发展大势，不仅致力于解决中国发展面临的问题，而且有助于解决人类发展面临的共同问题。它抓住了当今世界现代化的主脉，揭示了中国社会主义现代化建设的特点与规律，不仅是中国经济社会发展的基本遵循，而且对世界发展具有借鉴意义。中国道路所彰显的优势为世界所瞩目，尤其是为发展中国家选择社会发展道路提供了借鉴和启示。在经济全球化深入发展的时代，持续快速的经济发展和庞大的经济规模使中国成为世界经济发展的重要引擎，为世界各国提供了广阔的市场空间，通过国际经济合作和交流促进世界经济稳定发展，实现与世界各国的互利共赢，为世界各国共同发展贡献“中国模式”。

长期以来，人们对现代化的认识主要来自西方。现代化道路大体可分为西方资本主义现代化和以苏联为代表的社会主义现代化两种模式。苏联模式的现代化之路宣告失败。而始自欧美诸国的现代化浪潮，的确获得高度成功，但大都伴随着海外扩张和殖民掠夺，给世界人民带来深重苦难。特别是近些年，一些发展中国家实行“西方化”的现代化模式，也纷纷宣告失败。此外，西方传统工业化道路导致日益严重的全球生态环境问题，肇始于发达国家的国际金融危机也让世界吞下苦果。事实说明，现代化并非西方资本主义一条道路，社会主义并非只有“苏联模式”。

世界上没有放之四海而皆准的发展模式,也没有一成不变的发展道路。

1978年至今,中国共产党创造了令世人瞩目的“中国奇迹”,把一个贫穷落后的发展中国家,一跃推向世界第二大经济体、第一大贸易国。这充分显示出中国特色社会主义发展道路的科学性和强大生命力。中国特色社会主义发展道路是一条与西方不同的现代化道路,是一条生产力水平大幅提高、以实现共同富裕为价值取向的社会主义道路,是一条生产发展、生活富裕、生态良好的文明发展道路,是一条通过合作共赢实现共同发展的和平发展道路。特别是十八大以来,以习近平为总书记的党中央对现代化规律的认识达到了新高度,不仅科学回答了中国现代化面临的问题,而且有助于解答人类共同面临的发展难题:提出“四个全面”战略布局,解决推进现代化的顶层设计问题;提出创新、协调、绿色、开放、共享的新发展理念,解决发展动力、协调发展、生态安全、统筹内外、收入差距等问题;提出协同推进新型工业化、信息化、城镇化、农业现代化和绿色化,破解传统工业化困局;提出“一带一路”倡议引导中国与世界更加深刻地互动,推动全球投资贸易的蓬勃发展,提升沿线国家特别是发展中国家的基础设施建设,提高当地生产力,促进世界经济的协调发展。

数据更能说明“中国模式”对于全球经济增长的世界意义。改革开放以来,中国对世界经济发展做出了重大贡献。1978年,中国国内生产总值占世界的比重仅为1.8%。仅仅30多年后,中国国内生产总值占世界的比重达到15.5%,对世界经济增长的贡献率达到近30%,超过美国居全球第一位。尤其是2008年国际金融危机发生以后,中国逐渐成为带动世界经济发展的主要动力。中国是世界主要对外投资大国,2005年至2014年中国对外投资对全球跨境投资增长的贡献率达19.9%。有西方学者做过计算,2011年,中国为世界贡献了1.3万亿美元的经济增长,相当于每12.5周创造出一个希腊的经济总量,每一年创造出一个西班牙的经济总量。2013年,中国进出口总值达4.16万亿美元,成为全球货物贸易进出口第一大国,为全球贸易伙伴创造了大量就业岗位和投资机会。近年来,中国经济发展进入新常态,增速从高速转为中高速,但减速不减势,量增质更优,给世界经济带来更为巨大而综合的正面外溢效应。2013年至2015年,在世界经济增速仅为2.4%的情况下,中国经济平均增速达到7.3%,继续领跑世界。2016年8月22日,联合国开发计划署在北京发布的《2016中国人类发展报告》指出,自改革开放以来,中国年均国内生产总值(GDP)增长率高达近10%,成为世界第二大经济体并使约6.6亿人脱贫。从1980年至2010年的30年间,中国收入指数的增幅在全球排名第一。对中国人类发展指数增长因素的分析表明,30年间经济(收入)增长对人类发展指数增长的贡献率达到了56.26%,其中1980年至1990年间的贡献率更是高达65.53%。收入的快速增长让大量人口摆脱了贫困,不仅提高了物质生活水平,也大大扩展了机会和选择。[1]目前,中国是世界货物贸易第一大国,是世界货物贸易增长的最大贡献者,是后国际金融危机时期稳定世界市场预期的重要力量。中国服务贸易进出口总额跃居世界第二位,是世界服务贸易增长的最大促进者。

发展为了人民、发展依靠人民、发展成果由人民共享,这是中国推进改革开放和社会主义现代化建设的根本目的。改革开放以来,中国用几十年时间完成了其他国家几百年走过的发展历程。中国曾是世界上最贫困的国家之一。1981年,中国约有8.351亿贫困人口,贫困发生率为84%,占世界绝对贫困人口总数的43.6%;但是,到2010年,数值分别降至1.571亿人、11.8%和12.9%,分别减少了6.780亿人、72.2个百分点和30.7个百分点;同期,全世界绝对贫困人口从1981年的19.134亿下降至2010年的12.15亿,减少了6.984亿。中国的减贫贡献占世界绝对贫困人

1　《2016中国人类发展报告》,《人民日报》2016年8月23日。

口总减少量的97.1%。而中国也从落后者成为贡献者，国务院新闻办公室2011年4月21日发表的《中国的对外援助》白皮书介绍说：截至2009年底，中国累计对外提供援助金额达2 562.9亿元人民币，其中无偿援助1 062亿元，无息贷款765.4亿元，优惠贷款735.5亿元。

改革开放以来的历史和实践证明：中国的改革开放政策和建设有中国特色社会主义道路不仅是中国人民的正确抉择，是中国走向现代文明的唯一途径，而且是一条有别于西方传统现代化模式的新的现代化之路；中国的发展不仅是崛起，而且将为世界上其他正在努力实现现代化的广大发展中国家提供有益的经验，同时也将为包括发达国家在内的整个人类的发展提供有益的启示。中国的迅速发展和复兴深刻改变着世界的格局，拓展了现代化模式的新视野，为世界经济发展提供了可资借鉴的现代化模式，对人类社会发展进程产生了深远影响。

马克思说："人们自己创造自己的历史，但是他们并不是随心所欲地创造，并不是在他们自己选定的条件下创造，而是在直接碰到的、既定的、从过去承继下来的条件下创造。"中国特色社会主义发展道路是在总结历史与现实、国内与国外经验教训的基础上，通过艰苦实践探索出来的与以往的所有国家的现代化道路都不同的新道路。中国特色社会主义现代化之路的成功，最根本的原因就在于它所代表的是一个发展中的大国在经济社会发展过程中如何逐渐摸索出了一条适合自己的发展道路，形成适合自己的"模式"。也就是说，这个"模式"，是立足自身实际，面向世界，面向未来，逐步探索出的一条既切合中国实际国情，又顺应世界历史潮流的具有中国特色的社会主义现代化道路，创造性地克服了近代以来中国现代化在一个半世纪历程中的种种挫折、失误，成功地跨越了当今许多后发展中国家普遍面临的种种发展困境。正如现代世界史教授乔·科尔顿和劳埃德·克莱默所说："中国为20世纪最后几十年以来的世界树立了经济大发展和现代化的光辉典范。"比尔·盖茨也指出:“中国作为全球发展伙伴的角色将日益凸显,在继续实现自身发展的同时,还将在帮助其他发展中国家应对挑战方面做出更大的贡献。”中国已经毫无疑问地成为我们所讨论的“现代世界历史”中的一支主要影响力量。世界银行前行长金墉表示:“中国经验在国际社会被广泛讨论和研究,并对很多国家政策、改革产生影响,世界银行的工作也从中国经验中得到启发。”“中国在多边发展和全球治理领域将发挥更大作用。”

综上所述,中国特色社会主义发展道路为世界各国,特别是发展中国家实现现代化提供了可资借鉴的新模式。中国现代化道路的成功实践是对西方现代化道路的超越,拓展了人类认识和推进现代化的新境界。中国特色社会主义发展道路向世界表明,一个国家要发展就必须独立自主地探索具有本国特色的发展道路和发展模式。任何社会的发展道路和发展模式都是针对本国自身的发展问题而提出来的,每个国家都有自己的地域、民族、历史和经济文化等方面的特征,因而在确定自己的社会发展道路和发展模式时必须以本国国情为出发点,不可盲目照搬照抄别国的发展模式和经验。中国特色社会主义道路的世界意义在于,对世界上那些正在寻找一条既能发展自己,又能保持本国特色的发展道路的国家来说,中国提供了一条新的思路。

站在新的历史起点上,中国不仅有信心实现自身经济转型升级、持续健康发展,为稳定世界经济提供正能量,也将与世界一道共商共建贸易投资机制、完善全球经济治理,为促进世界各国共同发展做出更大贡献。历史、现实与未来会证明:人类现代化进程因为中国的探索和贡献,将会展现出更加光辉灿烂的前景。

(三)有助于促进世界和平、稳定与发展

中国独特的文化价值观,为世界秩序转型重构提供了一剂实现和平

发展、合作共赢的“良方”。“和”是中国传统文化的价值取向，中华文化一贯强调“和为贵”“协和万邦”“化干戈为玉帛”等和平主义精神，深刻体现出中华民族是一个崇尚和平的民族。中华民族历来爱好和平，中华文明也历来注重“亲仁善邻”“协和万邦”。在对外交往中，历代中华先民始终秉承“强不执弱”“富不侮贫”的精神，与世界各国人民和睦相处。正是基于独特的文化价值观，中国始终坚持走和平发展道路。

中华人民共和国成立后，中国政府奉行和平共处五项原则和独立自主的和平外交政策。改革开放以来，中国共产党开辟了中国特色社会主义道路，这是一条新型现代化道路，是一条和平发展道路。邓小平指出：“我们搞的是有中国特色的社会主义，是不断发展社会生产力的社会主义，是主张和平的社会主义。”[1]因此，中国特色社会主义道路的外交政策宗旨是维护世界和平、促进共同发展。历史和现实已经证明，中国始终坚定不移地走和平发展道路，实施互利共赢的对外开放战略，坚持打造和平、发展、文明、进步的新路，为促进世界和平、稳定与发展带来深刻的启示。

第一，中国特色社会主义发展道路为全球竞争提供了“合作共赢”的“中国方式”。自人类社会进入近代以来，特别是自工业革命以来的200多年，残酷竞争的丛林法则导致人性的贪婪和发展的畸形与变态。随着人类发展的历史条件发生了变化，竞争的观念也随之而变，特别是自20世纪80年代全球化时代的开启，人类大发展和世界历史进入了一个新的历史阶段。这个新的历史阶段，以“和平与发展”为时代特征，中国倡导以理性的态度应对发展过程中遇到的困难与问题，在处理内政外交的矛盾和争端时，强烈主张通过和平手段以合作方式来解决问题，一种新的竞争方式开始成为主导潮流。21世纪人类发展的主体是整个人

1 《邓小平文选》(第3卷)，人民出版社1993年版，第328页。

类，而不是以往的民族和国家。虽然21世纪的世界格局，仍然是一超多强的局面，世界也并不太平，战火不时燃起，但是和平、发展、合作、共赢已成为时代的方向。从发展的方式来看，竞争式发展也必然让位于“合作式”的发展。当然“合作式”发展并不是对“竞争式”发展的绝对排斥，而是以合作共赢为基础和主导的竞争，即理性的竞争、有限的竞争、人类整体利益一致基础上的竞争。

中国特色社会主义在发展进程中，进一步坚持和发展了中国崇尚和平、尊重文明差异的价值观，强调各文明、社会制度和发展模式相互交流和相互借鉴，在竞争和比较中取长补短，在求同存异中共同发展。中国和平崛起的方式，为人类社会在互利共赢中走向未来注入了新的生机与活力。

第二，为世界和平新路勇挑“中国责任”。中国在致力于自身发展的同时，从未忘记所应承担的国际责任。正如习近平所指出的：“中国共产党和中国人民从苦难中走过来，深知和平的珍贵、发展的价值，把促进世界和平与发展视为自己的神圣职责。”[1]考察近代以来的世界历史，西方国家现代化大都伴随着海外扩张和殖民掠夺，给世界人民带来深重苦难，大国的崛起也必然会对现有世界格局带来重大影响。中国特色社会主义发展道路，打破了“国强必霸”的陈旧逻辑。特别是国际金融危机爆发以来，中国完全展现出负责任大国形象，为推动世界经济恢复增长做出重要贡献。与世界各国在能源、劳工、气候变化等领域进行了广泛合作。比如，在气候变化领域，深化国际合作，推动《巴黎协定》尽早生效，协调各方采取积极行动，为国际社会合作应对气候变化贡献力量；在反腐败领域，与世界主要国家制定反腐败追逃追赃高级原则，设立反腐

1　习近平：《在庆祝中国共产党成立95周年大会上的讲话》(2016年7月1日)，《人民日报》2016年7月2日。

败追逃追赃研究中心，制定反腐败2017—2018年行动计划，构建原则、机制、行动三位一体的反腐败格局，让腐败分子无所遁形。中国对和平与发展的辩证关系有着深刻领悟，始终是世界和平的建设者和维护者。在联合国安理会常任理事国中，中国是派出维和人员最多的国家。

第三，为构建良好国际发展环境和国际新秩序贡献“中国智慧”。自改革开放以来，中国领导集体提出一系列维护世界和平、促进共同发展的主张，为构建良好的国际发展环境和国际新秩序做出巨大贡献，推动了世界和平、稳定与发展的历史进程。特别是近年来，在全球政治、经济、安全等领域提出一系列理念、倡议和方案，彰显出“中国智慧”，产生了积极的国际影响。通过文明对话构建以合作共赢为核心的新型国际关系，坚持国家不分大小、强弱、贫富一律平等，带头走“对话而不对抗，结伴而不结盟”的国与国交往新路；以“一带一路”倡议构建人类命运共同体，倡导共商、共建、共享的全球治理理念，努力使全球治理体制更加平衡地反映大多数国家的意愿和利益等。

总之，社会主义中国以开放的胸怀和包容的心态拥抱世界，在中国特色社会主义道路上实现中华民族伟大复兴的中国梦。中国勇立和平、发展、合作、共赢的时代潮头，以扎实的发展、先进的理念和务实的举措为世界和平、稳定与发展贡献更多的“中国方式”、“中国责任”和“中国智慧”。中国以和平的方式崛起，全方位履行负责任大国责任，积极参与全球治理，加强同各国的友好往来，始终是世界和平的建设者、全球发展的贡献者、国际秩序的维护者和人类美好未来的开创者，推动构建以“合作共赢”为核心的新型国际关系，推动人类命运共同体的形成，不断把人类和平与发展的崇高事业向前推进，为世界和平、稳定与发展做出巨大贡献，充分展现出中国作为社会主义国家和负责任大国的包容胸怀与历史担当。中国特色社会主义蓬勃发展，意味着人类有望迎来一个持久和平、共同繁荣的崭新时代。正如习近平所说：“今天的人类比以往任何时候都更有条件共同朝着和平与发展的目标迈进。”[1]

（四）有助于推动人类文明进步

为人类不断做出新的更大的贡献，是中国共产党和中国人民早就做出的庄严承诺。中国共产党是具有远大理想的世界大党，在推进中国特色社会主义进程中关注着世界人民的利益。邓小平强调，实行改革开放“不仅在中国，而且在国际范围内也是一种试验”。习近平指出，中国梦“与世界各国人民的美好梦想息息相通”，“中国梦不仅造福中国人民，而且造福各国人民”。可以说，造福各国人民，为世界社会主义和人类进步事业不断做出新贡献，是中国共产党的历史责任与使命。那么，中国特色社会主义发展道路能为人类文明进步做出怎样的贡献？具体说来，中国特色社会主义发展道路，维护了人类文明发展的多样性，开辟了人类文明发展的新路径，为人类对更好社会制度的探索提供了“中国方案”，为人类文明进步做出重大贡献。

第一，中国特色社会主义发展道路维护了人类文明发展的多样性。推动世界多极化，维护人类文明多样性，中国特色社会主义成为人类社会发展的重要动力源泉。历史发展证明，缺少经济和政治多样性，文明多样性就无法单独存在。世界文明多样性发展，最终要依赖世界经济和政治多样性发展。当世界社会主义陷入低潮时，人们普遍认为，西方所谓的“普世文明”会终结历史。而中国特色社会主义的生动实践证明，“历史没有终结，也不可能终结”。社会主义具有强大生命力、影响力、感召力，中国特色社会主义道路不是照搬西方列强靠殖民扩张与掠夺实现大国崛起的道路，而是以传承中华文明、推动人类文明进步为己任，主

1　习近平：《在庆祝中国共产党成立95周年大会上的讲话》（2016年7月1日），《人民日报》2016年7月2日。

张通过文明对话促进不同文明间交流互鉴，努力推动人类命运共同体和利益共同体而形成的道路。众所周知，对话是人类思想形成的基石，也是人类文明进步的摇篮。历史地考察人类社会发展进程，不同文明间的对话在实际上促进了制度的改善与文明的进步。在“文明冲突论”甚嚣尘上的当今世界，中国将促进文明交流互鉴作为构建人类命运共同体重要的一环，高度重视文明对话对于构建新型国际关系的重要价值，明确指出各文明的多样性与差异性是人类社会的基本特征，强调通过对话找到各方关切的最大公约数，推动不同文明相互尊重、和谐共生，让文明交流互鉴成为增进各国人民友谊的桥梁、推动人类社会进步的动力、维护世界和平的纽带。中国特色社会主义发展道路以文明对话开启新型国际关系的系统思考，是对中外优秀思想文化和智慧的融会贯通，对不同社会制度和发展道路的国家处理相互关系，以及推动建立以合作共赢为核心的新型国际关系具有重要的启示，既具有鲜明的中国特色与中国智慧，又蕴含着全人类的共同价值。这一道路基于对文明内涵和外延的深刻理解，体现着高度的文化自觉、自强和自信，在与其他国家和民族携手发展、和谐发展、共同发展、共享繁荣中实现中华民族的伟大复兴。

第二，中国特色社会主义发展道路开辟了人类文明发展的新路径。中国特色社会主义道路是人类文明发展新路。在不少西方学者、政要、媒体看来，西方的道路是人类文明发展的唯一正确道路，西方的今天就是世界的明天，高估了西方道路的世界意义和对不同国家、地区、民族的适用性。改革开放后，随着中国的崛起，特别是在2008年世界金融-经济危机发生后，国际社会开始改变对人类文明发展道路的看法，在一定程度上承认中国道路的世界意义。美国学者福山在2009年初接受日本记者专访时坦承：“客观事实证明西方自由民主可能并不是历史进化的终点，随着中国的崛起，所谓‘历史终结论’有待进一步推敲和完善，人类思想宝库需要为中国传统留有一席之地。”这说明，中国道路已引起国际社会的广泛关注，赢得了国际社会的认同。历史已经证明并将继续证明，中国特色社会主义道路将成为人类文明发展的新道路。中国特色社会主义的发展目标是建设富强、民主、文明、和谐的社会主义现代化国家，这代表了人类社会发展进步的方向。中国道路的成功探索及实践，不仅拓展了符合人类文明发展规律的现代化进程，而且解构了西方中心主义的话语体系。中国坚定不移地走和平发展道路，打造人类命运共同体，秉持公道正义，谋求共建共享，提供发展经验，坚持“一带一路”倡议，推动与各方关系全面发展，开辟出人类文明发展的新路径，推进全球治理体系朝着更加公正合理的方向前行，对世界发展有着重大意义。

第三，中国特色社会主义发展道路为人类对更好社会制度的探索提供了“中国方案”。社会制度和发展道路是一个国家文明的核心和本质所在，是一个国家其他文明形式所依附的本体和灵魂。一种文明一旦失去了作为其基础的生产和生活方式，失去了适合本国国情的基本经济制度和政治制度，就会从根本上失去生机与活力。习近平强调：“中国共产党人和中国人民完全有信心为人类对更好社会制度的探索提供中国方案。”[1]这个论断寓有深厚的历史底蕴、实践底蕴和未来底蕴。这充分表明，中国方案是基于中国特色社会主义所取得的非凡成就，针对当今世界发展困境，为构建人类社会更加美好的未来而提出来的。一方面，中国共产党领导中国人民经过近百年艰苦奋斗，探索出中国特色社会主义道路，从根本上改变了近代以来中华民族的历史命运，创造了人类社会发展史上惊天动地的发展奇迹。这一历史性成就为中国方案提供了坚实的理论与实践基础。另一方面，以西方为中心的发展模式在实践中遇到多重困境，众多发展中国家因复制西方模式而陷入“中等收入陷阱”；

1　习近平：《在庆祝中国共产党成立95周年大会上的讲话》(2016年7月1日)，《人民日报》2016年7月2日。

在一些国家和地区，冲突战争此起彼伏，千千万万民众在战火中痛苦求生；即便西方发达国家自身，也因其制度模式的内在缺陷而深陷金融危机之中难以自拔。

而社会主义制度在中国的确立，为中华文明复兴奠定了根本政治前提和制度基础；改革开放和中国特色社会主义的开创与发展，推动中华民族的现代化事业进入快车道，中华文明焕发出新的蓬勃生机。中国特色社会主义现代化发展道路不但实现了中国经济的持续增长和社会的基本稳定，也为探索现代化发展道路的社会主义国家或后发国家提供了一种新的可供参考的发展范式，为人类文明发展道路做出了重要的贡献。中国发展取得今天的成就，最大秘诀就在于找到了一条适合自己的发展道路，"中国方案"最根本的价值就在于从自己的实际出发谋求发展路径和发展方式。每一种文明有每一种文明的优势，每一种制度有每一种制度的长处。人类历史是一幅不同文明、制度相互交流、借鉴、融合的宏伟画卷。中国特色社会主义是发展中国、稳定中国的必由之路，为人类文明发展开创了一种新的可能。

总之，中国特色社会主义发展道路作为一种新的现代化方案、新的现代文明形态，充分展现出人类文明发展的美好前景。中国特色社会主义发展道路，既是现代化之路，也是中华民族复兴之路，是具有独特的延续性、包容性、开放性的中华民族的伟大复兴。中国已逐渐成为包容性人类发展的引领者，并为其他国家提供可借鉴的案例。中国道路是开放的人类文明发展新路，既传承中华民族悠久历史和优秀文化，又面向未来、面向世界、面向现代化；既强调人民的根本利益，又着力发挥人民的首创精神；既能够不断适应生产力发展要求而调整生产关系，又注重以理论创新推动实践创新；既坚持科学社会主义基本原则，又汲取人类文明一切优秀成果，将社会主义与市场经济相结合、自主创新与借鉴别国经验相结合、独立自主与世界各国合作共赢相结合；既坚持民族特色又顺应世界发展潮流，在经济全球化中彰显民族性、创造性和包容性。中国道路在理论上包含科学社会主义核心价值，在实践中与时俱进不断创新，向世界展现了中国特色社会主义的强大内生动力、巨大发展空间以及为人类文明发展做出更大贡献的美好前景。

2016年8月22日，联合国开发计划署和国务院发展研究中心在北京发布的《2016中国人类发展报告》指出，以"人类发展指数"为依据，中国已成为"高水平人类发展国家"，是30余年来在人类发展领域中进步最快的国家之一。[1]取得这一成就的关键是道路问题。可以说，道路问题从来都是决定国运兴衰的首要问题，道路关乎国家的前途与命运。当今世界最应被深入研究的国家发展道路，就是中国特色社会主义道路。中国特色社会主义发展道路站在当代人类实践发展的最前沿，并坚持与实践俱进，对自然、社会和思维发展新的规律进行科学揭示和总结，深刻反映出时代精神，揭示出当代人类实践发展的新规律，解答了当代人类实践提出的新矛盾和新问题，是当代社会科学发展的最新成果。站在新的历史起点上，中华民族必将为人类文明做出更大的贡献。

1　《2016中国人类发展报告》,《人民日报》2016年8月23日。

参考文献

中共中央马克思恩格斯列宁斯大林著作编译局编:《马克思恩格斯选集》(第1—4卷),人民出版社1995年版。

《列宁选集》(第1—4卷),人民出版社1995年版。

《毛泽东选集》(第1—4卷),人民出版社1991年版。

《毛泽东文集》(第1—8卷),人民出版社1993—1999年版。

《周恩来选集》(上、下卷),人民出版社1980年版。

《朱德选集》,人民出版社1983年版。

《刘少奇选集》(上、下卷),人民出版社1982、1985年版。

《邓小平文选》(第1—3卷),人民出版社1993、1994年版。

《江泽民文选》(第1—3卷),人民出版社2006年版。

《胡锦涛文选》(第1—3卷),人民出版社2016年版。

《习近平谈治国理政》(第1—3卷),外文出版社2014、2017、2020年版。

中共中央文献研究室、中央档案馆编:《建党以来重要文献选编》(第1—26册),中央文献出版社2011年版。

中央档案馆、中共中央文献研究室编:《中共中央文件选集》(第1—

50册)，人民出版社2013年版。

中共中央文献研究室编:《建国以来重要文献选编》(第1—20册)，中央文献出版社1992—1998年版。

中共中央文献研究室编:《三中全会以来重要文献选编》(上、下)，人民出版社1982年版。

中共中央文献研究室编:《十二大以来重要文献选编》(上、中、下)，人民出版社1986年版。

中共中央文献研究室编:《十三大以来重要文献选编》(上、中、下)，人民出版社1991年版。

中共中央文献研究室编:《十四大以来重要文献选编》(上、中、下)，人民出版社1996年版。

中共中央文献研究室编:《十五大以来重要文献选编》(上、中、下)，人民出版社2003年版。

中共中央文献研究室编:《十六大以来重要文献选编》(上、中、下)，中央文献出版社2004、2006、2008年版。

中共中央文献研究室编:《十七大以来重要文献选编》(上、中、下)，中央文献出版社2009、2011、2013年版。

中共中央文献研究室编:《十八大以来重要文献选编》(上、中、下)，中央文献出版社2014、2016、2018年版。

中共中央文献研究室编:《十九大以来重要文献选编》(上)，中央文献出版社2019年版。

李敬煊:《中国现代化与马克思主义中国化互动关系研究》，华中师范大学出版社2005年版。

罗荣渠:《现代化新论——世界与中国的现代化进程》，北京大学出版社1994年版。

张静等:《现代化新路——马克思主义中国化与中国特色社会主义

现代化》,南开大学出版社2009年版。

周安伯、严翅君、冯必扬:《发展理论与中国现代化》,国家行政学院出版社1998年版。

童星:《发展社会学与中国现代化》,社会科学文献出版社2005年版。

罗归国:《中国现代化若干重大理论问题》,中共中央党校出版社2004年版。

刘永佶:《中国现代化导论》,河北大学出版社1995年版。

贾建芳:《中国现代化发展战略选择》,河北人民出版社2003年版。

谢立中、孙立平主编:《二十世纪西方现代化理论文选》,上海三联书店2002年版。

胡承槐:《现代化: 过程、特征与回应》,浙江人民出版社2000年版。

黄小勇:《现代化进程中的官僚制——韦伯官僚制理论研究》,黑龙江人民出版社2003年版。

邱亿通:《现代化的历史趋势与价值选择》,人民出版社2004年版。

[德]奥利弗利德·赫费:《作为现代化之代价的道德——应用伦理学前沿问题研究》,刘安庆、朱更生译,上海译文出版社2005年版。

杨国荣主编:《现代化过程的人文向度》,上海古籍出版社2006年版。

温军:《民族与发展——新的现代化追赶战略》,清华大学出版社2004年版。

王卫东:《现代化进程中的教育价值观》,中国社会科学出版社2002年版。

虞和平主编:《中国现代化历程》(上、中、下),江苏人民出版社2001年版。

[美]吉尔伯特·罗兹曼主编:《中国的现代化》,国家社会科学基金"比较现代化"课题组译,江苏人民出版社2003年版。

许纪霖、陈达凯主编:《中国现代化史》,上海三联书店1995年版。

赵剑英主编:《百年追求——中国现代化方略的发展》,云南人民出版社2001年版。

马崇明:《中国现代化进程》,经济科学出版社2003年版。

左玉河:《失去的机会——中国现代化历程的再认识》,云南人民出版社2001年版。

程美东主编:《中国现代化思想史(1840—1949)》,高等教育出版社2006年版。

孙津:《中国农民与中国现代化》,中央编译出版社2004年版。

戴逸、张世明主编:《中国西部开发与近代化》,广东教育出版社2006年版。

王文章:《中国现代化进程中的国家与市场——从孙中山、毛泽东到邓小平》,北京大学出版社2004年版。

陈明明主编:《革命后社会的政治与现代化》,上海辞书出版社2002年版。

谢晖:《价值重建与规范选择——中国法制现代化沉思》,山东人民出版社1998年版。

焦锦森:《论共产党的现代化》,中国社会出版社2004年版。

刘永佶:《中国文化现代化》,河北大学出版社1997年版。

郭德宏主编:《中国文化现代化道路的探索》,吉林大学出版社2006年版。

郑永廷等:《人的现代化理论与实践》,人民出版社2006年版。

袁洪亮:《人的现代化——中国近代国民性改造思想研究》,人民出版社2005年版。

秦千里、易豪精:《中国共产党和中国现代化》,湖南出版社1991年版。

张高陵:《中共领导人与中国现代化》,中央文献出版社2004年版。

郭根山:《毛泽东与中国现代化道路——以世界现代化进程为视点》,中央文献出版社2005年版。

秦宣等:《邓小平与中国现代化》,北京出版社2004年版。

中共上海市委宣传部编:《邓小平与中国现代化——上海市纪念邓小平诞辰100周年研讨会文集》,上海人民出版社2004年版。

陈占安主编:《邓小平理论与中国现代化》,北京大学出版社2004年版。

陈述:《现代化区域进程论——对1978年以来中国社会主义现代化区域推进的实证性分析》,广东人民出版社2003年版。

吕书正:《中国现代化进程中的小康社会——小康社会在社会主义初级阶段的历史地位研究》,河南大学出版社2004年版。

韩长赋:《中国现代化进程中的"三农"问题》,中国农业出版社2003年版。

魏礼群:《科学发展观和现代化建设》,人民出版社2005年版。

程美东:《现代化之路——20世纪后20年中国现代化历程的全面解读》,首都师范大学出版社2003年版。

中国现代化报告课题组:《中国现代化报告2001——现代化与评价》,北京大学出版社2002年版。

中国现代化报告课题组:《中国现代化报告2002——知识经济与现代化》,北京大学出版社2003年版。

中国现代化报告课题组:《中国现代化报告2003——现代化理论、进程与展望》,北京大学出版社2004年版。

中国现代化报告课题组:《中国现代化报告2004——地区现代化之路》,北京大学出版社2005年版。

中国现代化报告课题组:《中国现代化报告2005——经济现代化研究》,北京大学出版社2006年版。

中国现代化报告课题组:《中国现代化报告2006——社会现代化研究》,北京大学出版社2007年版。

施雪华:《政治现代化比较研究》,武汉大学出版社2006年版。

孙津:《打开视域——比较现代化研究》,社会科学文献出版社2004年版。

何传启:《东方复兴:现代化的三条道路》,商务印书馆2003年版。

李德伟、陈有禄主编:《东西方现代化发展比较——国际学术研讨会论文集》,中国经济出版社2006年版。

姜林祥、薛君度主编:《儒学与社会现代化》(上、下卷),广东教育出版社2004年版。

吴建华:《东瀛史论——日本现代化研究》,人民出版社2006年版。

[日]富永健一:《日本的现代化与社会变迁》,李国庆、刘畅译,商务印书馆2004年版。

夏诚:《世界现代化史纲——世界体系的形成与第一轮现代化》,广西人民出版社1999年版。

中国苏联东欧国家研究会编:《现代化之路——中国、俄罗斯、东欧国家改革比较》,当代世界出版社2003年版。

金雁:《苏俄现代化与改革研究》,广东教育出版社1999年版。

郭少棠:《权力与自由——德国现代化新论》,华东师范大学出版社2001年版。

苏振兴主编:《拉美国家现代化进程研究》,社会科学文献出版社2006年版。

后　记

本书是天津市宣传文化“五个一批”人才研究项目成果，由纪亚光负责设计研究思路、提出写作大纲并审阅修订全部书稿。各章分工如下：绪论，纪亚光；第一章，刘芳、王勤瑶；第二章，吴尹浩；第三章，李玉祥；第四章，杨步青；第五章，张凯；第六章，杨晓成。

译林出版社笑红女士、刘免女士为本书的出版给予了大力帮助，在此表示衷心感谢！

由于水平所限，本书存在诸多不足之处，敬请学界同仁批评指正！

著　者

2020年6月